# 정오표 (편집 과정에서 발생한 오류를 바로 잡습니다. 독자 여러분께 양해를 구합니다.)

| 쪽수 | 변경 내용 | 변경 전 | 변경 후 |
|---|---|---|---|
| 102쪽 | 사진설명 | 평양신학교 재직 당시의 마율리 (1931년, 65세) | 마율리 (1937년, 69세) |
| 164쪽 | 윤치호 출생일 및 사진 | (1909. 6. 16-?) | (1909. 6. 13-?) |
| 195쪽 | 이기풍 선교사 출생일 | (1868.11.28-1942.6.20) | (1868.11.21-1942.6.20) |
| 205쪽 | 사진설명 | 양동교회 좌측문, 대한 융희 연호 / 양동교회 우측문, 주강생 연호 | 양동교회 우측문, 주강생 연호 / 양동교회 좌측문, 대한 융희 연호 |
| 206쪽 | 15번째 줄 | 1927년 죽교리교회, 1929년 연동교회, 1933년 중앙교회를 차례대로 세웠다. | 1923년 중앙교회, 1927년 죽교리교회, 1928년 연동교회를 차례대로 세웠다. |

목포 기독교 이야기

**세움북스**는 기독교 가치관으로 교회와 성도를 건강하게 세우는 바른 책을 만들어 갑니다.

이 야 기
한국교회사
시리즈 · 01

목포 기독교 120년사 · 초기

# 목포 기독교 이야기

**초판 1쇄 인쇄** 2016년 11월 10일
**초판 1쇄 발행** 2016년 11월 15일

**지은이** | 김양호
**펴낸이** | 강인구

**펴낸곳** | 세움북스
**등 록** | 제2014-000144호
**주 소** | 서울시 마포구 양화로 78, 502호(서교동, 서교빌딩)
**전 화** | 02-3144-3500
**팩 스** | 02-6008-5712
**이메일** | cdgn@daum.net

**교 정** | 이윤경
**디자인** | 참디자인

**ISBN** 979-11-87025-11-5 (93230)

* 이 책은 신저작권법에 의하여 국내에서 보호를 받는 저작물입니다.
  출판사와의 협의 없는 무단 전재와 무단 복제를 엄격히 금합니다.
* 책 값은 뒷표지에 있습니다.
* 잘못된 책은 교환하여 드립니다.

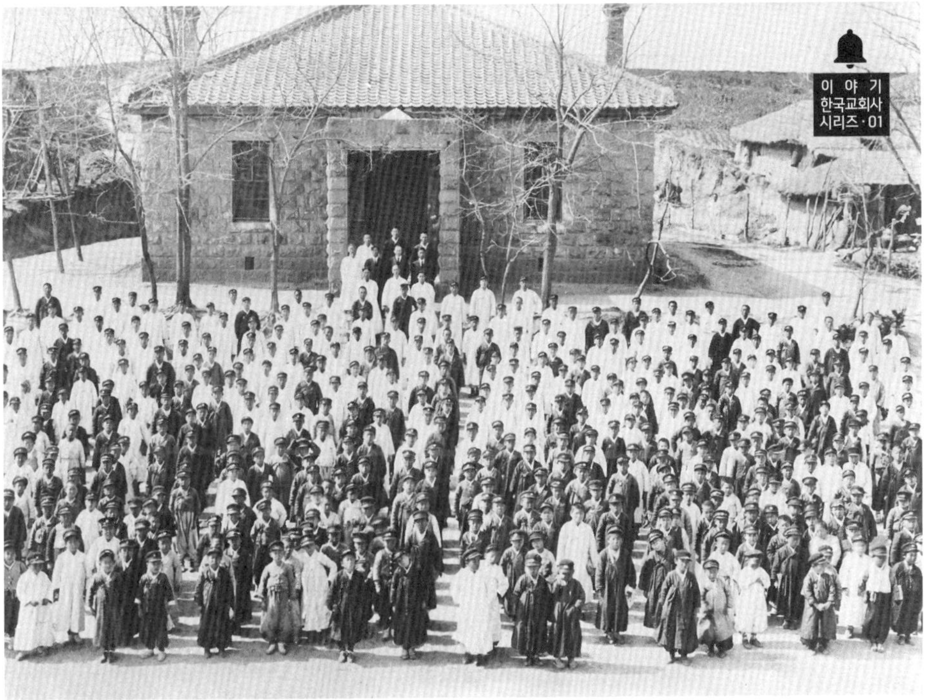

| 목포 기독교 120년사 · 초기 |

# 목포 기독교 이야기

| 김양호 지음 |

# 머리말

상전벽해(桑田碧海)!

지난 20세기는 그간의 인류역사에서 그야말로 격동과 변화의 시기였다. 목포를 보아도 그렇다.

 기독교 복음을 가지고 외국인 선교사가 처음 목포에 온 게 1894년 봄이다. 120년 전, 당시 목포는 유달산 밑에 자리잡은 겨우 500여 명에 불과한 어촌 마을이었다. 1897년 10월 1일 개항 당시 공식 통계보고에 목포 인구는 382명으로 조선인 300명, 일본인 78명, 서양인 1명, 중국인 3명. 그로부터 한 세기가 지나 비약적인 개발과 외적 성장을 거듭하여 지금은 인구 25만에 면적도 수백 배로 커졌다. 1930년대에는 한때 전국 6번째 도시였다.

 선교의 역사와 함께 교회와 신자들도 늘어, 1898년 최초로 목포(양동)교회가 세워진 후, 지금은 400여 교회와 십 수만의 신자들이 있다. 조그마한 어촌 마을 정도였는데 쌍교동과 양동, 산정동과 용당동 시대를 거쳐 1980년대에는 하당 신도시, 그리고 21세기로 넘어오면서 남악 신도시까지 팽창을 거듭하였다. 바다를 메우고 땅을 일궈 섬들도 육지에 닿아 산이 되고 언덕이 되었다.

혹자는 한국 근현대 발전의 한 원인으로 일본강점기를 말한다. 공과(功過)가 있으리라. 그런데 나는 또 하나의 큰 원인은 서양, 특히 미국의 교회와 선교사들이 궁벽한 조선과 목포에서 수고하며 헌신한 결과라고 믿는다. 지금으로선 상상하기 어려운 가난과 질병, 굶주림과 비인권이 난무하는 이 터에, 미국의 교회들이 젊은 일꾼들을 보내고 헌금을 보내어 교회를 짓고 학교를 짓고 병원을 지어서 조선 민중을 살리고 이 사회와 나라를 치유하며 구원했다.

기독교 믿음의 역사가 또한 이 땅에 생명과 성장의 밑거름이요 기폭제였다 할 수 있으니 성경의 말씀처럼 믿음의 사람들로 인해 이 강산이 변하고 자라온 것이다.

"이 산을 명하여 여기서 저기로 옮겨지라 하면 옮겨질 것이요"(마 17:20).

1892년 레이놀즈(Reynolds)를 시작으로 1983년까지 미국 남장로교가 목포와 호남에 보내어 수고하며 섬긴 선교사들, 그들의 값진 청춘과 헌신 그리고 그들을 뒤에서 협력하며 함께 했던 미국 교회들 덕에 오늘의 목포 교회와 기독교가 있다. 그러나 우리가 받은 귀한 생명, 우리가 거저 얻은 이 값진 기독교의 은총을 우리는 너무도 많이 모르고 살아가고 있다. 알아야 한다. 옛날을 기억해야 한다. 값지게 받은 십자가 복음인데 오늘 우리 교회의 현실은 예수님의 가르침과 너무도 멀고 세상과 전혀 차이가 없는 그저 하나의 종교, 종교인이 되어 가고 있다.

말씀의 본질을 회복함과 아울러 우리가 받은 귀한 역사를 되찾는 것이야말로 우리의 어긋난 모습을 반성하고 돌이키며 제대로 된 교회를 세울 수 있을 것이다.

"옛날을 기억하라 역대의 연대를 생각하라 네 아버지에게 물으라 그가 네게 설명할 것이요 네 어른들에게 물으라 그들이 네게 말하리로다"(신 32:7).

그간 내가 살아가는 목포의 역사에 대해 둔하고 무지하게 살아왔는데, 어느날 선한 스승 양국주 선교사를 만나 이에 대한 깨우침과 도전을 받았다. 지난 6-7년여 동안 지역 교회사에 부담을 안고 교회와 학교 도서관을 뒤져가며 자료를 찾고 이곳저곳 사방으로 찾아 다니며 조사도 하고 책상에 앉아 골몰하면서 사실 확인을 하고 한 편 한 편 글을 만들어 내어 이제 겨우 목포교회 역사에 관한 작은 결과물을 내놓는다.

바라기는 더 선한 부담을 지닌 동역자들로 함께하여 우리의 지난 과거들을 찾아보고 오늘의 교회 현실에 적용하며 보다 선한 믿음의 역사를 이어갈 수 있어야겠다. 하늘 은총이 우리 목포와 목포 교회 위에 더하시기를 소원해 본다. 이 책이 나오기까지 수고하며 애써 준 수많은 분들께 감사를 드린다.

목포에 생명을 허락하시고 은혜를 풍성히 내려주신 하늘 아버지께 영광을 드린다.

2016년 가을
목포기독교역사연구소 대표 김양호 목사

# 추천사

  이 책에 나오는 선교사들은 여러 가지 위험도 감수할 수밖에 없었다. 선박 사고, 교통사고, 전염병, 풍토병, 폐렴과 같은 위험은 선교사 자신이나 사랑하는 아내나 자녀에게 예고 없이 찾아온다. 이 책에 등장하는 여러 선교사들은 열악한 환경 속에서 대개 30-40대에 생을 마감한다. 그들은 이런 슬픔과 어려움을 안고서 복음 전파와 이웃 사랑을 실천에 옮긴 것이다. 어느 지역에 교회가 세워지고 학교나 병원이 세워진다는 것은 여러 선교사들의 슬픔과 죽음이라는 희생의 토대 위에 세워지는 것이다. 그러한 헌신에 우리 가슴이 뛸 것이고 또 망가져 가는 교회 현실 속에서 내가 무엇을 해야 할 것인가 하는 도전도 받게 될 것이다.

  저자는 이 책을 서술할 때 세 가지 큰 주제를 가지고 목포 기독교사를 기술한다. 그 주제는 교회, 학교, 병원이다. 이러한 선교 사업에 목사 선교사, 교사 선교사, 의료 선교사가 헌신적으로 뛰어들어 자신들의 생을 불태운 것이다. 그들은 복음을 전파하고 성경을 가르치고 문맹을 깨우치고 병든 자를 고치고 돌봐준다. 그러나 본서는 목포 기독교 120년사라고 제목을 붙였지만 목포 기독교의 역사를 기술할 때 연대기적으로 기술하지 않고 인물 열전(列傳)식으로 기술한다. 열전이란 여러 사람의 전기를 차례로 벌여서 기록한 것을 말한다. 이렇게 해서 우리에게 감동과 도전을 주고, 등장하는 과거 인물들의 헌신과 사랑과 결단과 회개를 읽을 수 있게 해 준다. 아쉬운 것은 120년사가 아닌 기독교의 전래로부터 해방 전후까지를 다룬다는 데 있겠다.

이러한 내용을 담고 있는 본서는 교회사라기보다는 기독교사에 더 가깝다. 기독교사가 종교사나 문화사적인 관점에서 기독교의 전래와 성장을 역사적으로 기술하는 것이라면 교회사는 교회에 역점을 두고 기술하는 것이기 때문이다. 즉, 교회사란 그리스도의 교회에 대한 역사적 관심과 현재의 교회에 대한 관심을 담는다는 것이다. 이제 이 책을 통해 목포 지역 기독교사 연구가 그 길을 튼 셈이다. 저자는 목포에 거주하는 한 목회자로서 이런 연구에 뛰어들어 그 선구자가 되었으니 그에게서 이 연구가 더욱 발전되기를 기대하며 또 그의 노고에 크게 감사한다.

"목포의 그리스도인들이여, 이제 이 책을 펼 때입니다. 과거의 목포 기독교를 하나하나 만나게 된다면 여러분은 지금의 기독교를 더 사랑하게 될 것입니다."

2016년 11월

조주석 목사(영음사 편집국장)

# 추천사

여기 목포와 목포 교회를 사랑하는 귀한 목사님이신 목포 기독교 역사 연구소 대표 김양호 목사께서 우리에게 귀한 선물을 주셨다. 이는 목포에 주신 하나님의 선물들을 기리는 선물이기도 하다.

하나님께서 1894년 4월 18일 미국 남장로교 선교사 레이놀즈가 목포에 와서 선교를 시작하게 하신 때로부터 1983년까지 미국 남장로교가 목포와 호남에 보내어 수고하며 섬긴 선교사는 약 288명이나 된다. 메마른 땅 조선의 호남에 와 그들은 신앙과 선교의 열성을 쏟았다. 그들의 생명을 건 충성으로 이 땅의 백성들도 예수님을 알고 믿으며, 교회 공동체를 이루고 그 지체로 새 인생 거룩한 삶을 펼쳤다.

목포 교회를 비롯하여 학교와 병원을 중심으로 펼쳐진 그 아름다운 모습을 잘 그려 놓은 이 책은 주께서 그동안 목포에 얼마나 많은 은혜와 선물을 주셨는지를 잘 보여 주는 책이라 여겨진다.

귀한 일을 하신 김양호 목사께 우리 모두 감사해야 할 것이다. 그 감사를 가장 잘 표현하는 길, 이 선교사님들과 그들을 보내신 하나님께 감사를 표현하는 길은 우리가 천국 복음을 참으로 잘 믿어 나가는 것이다. 그리하여 이 모든 분들에게 부끄럽지 않은 진정한 그리스도인이 되는 것이 우리의 책임이다.

이 책을 읽으면서 선교사님들과 그들을 보내 주신 하나님께 감사하면서 진정한 성도가 되기를 다짐하게 되기를 바란다. 진심을 담아 이 책을 추천한다.

이승구 교수(합동신학대학원대학교)

# 추천사

목포 교회가 어느덧 120여년이 되어 갑니다. 이 시기에 그간의 목포 기독교 역사를 다룬 "목포 기독교 120년사"를 김양호 목사님을 통해 발간하게 된 것을 매우 기쁘게 생각합니다. 이 책을 통해 우리 목포 지역 기독교 역사를 바로 알고, 바로 세워 가는 계기가 될 것으로 믿어 감동이 됩니다. 우리기독교인들에게 좋은 책으로 유익이 될 줄로 믿습니다.

1517년 마틴 루터(Martin Luther)가 '95개조 반박문'을 발표하여 교회의 개혁을 요구했던 종교개혁이 내년으로 500주년을 맞게 되었습니다. 그러나 물량주의 기복신앙은 그때와 별로 다를 바 없는 것 같습니다. 우리 개신교는 날마다 개혁되어야 하며 개혁해 가야 합니다.

목포 개항 소식을 들은 배유지(유진 벨) 선교사는 목포로 내려와 선교를 시작했습니다. 그 첫 교회가 지금의 양동에 있는 양동교회입니다. 그러므로 지금의 양동교회는 우리 목포 지역에서 첫 번째로 세워진 목포 모든 교회의 모교회일 뿐만 아니라 전남, 광주에서도 가장 먼저 세워진 전남의 모교회입니다. 이 교회의 신자들이 나중에 광주와 전남 전역에 흩어져 전도하며 교회를 세웠습니다.

역사가이며 독립운동가이신 단재(丹齋) 신채호 선생은 "역사를 잊은 민족에게 미래는 없다"고 하셨고, 사학자 이현희 교수는 "역사를 알면 미래가 보인다"라고 했습니다. 목포 기독교 역사는 전남 지역 기독교 역사입니다. 이 책에서 소개된 선교사와 성도들의 순교 정신을 따라서 우리도 그리스도인답게 그리스도인으로, 참 성도로 하나님께 영광을 돌리며 이웃을 사랑하고 어두운 세상에 빛이 되며 부패한 세상에 소금이 되어 교회가 교회되는 일에 쓰임 받고 한국 교회를 새롭게 하는 데 사용될 수 있기를 바랍니다.

2016년 11월

김상열 장로

# 추천사

목포에 복음의 씨앗이 뿌려지고 교회가 자라며 성장하여 오늘의 모습으로 있기까지 120여 년의 세월이 흐르고 있습니다. 미국 선교사들로부터 시작해서 허다한 목포의 신자들과 교회가 하늘 은총의 생명을 얻고 소망과 기쁨 속에 하늘의 빛나는 삶을 누리고 헌신하며 충성하였고, 또한 복에 복을 더하여 왔습니다.

그간의 여정을 살피고 헤아려 목포에 허락되었던 하늘의 역사를 여기 책으로 만들어 낸 것은 참으로 의미 깊고 귀한 일입니다. 오랜 시간 자료를 찾고 비교 분석하며 사실 확인을 가리고 드러내기 위해, 고민도 많이 하고 여러 어려움도 이겨내며 열심을 내었을 것입니다. 수고와 정성에 박수를 보내며 격려와 축하를 함께 보냅니다.

양동교회로부터 시작한 목포 교회가 오늘 400여 교회를 헤아리며 양적, 질적으로 성장했지만 오늘 우리 신자들의 삶과 신앙의 모습이 예전에 비해 훨씬 퇴색된 것 같아 참 안타깝습니다. 목포 교회가 첫사랑을 회복하고 바르고 든든히 세워져 가길 소망합니다. 그러기 위해선 성경 말씀을 더 가까이 하여 주님의 뜻을 분별하는 일에 열심을 내야 한다고 생각합니다. 종교개혁자들의 부르짖음처럼 말씀으로 돌아가는 교회여야 합니다. 동시에 복음의 역사, 교회의 역사에 대한 이해를 넓혀야 합니다. 이 귀한 복음의 생명이 어디서부터 어떻게 흘러왔는지에 대한 탐구와 고민이 있어야 오늘 우리 신자의 삶과 교회의 모습이 바로 세워져 갈 것입니다.

  이 책을 지역 교회의 모든 지도자들과 신자들이 함께 읽고, 새로운 마음가짐으로 목포의 기독교 역사를 만들고 세워 나가게 되길 소망합니다.

2016년 11월
김부영 장로

# 추천사

역사는 과거이자 현재이며 그리고 미래입니다. 기록된 사실은 '과거의 이야기'이지만, 역사가가 '과거의 이야기'를 역사가의 주관적인 안목으로 현재에 다시 구성하기 때문입니다. 그리고 이렇게 탄생한 역사는 후세들에게 엄청난 영향을 미치기 때문에 역사는 과거이자 현재이면서, 미래인 것입니다.

이러한 점에서 김양호 목사님이 이번에 출간한 〈목포 기독교 이야기〉는 과거의 목포, 특히 120년 전부터 이곳 목포에 씨앗을 뿌리고 변화의 열매들을 맺어왔던 기독교의 발자취들을 살펴봄으로써, 미래 목포, 특히 미래 기독교인들이 나아가야 할 바에 대한 길잡이가 되어 준다는 점에서 매우 뜻 깊은 책이라고 생각합니다.

외국인 선교사가 처음 목포에 온 1894년, 당시 목포는 거주민이 겨우 500여 명에 불과한 어촌 마을이었지만, 기독교 복음의 전파와 대일 무역 전진기지로서의 역할이 맞물리면서 전국 6대 도시로까지 성장하는 비약적인 발전을 이룩해냈습니다. 그러나 오늘날 목포는 소외와 낙후, 침체를 거듭하면서 사회 지도자들은 물론이고, 젊은이들도 꿈을 잃어버린 '절망의 도시'로 전락하고 있지 않나 하는 안타까움이 들게 하고 있습니다.

이러한 점에서 우리 목포의 기독교인들이 120년 전 이 땅에 복음의 씨앗을 들고 나타난 선교사들의 그 열정을 오늘에 점화시켜 다시 한 번 영적 대각성 운동에 불을 지펴야 할 때가 아닌가 생각됩니다. 아무쪼록 목포의 교계 지도자들이 이 책을 통해 우리 목포 지역에 막대한 영향을 끼쳤던 기독교의 역사를 생생하게 접함으로써, 120년 전 이 땅의 개화를 견인했던 선교사와 목사님 등 신앙의 선배들의 영성을 이어받아 향후 100년을 이끌어 갈 영적 견인차가 돼주었으면 하는 바람 간절합니다.

2016년 11월

배종호 장로

# 목차

머리말 · 4

추천사 _ 조주석, 이승구, 김상열, 김부영, 배종호 · 7

## 1부 | 미국선교사

목포와 한국 교회에 주신 하나님의 보물 – 레이놀즈 · 20
이 산들로 교회 종소리 울려 퍼져라 – 오웬 · 29
전라도 미 남장로교 선교사 – 로티 위더스푼 · 38
목포 교회를 열다 – 유진 벨 · 49
우리 가운데 다시 계신 예수 – 포사이드 · 58
예수 안에 사는 축복을 남기려 – 프레스톤 · 66
온전한 헌신, 지사충성 – 해리슨 · 71
목포 근대 교육을 이끌다 – 애너벨 니스벳 · 76
기독교의 원본 – 쉐핑(서서평) · 82
미개척지 섬 선교에 뛰어들다 – 맥컬리 · 92
목포와 결혼한 독신 여선교사들 · 100
이름도 없이 빛도 없이 충성 봉사한 선교사들 · 108

## 2부 | 목포 신자

목포의 사도 바울 – 김윤수 · 120
보라, 새것이 되었도다 – 김영진 · 129
목포 최전성기, 옥중 순교자 – 박연세 · 135
목포 초기 목회자 – 윤식명, 이원필, 이경필, 김응규 · 142
목포에서 출발한 한국 최초 신학박사 – 남궁혁 · 151
사람을 키우는 하나님의 사람 – 오긍선 · 158
네 이웃을 네 몸같이 사랑하라 – 윤치호 · 164
천사의 섬, 그 섬의 천사 – 문준경 · 173
목포의 신여성 – 박화성 · 180
제주의 첫 그리스도인 – 김재원 · 188
한국 교회의 첫 선교사 – 이기풍 · 195

## 3부 | 목포 기독교

목포교회 · 202
목포 기독교 초기 교회들 · 208
목포 기독교학교 · 222
목포 기독교병원 · 230

**부록 1** 목포교회 설립은 1898년 5월 15일이다 · 233
**부록 2** 목포사역 선교사 명부 · 245
**참고문헌** · 263

1부

미국 선교사

목포와 한국 교회에 주신 하나님의 보물
# 레이놀즈

William Davis Reynolds (이눌서, 1867.12.11-1951)

1894년 4월 18일은 목포 기독교가 탄생한 날이다. 지금으로부터 122년 전, 기독교 성경과 예수 그리스도 십자가 복음을 지니고 이 땅에 첫 발을 내딘 미국 선교사 레이놀즈(이눌서)는 한국에 온 여러 선교사 가운데 단연 탁월하고 훌륭한 사역의 결실을 남겼다. 우리가 귀히 여기는 한글 성경을 번역했고, 조직신학 교수로서 한국 장로교 12신조를 작성하는 등 신학의 뿌리와 체계를 세웠으며, 수많은 목회자들을 양성했다.

하나님께서 한국 교회에 특별히 선사해 주신 최고의 보물, 레이놀즈가 목포를 찾은 첫 선교사였다는 것은 대단한 축복이었다. 그는 자신이 남긴 일기장에 목포에 도착한 날이 수요일 오후 1시라고 기록하였다.

> 목포에 1시쯤 도착하여 점심을 먹고, 3시쯤 썰물 때가 되어 작은 배를 탔다. 어두울 때 도착해서 사공의 집에서 묵었는데 그곳은 파도가 높은 섬으로 경관이 아름다웠다. 작은 숲에는 사당이 있었다. 목포에서 림피(군산) 출신의 한 젊은 지식인을 만났는데, 그는 천주교에 대해 잘 알고 있었다. 또 서울에서 온 젊은 남자도 만났는데, 그는 남대문 안에서 언더우드 박사가 주관한 예배를 드린 적이 있다고 했다. 그는 수다

레이놀즈의 편지

스러운 신자였다. 서울에서 쌀 선박을 타고 왔고, 다시 돌아가기를 기다린다고 했다. 20여 척의 선박이 쌀을 한가득 싣고 정박되어 있었다.

물의 깊이는 팔길이의 약 30배 정도로 깊었다. 웅장한 풍경이 보였다. 마을에서 바다쪽으로 0.5마일 떨어진 곳에 선교회를 위한 좋은 부지를 점찍어 뒀다. 근처 도시들 중 인구가 가장 희박한 곳이었다. 섬 사이를 지나는 뱃길을 따라 즐거운 여행을 했다. 근처는 섬 천지였다. 파도가 심했지만, 제물포에서보다는 덜했다. (레이놀즈, '전라도 여행일지', 1894.4.18)

120년 전, 레이놀즈가 찾아온 목포는 한낱 시골 농어촌의 작은 마을에 불과했다. 가구 수 150여 호에 인구는 약 600명 남짓이었다. '목포'라는 지명은 조선 세종 때부터 생겼다. 세종 21년, 1439년에 왜적의 침입을 대비하는 군사 진지를 설치하여 만호(萬戶), 즉 조선 시대의 무관 병사들을 파송하였다고 '세종실록'에 기록되어 있다.

의정부(議政府)에서 병조 첩정(牒呈)에 의거하여 아뢰기를, "무안현(務安縣) 목포(木浦)와 보성현 여도 등은 모두 왜적이 드나드는 요해지(要害地)이온데, 병선(兵船)을 정박하여 세운 곳과 거리가 멀리 떨어져 있사오니 청하옵건대 목포와 여도에 따로 병선을 설치하고 만호(萬戶)를 임명하여 보내소서" 하니 그대로 따랐다.

무안반도 끝자락에 있으며 영산강과 서남해 바다의 길목에 위치한 포구이기에 '목포'라는 지명을 갖게 된 이 궁벽한 작은 땅에, 레이놀즈는 드류(Alessandro Damer Drew, 유대모, 1859-1926) 선교사와 함께 정탐 여행 중 찾아왔다. 3월 27일 서울을 출발하여 전라도 일대를 돌아보고 부산까지 갔다가 5월 13일에 서울로 돌아오는 일정이었다. 소위 '예양협정'에 의해 호남과 충청 일부를 선교지로 배정받은 남장로교 선교부 선발대원으로서, 지역 상황을 살피고 선교지를 물색하기 위한 정탐 여행이었다. 레이놀즈는 매일 꼼꼼히 여행기를 써 남겼다. 그 부록으로 각 지역의 특징을 밝혔는데, 목포는 그가 돌아본 곳 중에 최고로 아름다운 곳이며 사람들이 참 좋다고 평가하였다.

> 목포 : 지도상 무안에서 남쪽으로 60리. 50여 개의 집들이 마을 가까이에 있음. 아름다운 곳으로 지금까지 본 곳 중 최고임. 약 1,000여 개의 크고 작은 섬들이 있고, 수심이 매우 깊음. 한국식 배가 나주(110리)까지 감. 남서쪽 선교회를 위한 좋은 베이스캠프가 될 것임. 사람들은 온순하고 친절함. (레이놀즈, '전라도 여행일지', 1894)

레이놀즈에 의해 선교 캠프로서도 좋게 평가받은 목포는, 실제로 그 이후 유진 벨(Eugene Bell)을 비롯하여 여러 사역자들이 선교부를 만들고 사역을 펼쳤던 곳이다. 숱한 일꾼들의 헌신과 젊은 열정이 이어져, 오늘의 목포와 교회를 만들고 한국 교회의 큰 줄기를 이뤄냈다. 미국 남장로교 선교부와 교회들이 사람을 보내고 물질을 더하여 이 땅에 일군 복음과 생명의 열매는 참으로 놀랍고 크다. 그들이 보여 준 사랑과 정성, 충성과 헌신을 이 땅의 교회와 그리스도인들은 마땅히 기억하며 알아야 하고, 무한한 감사를 드려야 한다. 그리고 이젠 그들의 은혜를 따라 우리도 또 다른 복음의 불모지를 찾아 생명과 복음을 전하고 사랑 나누길 힘써야 하리라.

### 목포교회 2대 목사로서

레이놀즈는 이후 전주를 중심으로 사역을 펼치다, 1902년 봄에 다시 목포를 찾아와 목포교회를 맡아 섬겼다. 당시 유진 벨이 안식년으로 미국으로 가고 오웬도 건강 악화로 휴가차 귀국하여 목포교회 목회자가 공석이었기 때문이다. 이때 안식년을 마치고 돌아온 레이놀즈가 목포교회 2대 담임목사로 부임하게 된 것이다. 레이놀즈가 사역하는 동안 목포교회는 전도와 성경을 공부하는 일에 열심이었다. 교인들이 증가하고 그 교인들 중에는 평양 사경회에 참석하고 돌아와 헌신 충성하는 이도 있었다.

> 상년에 교우 중 두 사람이 평양 사경 공부하고 돌아와서 여러 형제자매를 권면하며 매우 전도를 힘쓰는데, 여 교우는 집집마다 다니면서 공부와 찬송, 기도를 하고 남 교우도 이와 같이 하여 매우 힘써 전도하였다. ("그리스도신문", 6권 13호, 1902. 3. 27)

## 스코틀랜드 장로교 전통과 신학의 뿌리를 받아

레이놀즈는 교회 목회, 성경 번역과 함께 평양신학교 조직신학 교수로서, 한국 신학의 체계를 세우고 한국 교역자를 양성하는 데 큰 기여를 하였다. 성경 번역이 단순히 문자적 번역이 아니라 성경신학적 이해를 동반하고, 또한 그가 최초의 한국 장로신학교 교수로서 주도적으로 오랫동안 목회자를 양성했으니, 그의 신학사상과 교육이 오늘의 호남과 한국 장로교 신학의 밑거름인 셈이다.

레이놀즈를 비롯한 미 남장로교회와 선교사들은 그 뿌리가 스코틀랜드 장로교에 잇닿아 있다. 17세기 신앙의 자유를 찾아 미 북부 지방으로 이주한 잉글랜드 출신의 '청교도(Puritans)'가 있다면, 같은 이유로 버지니아를 중심으로 미 남부 지방에 온 스코틀랜드 출신의 '언약도(Covenanters)'가 있었다.

칼빈(John Calvin)의 종교개혁과 존 녹스(John Knox)의 장로교 전통을 가지고 미국에 이주해 온 구라파 출신의 장로교도들은 1789년 미국 장로교 총회를 조직하였다. 그러나 19세기 들어 미국 교회가 신,구파로 갈등을 겪고, 남북 전쟁으로 분열과 대립이 심해져 그만 교단도 남북 장로교로 갈라지고 말았다.

레이놀즈는 평양신학교 교수로서 그의 신학과 사상을 한국의 후학들에게 고스란히 가르치고 전수하였다. 그의 신학은 스코틀랜드 녹스의 장로교 전통에서 비롯하였으며, 미국에 이주한 대표적 언약도 존 위더스푼(John Witherspoon, 1723-1794) 목사를 거쳐 미 남장로교 신학의 줄기를 이어받은 것이었다. 그가 목포와 전주에서 목회를 하고 평양신학교에서 교수 사역을 오래도록 하였으니, 호남과 한국의 교회와 신학의 뿌리가 이런 역사적 전통과 맥을 지니고 있는 것이다.

레이놀즈는 조직신학 교수서 탁월한 가르침과 섬김으로 수많은 한국 교회의 초기 지도자들을 양성했다. 더불어 '신학지남(神學指南)' 편집인으로서 한국 교회의 주요한 신학 기초와 사상을 글로 책으로 펴냈다. 가히 한국 기독교의 초석을 다졌고 씨앗을 뿌리고 줄기를 뻗었다고 해도 과언이 아니다. 그에게서 직접 수학한 한국 장로교 신학계의 태두 정암(正岩) 박윤선 박사는 이렇게 추억하였다.

> 그의 조직신학 강의는 매우 은혜로웠습니다. 그는 미국 선교사인데 능숙한 한국말로 강의하여 때로 어떤 수도사 앞에서 설교를 듣는 것 같은 느낌을 받기도 했습니다.

### 착한 아내 볼링과 선교 대 잇는 자녀들

레이놀즈는 1867년 12월 11일 버지니아 주 노퍽(Norfolk)에서 태어났다. 그는 학업에 뛰어난 재능을 보였으며, 라틴어, 헬라어, 불어, 독어 등 여러 어학 실력은 물론, 스케이트, 테니스, 야구, 풋볼 등 각 종목마다 대표 선수를 할 만큼 만능 스포츠맨이었다. 위더스푼 목사의 직계 제자 사무엘 스미스(Samuel Smith)가 설립한 햄턴 시드니 대학과 답네(Dabney)의 유니언 신학교를 우수한 성적으로 졸업하였다. 가히 스코틀랜드 장로교 전통과 신학의 적자라 할 수 있으리라.

그는 1892년에 조선에 와 1937년까지 45년을 조선 선교사로 섬겼다. 교회에서 목회자로, 신학교에서 교수로, 그리고 성경 번역을 통해서 한국 교회의 성장과 발전에 단연 탁월하고 훌륭한 사역을 펼쳤다. 그의 영향을 받은 여러 동료 선교사들과 제자들인 조선인 목회자, 교회 지도자들에 의해 한국 교회가 빠르게 발전, 성장하였다.

레이놀즈는 팻시 볼링(Mrs. Patsy Bolling Reynolds, 1868-1962)과 1892년 5월 5일에 결혼했다. 볼링은 버지니아 주 리치몬드 출신으로 대학 시절부터 두 사람은 서로 알고 지냈고 볼링 양 역시 외국 선교에 마음이 있던 차, 레이놀즈와 결혼하여 부부가 함께 남장로교 한국 선교사로 부임하였다.

볼링 선교사는 친절하고 밝고 관대하고 원만한 성격이었다. 그녀의 좋은 성품은 한국 여인들의 호감을 샀고, 여러 사람을 상대하며 생명의 복음을 전할 수 있었다. 많은 여인들이 항상 그녀의 주변에 모여 들었고, 볼링은 그들의 인생 상담자가 되었으며 예수 그리스도를 소개했다. 그녀는 헌신된 아내와 주부로서 남편의 충실한 반려자요 동역자였다. 동시에 자신의 집을 찾아오는 사람은 누구든지 언제나 방문할 수 있게 했으며, 그들이 잘 쉴 수 있도록 친절을 베풀었다.

그들의 자녀로는 장남 레이놀즈 3세가 1893년 8월 4일 서울에서 출생하였으나 열흘 후인 8월 14일에 사망하였다. 차남 존 볼링(John B. Reynolds, 이보린)은 1894년 8월 20일 서울에서 태어나 미국에서 학업을 마치고 1918년 다시 내한하여 순천, 전주, 광주 등지에서 교육선교사로 활동하였다. 1930년 아내와 함께 미국으로 돌아가 뉴욕시립대 교수로 재직하다 1970년 3월 사망, 그의 유해는 화장하여 양화진의 형 묘역 옆에 묻혔다. 셋째이며 장녀인 캐리 미베인은 1899년 8월 10일 전주에서 출생하였고, 1935년 8월 10일 딘 블루스 윌슨과 결혼, 아들 볼링 레이놀즈 윌슨을 낳았다. 그가 레이놀즈 선교사의 유일한 외손자인 셈이다. 넷째 막내이며 차녀인 엘라 틴슬리(Ella T. Reynolds)는 1902년 12월 11일 서울에서 출생하였다. 1920년부터 6년간 순천에서 선교사 자녀들을 위한 학교에서 사역했으며, 1930년 5월 평양에서 결혼하였다.

미국 버지니아 노퍽 제2장로교회(Second Presbyterian Church)는 레이놀즈의 모교회다. 이 교회는 레이놀즈와 1899년에 파송된 윌리엄 불(William Bull), 그리고 불의 여동생이며 유진 벨의 두 번째 부인으로 1904년에 온 마가렛 불(Mrs. Margaret Whitake Bull, 1873-1919) 등 3명의 젊은이들을 한국에 선교사로 파송하였다. 교회 내 한국선교지원 모임을 두고 지속적으로 기도하며 물질적 후원을 하였다. 1951년 레이놀즈가 노스캐롤라이나 몬트리트(Montreat)에서 사망하자, 이 교회는 교회 입구 전면에 스테인드글라스를 제작하여 레이놀즈의 탁월하고 헌신적인 사역자의 일생을 기념하고 있다.

레이놀즈의 전 일생은 한국 교회와 신학을 위해 바쳐진 고귀한 일생이었으며, 그 빛나는 열매로 오늘의 우리 교회와 신학이 있어 왔다. 하나님이 우리에게 주신 보물 중의 보물이며 은혜 중의 은혜였다. 이젠 우리가 그를 더 배우고 기념하며, 그의 숭고한 삶을 따라 복음과 생명의 빚을 되돌려 우리도 제3세계를 향하여 선교하며 충성을 다할 수 있어야 할 것이다.

> 교회사 이야기
>
> **아펜젤러, 목포**
> 레이놀즈가 목포교회 목회자로 있을 때, 한국 교회 최초 목사 선교사로 온 아펜젤러(Henry G. Apenzeller, 1858-1902)의 안타까운 해양사고가 있었다. 목포에서 성경번역위원회가 열려 찾아가던 중, 배를 타고 오다 군산 앞바다 어청도 부근에서 배가 충돌, 침몰하여 사망하고 만 것이다.
> 1885년 언더우드와 함께 조선에 온 아펜젤러 선교사는 감리교 목사로서 한국감리교회를 창설하고 배재학당을 설립했다. 암흑의 땅에 청춘과 생명을 드려 복음의 생명과 빛을 선사한 아펜젤러는 1902년 6월 일본 국적의 두 배가 충돌

하여 침몰하는 상황에서, 정신여학교 학생으로 고향에 돌아가던 목포 여학생을 구조하려다 함께 익사하고 말았다. 그의 서해 바다 실종 참사에 대해 미국에 있는 그의 가족이 일본 선박 회사와 정부를 상대로 7년 동안이나 진실규명을 요구하며 재판을 하였지만, 끝내 패소하고 말았다. 제국주의 야욕을 드러내던 일본은 물론 미국 정부도 국민 개인의 생명과 가족의 아픔보다는 국가의 정치 외교적 욕심을 더 부렸던 것이다.

### 한글 성경 번역과 레이놀즈

우리가 지금 보고 있는 한글 성경은 거의 대부분 레이놀즈가 번역하였다. 조선어 성경번역위원회는 언더우드, 아펜젤러, 게일, 레이놀즈 등이 1895년부터 함께 시작하였는데, 단연 고전어를 비롯한 언어에 능통하고 지식과 학문이 출중했던 레이놀즈가 주도적으로 일을 벌였다.

레이놀즈는 신약의 고린도전후서 2권과 구약의 예레미야를 뺀 38권을 번역했다. 성경번역위원회는 신약은 1900년에 임시로 1차 번역을 완성하였으며, 이후 계속 개정하여 1906년 2월 공인역을 만들었다. 구약은 1910년 봄에 완역하였다. 구약전서는 이듬해 1911년 3월 요코하마에서 3만 부가 인쇄 반포되었고, 신구약 성경전서도 잇따라 출간되어 한국 교회 최초 공인 역본이 탄생하였다.

1차 완성된 한글 성경에 대해 개정 작업이 이후에도 지속되었다. 성경 번역 개정 작업을 하는 동안, 다른 번역위원들은 빠져 나가기도 하고 새롭게 충원되기도 하였으나 레이놀즈는 꾸준히 주도적으로 계속 참여하여 활동하였다. 마침내 1938년 개정된 공인 개역성경이 출간되었다. 이 개역성경은 이후 1952년 '개역성경전서', 1998년 '개역개정판 성경전서'로 일부 맞춤법 변화에 따른 표기만 수정하였을 뿐, 근본적인 번역의 개정은 없이 지금까지도 고스란히 이어져 한국 교회가 사용하고 있다. 레이놀즈가 주도한 당시의 번역이 그만큼 탁월하고 훌륭하게 이뤄진 것이며, 레이놀즈 선교사가 한국 교회와 신학에 상당한 영향력을 끼치고 있는 셈이다.

이 산들로 교회 종소리 울려 퍼져라
# 오웬

Clement Carrington Owen (오기원, 1867.7.19-1909.4.3)

오웬(오기원, 오원)은 1867년 7월 19일 버지니아 주 블랙 월넛(Black Walnut)에서 태어났다. 오웬은 햄던 시드니 대학을 졸업하고 유니언에서 신학을 하였으며, 도중에 스코틀랜드 에든버러 대학에서도 공부하였다. 햄던 시드니는 미국에 정착한 아이리쉬 스코틀랜드 사람들이 자신의 후손들을 위해 세운 대학으로, 유니언은 햄던 대학의 신학부로 시작한 신학교다. 그는 유학 중에 유럽 일대를 다니며 해외 선교에 대한 꿈을 키웠다. 그래서 의료 선교에 대한 중요성을 깨닫고 버지니아 의과대학을 수료, 의사 자격도 취득하였다.

오웬은 뉴욕에서 의사로서 실습하는 동안 한국 교회와 선교에 대해 알게 되어 한국 선교를 결단하였다. 그가 1898년 11월 6일 목포에 도착한 날, '나는 주일에 교회에 갈 수는 없지만 이 산들이 언제나 교회의 종소리를 메아리쳐 울리게 하리라'는 소원을 빌었다.

오웬이 목포에 온 것을 누구보다 유진 벨이 반겼다. 사역자와 가족들의 건강을 지켜 줄 의사 선교사가 절실히 필요하였고 미 선교부에 요청하던 일이 이뤄졌기에 그에겐 오웬이 천군만마나 다름없었을 것이다.

오웬은 목포 양동에서 일을 하면서, 때론 밤마다 맞은편 유달산 언덕에 촘촘히 들어서 있는 집들의 반짝이는 불빛을 바라보았다. 어둠을 밝히는 불빛, 그 등불을 밝히는 기름은 자신의 고국 미국에서 온 것이었다. 그는 목포의 어둠을 밝히는 미국산 기름처럼, 목포의 영적 어둠을 빛으로 생명으로 바꾸는 일에 자신의 인생과 선교 사역이 기꺼이 영적 기름처럼 소모되길 소원했다.

우리 한 사람 한 사람이 '불타며 비추는, 저 완전한 날을 더욱더 비추는 빛'이 되었으면 한다. 그리고 또 하나의 교훈을 생각할 수 있다. 한국인들은 기름을 사용한 후에, 미국에서 이곳으로 기름을 날라 온 통들을 물을 나르는데 사용한다. 우리 조국(미국)은 한국의 빛의 출처일 뿐만 아니라, 각 가정에 신선한 물을 나르는 통들을 제공하고 있는 것이다. 우리도 마찬가지 아닌가? 우리도 주님이 사용하시는 통들이 아닌가? 주님께서 우리를 이곳에 보내신 목적은, 비록 질그릇과 같은 우리라 할지라도 우리를 사용하셔서 이 사람들에게 생명의 물을 공급하고자 하심이 아니겠는가? (오웬, '더 미셔너리', 1899. 9)

### 오웬의 진료와 전도로 목포교회 성도 늘기 시작

그는 목포에 도착하여 곧바로 진료소를 열었다. 오웬의 진료소는 목포는 물론 전라남도 최초의 서양식 병원이었다. 종래의 전통 한의사의 처방과 한약으로만 치료받던 환자들은 양의를 전공한 서양 의사로부터 진료와 양약을 통해 보다 좋은 의료 도움을 받았다. 오웬의 진료소는 늘 환자들로 붐볐으며, 매일 아침 기도회로 시작하였다.

오웬은 환자의 육체적 질병을 고칠 뿐만 아니라, 복음 전도를 동시에 펼쳐 사람들의 영혼을 구원하는 일에도 성심을 다하였다. 그에게 찾아온 환자들은 늘 많아서 항상 대기표를 받아 쥐고 순서를 기다려야 했다. 나무로 된 순서표에는 "하나님은 사랑이시다"라고 써 있었다. 그리고 진료 후에는 약을 봉투에 담아 줬는데, 그 봉투에는 성경 구절을 써 놓았고 환자가 다음에 다시 병원을 찾을 때 그 봉투를 가져오게 하였다. 그러니 글씨를 아는 사람은 아는 대로, 모르는 사람은 물어서라도 관심과 주의를 끌며 기다리는 동안 '하나님'에 대해 떠올리게 되고 생각하게 되고 궁금증을 가졌을 것이다.

오웬은 의사이면서 동시에 가장 왕성한 전도자의 삶을 살았다. 많은 환자를 진료하느라 늘 지치고 힘들었지만, 그럼에도 틈만 나면 밖에 나가 전도하며 복음 전하는 일에 힘을 내고 열심을 쏟았다. 그 일에 자신의 몸을 아끼지 않고 참으로 소모되는 기름처럼 헌신했다. 바닷가에 나가 선원들에게 전도지를 나눠 주거나, 때론 배를 타고 멀리 이 섬 저 섬을 돌며 생명의 빛을 나눠 주기도 했다.

> 진료소는 최근에 소규모로 개소하였고 벌써부터 한국의 고통당하는 사람들에게 봉사하는 수단이 되었으며, 우리는 이곳이 여러 사람의 영혼을 하나님께로 인도하는 큰 축복이 되리라고 믿는다. (오웬, '더 미셔너리', 1899. 10)

오웬의 진료소 운영과 전도로 목포교회는 차츰 성도들이 늘어가기 시작했다. 오웬이 처음 목포에 왔을 때만 해도 불과 10명 남짓이었으나, 1년여 지난 다음 해 1899년 10월에는 주일날 아침저녁 예배에 평균 30여 명이 출석했을 정도로 오웬의 선교 사역은 생명력이 있고, 선한 열매가 이어졌다.

## 전남 서해안 도서와 전남 동남부 교회 개척

오웬으로 인해 목포교회는 비로소 첫 당회를 구성할 수 있었고, 첫 성례 전도 독자적으로 할 수 있었다. 종래에는 서울에서 치리권을 갖고 있었는데, 목포교회는 유진 벨을 당회장으로 오웬을 서기로 당회를 구성하였으니 1900년 3월 5일의 일이다. 오웬이 열심히 의사로서 목사로서 병원과 교회를 섬기니 교회가 부흥하였다.

오웬은 1901년 즈음부터 목포교회의 평신도 전도자인 지원근, 마서규 등과 함께 광주 지역을 다니며 전도활동을 넓혀 갔다. 오웬은 목포병원과 교회 사역은 물론, 나주와 광주 인근까지 다니며 진료와 복음 전도를 병행하였다. 그곳에도 믿는 자가 더하고 교회들이 세워지자, 광주 지역 선교부 설치가 현실로 다가왔다.

그리하여 오웬은 1904년 유진 벨과 함께 광주로 이주, 광주 선교부를 개척하였다. 그들이 이임한 목포는 프레스톤(John Fairman Preston, 변요한)이 복음 사역을, 놀란(J. W. Nolan)이 의료 사역을 새롭게 책임 맡았고, 기존의 스트래퍼(Rica Straeffer, 서여사)는 교육을 지속 담당하였다.

오웬은 광주에 새 거점을 형성하고 전남 일대에 대한 이전보다 훨씬 더 광범위한 전도 사역을 펼쳤다. 유진 벨이 광주 시내와 북쪽을 주로 맡았다면, 오웬은 광주 아래 나주와 동남쪽을 다니며 순회하였다. 여수, 순천, 광양, 보성, 장흥 등지는 오웬이 처음 직접 다니면서 전도하니, 차츰 이곳에도 교회가 세워졌다. 그의 전도행전에는 늘 지원근이 동행했다. 조사(助事) 지원근은 오웬의 절대적 협력자요 동반자로서 그들이 함께 전남 일대 각 지역마다 세운 교회가 수십을 헤아리며, 전도하고 세례 베푼 이는 수백을 넘는다.

목포교회가 유진 벨에 의해 시작되었다면, 순천을 중심으로 한 전남 동

변요한 부부, 오웬, 유진 벨, 스트래퍼

남부 지역 교회는 오웬에 의해 시작되었다. 아니, 전남 내륙의 동남부뿐만 아니라 전남 서해안 일대의 섬 지역들 역시 오웬이 처음 찾아다니며 복음의 씨를 뿌렸다. 나중에 신안, 진도, 완도 등 도서 지방을 전담하며 선교하던 맥컬리(McCallie, 맹현리, 1881-1946)는 오웬과 프레스톤 등이 자기보다 먼저 섬 지역에 다녀갔다고 말한다. "한 사람이 심고 다른 사람이 거둔다"(요 4:37)는 비유를 들어 섬 지역의 복음의 씨앗은 오웬이 뿌렸다고 증언한다.

그러고 보면 목포와 전남 일대 곳곳의 교회는 사실 오웬이 다 개척하였다고 해도 과언이 아니다. 세 살 위이고 역시 먼저 와서 사역했던 유진 벨이 늘 명목상 선배로서 지역의 책임자요 대표였지만, 실제 일과 사역의 열성과 열매는 오웬의 수고와 땀으로 이뤄졌다.

### 죽도록 충성했던 전도자

한국과 전라도에서의 삶과 사역이 익숙해져 갈수록 오웬은 더욱더 복음 전도자로서의 사명을 충실히 하였다. 지나칠 만큼 날과 시간을 쪼개 전남 일대를 다니며 전도하고 전도하였다. 가정의 식구들에겐 서운하리만큼 밖으로만 다니며 일했으니, 오죽하면 그의 어린 딸이 "왜 아빠는 집에서 지내지 않나요?"라고 했을까? 자신의 가정도 중요하지만, 도처에 죽어가는 생명들에 대한 그의 안타까움과 열정이 훨씬 더했다. 그 열심과 헌신은 결국 건강과 생명에 심각한 위험을 초래하였다.

1909년 봄에도 어김없이 순회구역 전도여행을 위해 광주 집을 나섰다. 봄이라고는 하나 꽃샘추위가 매서운 3월 하순, 조사 배경수와 함께 순회구역인 장흥으로 갔다. 그러나 무리한 사역으로 몸도 지친 상황에서, 갑작스런 한파가 더하는 바람에 급성 폐렴에 걸리고 말았다. 긴급히 광주로 후송되어 동료 의사 포사이드(Forsythe)를 기다렸으나, 그가 목포에서 올라오던 중 4월 3일 사망하고 말았다. 42년 인생이었으며, 조선에 선교사로 와 목포와 전라도에서 11년간 그야말로 불꽃 같은 전도자의 삶을 살다 갔다.

4월 6일 오웬은 양림동 선교부 묘지에 최초로 묻혔다. 장례를 집례했던 프레스톤 목사는 오웬은 '죽도록 충성한 종'이었다고 술회했다.

> 그는 마지막 전도여행을 떠날 때도 몹시 지쳐 있었고, 건강 상태도 좋지 않았다. 더욱이 날씨도 차고 일기는 불순하였다. 그가 이런 악천후 속에서도 기어이 전도여행에 나선 것은 이미 약속한 지방의 성경 공부가 누적된 업무로 말미암아 중지될까 염려하였기 때문이다. 충분히 준비된 약품도 적당한 영양 식품도 갖지 않고, 얼굴에 북풍이 부딪치는 가마 속에서 아무도 모르는 옆구리의 심한 통증을 참고 그대로 돌아다닌 것이 이 불행한 여행의 원인이 된 것이다. 그는 이 여행에서 가르치는 일, 설교하는 일, 문답하는 일 등으로 열흘 동안 쉼 없이 일하다가 '죽도록 충성하라'는 말씀대로 충성된 종으로 죽었다. (프레스톤, '오웬 추도사', 1909. 4. 6)

오웬이 죽고 난 이후 1914년 오웬기념각(오웬紀念閣)이 스와인하트(Lois Swinehart) 선교사에 의해 지어졌다. 오웬은 아버지가 일찍 죽는 바람에 할아버지 손에서 키워졌는데, 조부 윌리엄을 기념하는 성경 가르칠 건물을 지으려 기금을 모아 놓고 있었다. 광주 선교부는 그가 모은 3,000달러와 그의 미국 친지들이 보내 준 1,000달러, 합 4,000달러의 건축비로 건물을 지었고, 오웬의 뜻을 따라 기념각 정문에 "윌리엄 오웬과 클레멘트 오웬을 기념하여"라는 현판을 걸었다. 현재 광주 양림동 기독간호대학 내에 있다.

### 아내 휘팅과 네 딸

오웬은 1900년 12월 12일, 서울 언더우드의 집에서 휘팅 양과 결혼하였다. 휘팅(Georgiana Emma Whiting)은 1869년 9월 12일, 매사추세츠 주 몬슨(Monson)에서 태어났다. 몬슨은 무디(Dwight L. Moody)의 고향인 노스필드 지역으로 인근 노스햄튼과 더불어 영적대각성운동의 진원지 구실을 한 곳이다. 그리고 학생자원봉사운동(SVM) 멤버로 우리나라에 온 최초의 선교사가 되었다.

1895년 4월 미 북장로교 의사 선교사로 한국에 와 서울 제중원(濟衆院)에서 사역하였고, 오웬과 결혼한 이후엔 목포와 광주에서 일했다. 휘팅은 남편이 일찍 죽은 후에도 1920년까지 광주에 남아 선교 사역을 펼쳤다. 주로 학교 교사 등의 일을 했으며, 전에 서울에서 북장로교 선교사로 소래교회를 자주 방문했을 때부터 알게 된 김필례(1891-1983)와 그의 어머니가 광주에 와 있어서 가까이 지냈다. 또한 미 남부 선교사들 틈바구니에서 거의 유일하게 미 북부 출신이면서 SVM운동의 리더였던 화이트 박사에게 신학 지도를 받은 서서평(Elisabeth J. Shepping, 1880-1934) 선교사와도 특별히 가깝게 지냈다.

오웬의 부인 조지아나 휘팅과 네 딸들

광주 호신대 선교동산에 있는 오웬의 묘소

오웬의 큰딸 – 메리 오웬

조지아나 휘팅은 1920년에 안식차 미국에 돌아갔으나 그 이후 다시 한국에 오지는 않았다. 미국에서 1940년까지는 고향인 매사추세츠에서, 그리고 그 이후에는 뉴욕 퀸즈에서 거주했다. 1952년 1월 24일 콜로라도 주 덴버에서 그만 차 사고를 당해 별세하였다. 그녀의 무덤은 덴버 페어마운트 묘원(Fairmount Cemetery)에 있다.

오웬 부부는 네 명의 자녀를 두었는데, 메리(Mary Virginia, 1901.10.3-?), 루스(Ruth, 1903.12.20-1990.4.30), 도로시(Dorothy, 1905.11.4-1981.11.19), 프란시스(Francis, 유복녀, 1909.5.13-1985.11.27)이다. 큰딸 메리는 1901년 10월 3일 목포에서 출생했다. 서른아홉의 나이에 뉴욕 퀸즈 Halem Valley State병원에서 정신과 치료를 장기간 받은 기록이 있다. 메리의 동생 셋은 평생 독신으로 지냈다.

아버지 오웬의 열심과 충성은 하나님과 사람 앞에 칭찬과 존경의 대상이었겠으나, 자녀들에겐 너무 감당하기 힘든 높은 벽이었으리라. 오웬이 떠난 지 1백 년, 그의 삶은 후배 믿음의 사람들에게 선한 본보기로 신앙의 감동으로 넘쳐흐르지만, 네 딸의 알려지지 않은 삶의 어두운 뒷그늘이 못내 아쉽고 안타깝다.

전라도 미 남장로교 선교사

# 로티 위더스푼

Mrs. Lottie Ingram Witherspoon Bell (1867–1901)

    1892년 11월, 미 남장로교 조선 선교사들이 처음 찾아오기 시작했다. 미국 남부에서 온 최초 선교사 7인은 레이놀즈, 전킨(W. McCleery Junkin, 전위렴), 테이트(Leuis Boyd Tate, 최의덕) 3명의 남자 목사와 매티 테이트(Mattie S. Tate, 테이트의 누이), 리니 데이비스(Linie Fulkerson Davis Harrison), 메리 레이번(Mary Leyburn, 전킨의 아내), 팻시 볼링(레이놀즈의 아내) 등 4명의 여자다.

    부부나 남매이긴 했으나 각각 출신지도 희망 선교지도 차이가 있었음에도, 이들 7명이 함께 미 남장로교 첫 조선 선교사로 출정할 수 있었던 것은 세 가지 이유가 있었다. 니스벳(Mrs. A. M. Nisbet)은 1919년 남장로교 선교 25주년 기념 글을 통해 기회, 기도, 기부 세 가지를 들어 이를 설명했다.

    첫째, 하나님의 섭리에 따른 선교 기회는 1891년 10월 테네시 주 내슈빌에서 열린 미국 신학생 선교연합 모임에서였다. 조선에서의 사역 1기를 마치고 첫 안식년을 맞아 귀국한 언더우드(Underwood) 선교사는 이 자리에서 조선의 사정을 소개하고 조선 선교를 역설하였다. 또한 미국에 유학 중이던 윤치호 역시 이들에게 조선을 소개하였으니, 그것은 마치 바울의 환상 속에서 마케도니아인들이 와서 도와달라는 간청처럼 참석한 신학도들의 마음을 강하게 흔들었다.

"밤에 환상이 바울에게 보이니 마게도냐 사람 하나가 서서 그에게 청하여 이르되 마게도냐로 건너와서 우리를 도우라 하거늘, 바울이 그 환상을 보았을 때 우리가 곧 마게도냐로 떠나기를 힘쓰니, 이는 하나님이 저 사람들에게 복음을 전하라고 우리를 부르신 줄로 인정함이러라"(행 16:9-10).

이 모임에 참여하였던 시카고 맥코믹 신학교의 테이트와 버지니아 유니언 신학교의 레이놀즈, 전킨 등은 강력한 하늘의 부름 앞에 조선 선교를 결심하였다. 레이놀즈는 이미 1년 전 1890년 12월 28일 일요일 오후 10시에 해외 선교를 작정한 터였는데, 그 구체적 임지를 조선으로 결정한 계기였다.

언더우드는 자신이 북장로교 소속이었음에도, 이후에도 계속해서 미 남부 여러 지역 교회를 순회하며 조선 선교를 알리며 초청했다. 남장로교 해외선교부는 당시 그리스 선교를 하고 있었는데, 이를 폐쇄하고 조선을 새로운 사역지로 바꾼 것은 예사롭지 않은 하나님의 섭리이며 기회가 되었다.

둘째, 조선 선교의 문이 열린 것은 하늘 보좌를 움직이는 젊은이들의 열정적이고 집요한 기도 때문이었다. 당시 테이트를 시작으로 이들 젊은 신학생들이 교단 선교부에 조선 선교사로 파송해 줄 것을 신청했으나, 조선을 모르고 예산이 없다는 이유로 거절당했다. 이에 레이놀즈는 전킨과 함께 신학교 기숙사 방에서 연일 합심하여 전력 기도하였다. 그들의 기도는 골방에서 하는 기도였으며, 세상 정욕을 구하는 것이 아니라 하나님 나라와 조선의 선교를 위한 기도였다. 그들은 함께 기도할 뿐만 아니라 지역 교회를 다니며 조선을 홍보하고 언론에 글을 투고하여 조선 선교를 환기할 뿐만 아니라, 조선에 대한 책을 구해 읽고 공부하며 준비했다. 선교부에서 2년쯤 후에는 허락해 주리라 기대하며 기도하였는데, 불과 두 달만에 조선 선교 허락이라는 기도 응답을 받았으니 하나님의 각별한 간섭이 아니고 무엇이랴!

"진실로 다시 너희에게 이르노니 너희 중의 두 사람이 땅에서 합심하여 무엇이든지 구하면 하늘에 계신 내 아버지께서 그들을 위하여 이루게 하시리라"(마 18:19).

셋째, 이런 일에는 당연히 돈이 필요하고 물질이 있어야 하니 교회와 성도들의 기부가 있어야 했다. 언더우드 선교사의 형 존 언더우드(John Underwood)가 2,000달러, 언더우드 자신은 500달러를 즐거운 마음으로 내놓았다. 돈이 없다고 난색을 표하던 미 남장로교는 언더우드 형제의 기부와 다른 교회와 성도들의 지원에 힘입어, 드디어 조선 선교 사역을 결심하였다. 또한 애초 자신도 선교사로 자원했던 존슨(Cameron Johnson)도 7인 선발대에 앞서 일본과 조선 선교 정탐 활동을 하였고, 이후에 여러 물질적 기부 등으로 헌신하였다. 바울이 빌립보를 시작으로 유럽 선교를 시작하는 시점에 대륙을 오가며 큰 무역을 하던 루디아가 자기 집을 개방하고 바울 선교에 선대히 대한 것처럼, 신실한 자들의 물질적 헌신은 선교의 문을 열고 하나님 나라를 넓힌다.

"두아디라 시에 있는 자색 옷감 장사로서 하나님을 섬기는 루디아라 하는 한 여자가 말을 듣고 있을 때, 주께서 그 마음을 열어 바울의 말을 따르게 하신지라. 그와 그 집이 다 세례를 받고 우리에게 청하여 이르되, 만일 나를 주 믿는 자로 알거든 내 집에 들어와 유하라 하고 강권하여 머물게 하니라"(행 16:14-15).

### 죽으면 죽으리라

미국 남장로교 조선 선교부가 1892년부터 7인의 선발대를 파송하여 사역을 시작한 지 10년이 채 안 되어 첫 선교사가 순직하는 슬픔이 있었다. 목포 선교부를 개척하여 교회를 개척하고 섬기던 로티 위더스푼 선교사가 1901년 4월 12일 34살의 참으로 아까운 젊은 나이에 그만 하늘의 부름을 받았다.

미국에서 멀리 조선의 목포와 전라도까지 와 수고하며 애쓴 복음의 전령사들은 조선에 생명을 일으키고 천국의 소망을 심기 위해 자신의 인생을 그야말로 '죽으면 죽으리라'는 각오와 열심으로 헌신하였다. 선교사와 그 가족이 호남과 한국에서 사역하며 살다 죽어 간 원인은 주로 풍토병이나 과로에 의한 질병, 교통사고 등 불의의 사고, 그리고 자연사였다.

예기치 않은 질병으로 사망한 원인은 위생에 취약한 한국의 물과 음식 섭취로 발생한 이질, 설사와 겨울의 추위와 찬바람으로 인한 폐렴 등이 주로 많았다. 위더스푼을 시작으로 첫 7인의 선발대로 왔던 리니 데이비스는 1903년에 전염병으로, 전킨이 1908년에 장티푸스성 폐렴으로, 오웬이 1909년에 급성 폐렴으로 각각 유명을 달리하였다. 선교사로 온 지 채 10년이 안 된 짧은 기간, 참으로 몸을 돌보지 않고 헌신을 마다하지 않는 불꽃 같은 사역을 하였다.

어린아이들은 특히 한국의 풍토병에 취약했다. 남장로교 선교사들이 한국에 처음 온 지 1년도 안 돼 어린아이를 잃는 아픔이 있었으니, 레이놀즈의 아들 윌리엄 데이비스가 태어난 지 불과 10일 만에 죽고 말았다. 전킨은 세 아들을 다 일찍 잃었는데 장남은 1년 7개월 만에, 차남은 두 달 만에, 3남은 불과 20일 만에 그만 세상을 달리했다. 코잇(Robert Thomwell Coit) 선교사는 큰딸을 태어난 지 하루 만에, 그리고 아들은 바로 그다음 날 이질로 각각 죽는 바람에 연이틀 사이에 자녀를 다 잃는 슬픔을 당하였다.

1919년 3월엔 경기도 병점에서 목포의 크레인(Paul Sacket Crane, 구보라)과 마가렛 벨(Mrs. Margaret Whitake Bell)이 교통사고를 당하여 안타깝게도 즉사하고 말았다. 유진 벨은 첫 번째 아내와 두 번째 아내까지 사별하는 아픔을 당해야 했다. 나중에 구보라 선교사의 아들 폴 에드거 역시 교통사고로 숨지는 사고가 있었으니, 그의 아내 캐더린(Mrs. K. W. R. Crane) 선교사는 남편과 아들을 다 교통사고로 잃는 아픔을 겪어야 했다.

1923년 1월 8일에는 어린 아기가 질식하여 사망하는 사고도 있었다. 목포에서 교육 선교를 하던 니스벳(유서백) 목사와 그의 두 번째 부인 사이에서 난 첫째 딸 엘리자베스(Elizabeth Dillwyn Nisbet)가 이불을 잘못 덮어 태어난 지 3개월 만에 죽고 말았다. 니스벳 목사로선 3년 전 첫 부인을 잃고, 또다시 안타까운 사고로 첫딸을 잃는 아픔이었다. 이 땅에 복음을 전하고 생명의 씨앗을 뿌린 선교사들은, 자신은 물론 어린아이와 가족의 안타까운 희생과 슬픈 사고를 수도 없이 치렀다. 생명을 돌보지 않고 세상 부귀영화를 내던지며 기꺼이 이 땅에 떨어지는 한 알의 밀알이 되고자 했으니, 그들이 십자가를 지고 간 선교 역사 때문에 오늘의 우리 교회가 있고 우리가 그 생명의 열매들로 있는 것이다.

### 미국 명문가의 자제, 로티 위더스푼

로티 위더스푼 벨은 1867년 5월 13일 미국 켄터키 주 루이빌(Louisville)에서 출생했다. 그녀의 아버지는 루이빌 신학교의 총장이었으며, 할아버지는 미국의 독립운동을 이끈 존 위더스푼이었다. 1894년 6월 16일 유진 벨과 결혼하여 미국 남장로회 선교사로 1895년 4월 9일 서울에 도착했다. 남편과 서울에서 얼마동안 활동하다가 호남 지역으로 배치되어 목포에서 사역하였다. 1896년 5월 27일 아들 헨리(Henry)를 낳고, 1899년 1월 6일 딸 샬롯(Charlotte)을 낳아 양육했다.

그녀는 목포의 소녀들을 대상으로 가정학교를 시작했지만, 주부 선교사로서 살림살이에 어려움이 컸다. 예를 들면, 서울에서 함께 일하던 유모와 함께 내려오지 못하여 새 유모를 맞는 과정의 어려움, 집안일을 돌보는 시골 하인들이 서구 문명에 익숙하지 못해 문화와 언어의 차이에서 겪는 어려움 등이었다.

더욱이 선교사 사택 건축공사가 한참 진행 중인 상태에서, 한 방에는 총각 선교사 오웬이, 그리고 다른 방에는 처녀 선교사 스트래퍼가 살았으며, 또한 어학 선생까지 동거하였으니 집안을 꾸려가기란 참으로 벅찬 일이었다. 이 같은 상황에서 남편 벨 목사는 시골 전도여행과 선교회 활동 등으로 집을 비우는 경우가 많아 심리적 갈등도 많았다. 당시 처했던 상황과 마음가짐에 대하여 그의 여동생에게 1899년 2월 보낸 편지 내용은 이러하다.

> 나는 남편이 선교사업을 잘할 수 있도록 가사의 걱정을 덜어주려고 힘쓰고 있다. 남편을 위하여 가정을 돌보고, 아이들을 기르고, 함께 사는 사람들을 돌보는 것이 앞으로 몇 년 동안 나의 선교 사역이 될 것이다. 나는 이 모든 어려운 일을 해낼 것 같지 않으나 해야만 한다. 나는 언제나 향수에 젖지만 한국은 내가 있어야 할 곳이라고 믿는다. (로티, 1899. 2)

목포 최초 예배당과 목포 성도들
맨 뒤 왼쪽부터 맹현리 부부, 유진 벨 부부, 오웬

로티 기념예배당

### 선교사의 아내, 어머니, 사모……

선교사들의 아내는 협력 선교사로 간주한다. 여성들은 능력이 허락하는 범위 안에서 가정을 꾸리고 언어를 배우고 또한 선교회의 활동에 참여할 것으로 기대한다. 여성들은 선교사의 아내라는 단순한 이유만으로 낯설은 선교 현지에 가서는 안 된다. 남편 선교사의 선교 사역에 영적으로 깊이 동조할 수 없는 아내들은 외롭고 만족하지 못하고 또한 의기소침할 것이다. 그리고 종국에는 아내들은 스스로 불행할 뿐만 아니라 남편까지 불행하게 만들 것이며, 이렇게 하여 십중팔구 아내가 건강을 잃게 되며 남편은 필생의 계획을 포기하고 연약해진 아내를 데리고 귀국하게 될 것이다.
(북장로교 선교회 규정)

그녀는 남편 유진 벨을 도와 목포교회를 개척 설립하였으며, 집안일은 물론 교회와 마을의 여자 아이들을 돌보았다. 그러나 그녀의 헌신적인 사역은 얼마 가질 못했다. 위더스푼은 심장병을 얻어 치료 한 번 받아보지 못하고 일 년이 넘도록 외롭게 고생하며 지내다, 1901년 4월 12일 34세의 나이로 목포에서 별세하고 말았다. 로티 위더스푼은 비록 목포에서 사망하였으나, 그녀의 장례는 서울 외국인 선교사 묘역인 양화진에서 언더우드 목사의 집례로 치러졌다.

목포교회는 1903년 6월 28일 새 예배당을 헌당하였는데, 로티를 기려 '로티 위더스푼 벨 기념교회(Lotti Witherspoon Bell Memorial Church)'라 이름하였다. 그런데 이 귀한 교회 건물이 이내 사라져 버리고 그 흔적을 알 수 없음은 참으로 아쉬운 일이다. 목포교회가 이후 더 성장하여 1910년 더 큰 예배당을 지어 현재까지 이르고 있는데, 이 과정에서 옛 위더스푼 기념교회가 사라져 버린 것은 안타까운 일이다.

로티와 자녀들의 묘소(양화진)

### 스코틀랜드 장로교 후예들

로티 위더스푼과 당시 조선 전라도에 온 수많은 미 남장로교 선교사들은 그 뿌리가 스코틀랜드 장로교 출신들이다. 16세기 스코틀랜드 장로교는 존 녹스에 의해 세워졌다. 이들은 영국 국교의 핍박을 피해 신앙의 자유를 찾아 미국으로 건너갔는데, 잉글랜드의 청교도들이 미국 북부로 이주할 때 스코틀랜드에서 온 장로교도들은 뉴저지, 캐롤라이나 등 주로 미국의 남부 지역에 터를 잡았다. 스코틀랜드에서 이주한 신앙의 후예 가운데 가장 영향력 있는 한 사람이 존 위더스푼 목사이며 그의 손녀가 목포까지 와서 유명을 달리한 로티 위더스푼이었다.

미국 건국운동의 지도자 존 위더스푼 목사는 미국의 독립과 건국에 앞장선 미국의 명망 높은 지도자요, 가문을 이룬 사람이었다. 존 위더스푼은 영국과의 독립전쟁 때 프린스턴 대학교 총장이며 미대륙회의 의장으로서 미국의 독립선언서를 주도하였는데, 당시 독립선언서에 서명한 56명 가운데 유일한 성직자였다. 그는 미국의 독립과 건국철학, 법령 제정에 기독교 사상과 정신을 기초한 대단히 중요한 지도자였으며, 동시에 학교 교육을 통한 후학 양성을 통해 미국 남장로교회에 큰 영향을 끼쳤다. 그가 세운 학교와 가르침은 미 남장로교 신학을 형성한 르네와 답네에게 이어져 미 남장로교 교회와 신학의 핵심 주류를 이루며 이는 멀리 조선 호남 교회와 한국의 장로교에 절대적 영향을 끼치고 있다.

교회사 이야기

**언더우드와 목포교회**

한국에 최초의 목사 선교사로 와 수고한 언더우드. 그는 1885년에 한국에 와서 6년여 동안 한국 교회의 초석을 열심으로 다지고 1891년 첫 번째 안식년을 맞아 미국에 돌아갔다. 말이 휴가지 실상 고국에서도 한국 선교를 설명하고 새로운 선교 동원 사역으로 여러 교회와 학교를 방문하며 수고의 땀을 흘렸다.

내슈빌에서 열린 강연회에서 신학도들에게 한국 선교 자원을 강하게 역설하여 레이놀즈와 테이트가 크게 감명을 받았다. 그렇게 해서 미 남장로교 한국 선교가 시작되었고, 레이놀즈를 비롯한 수많은 사람들이 목포와 호남에 왔으며 하늘나라에 충성을 하였다.

1894년 4월 18일 오후 목포에 복음을 들고 찾아온 첫 선교사 레이놀즈가 시장에서 거리 전도를 할 때 한 사람이 나서서 이렇게 말했다. "나도 전에 서울에서 언더우드란 사람으로부터 복음에 대해 들었습니다." 이미 선교사가 목포에 오기 전, 목포에 예수 그리스도를 아는 이가 있었다는 이야기다. 그가 제대로 믿는 신자였는지는 불분명하지만, 언더우드가 거리 전도에 얼마나 열심이었는지를 증명하는 사례도 있다.

윤식명 목사는 평양신학교 3회 졸업생으로 한국 3회 독노회 때 목사 안수를 받았다. 그리고 그의 첫 부임지는 목포교회였다. 호남에서는 한국인 목사로서 교회의 첫 담임목사가 되었다. 윤식명이 신자가 된 것도 언더우드 때문이다. 강원도 철원 출신인 윤식명이 서울에 있을 때 노방전도하던 언더우드로부터 복음을 듣고 신자가 된 것이다. 새문안교회에 출석하던 중 유진 벨을 만나 그의 요리사가 되어 목포에서 함께 사역자로 일하기 시작했고, 후에 신학을 하여 목회자로서 목포에서 첫 사역을 펼쳤다.

한국 교회 첫 목사 선교사 언더우드, 그로 인해 목포에 첫 선교사가 찾아 왔고, 그로 인해 목포에 이미 복음을 알던 이가 찾아 왔으며, 그로 인해 목포교회에 첫 한국인 목사가 부임했다.

**양화진 선교사 묘역**

양화진 선교사 묘역은 1890년 미국 북장로교 소속 헤론(John W. Heron, 1856-1890) 선교사 장례로부터 시작된다. 알렌에 이어 광혜원 2대 원장으로 일하던 헤론 선교사가 한여름인 7월 26일 전염병 '이질'로 사망하였는데, 매장지가 문제였다. 그때까지 선교사들이나 외국인들을 위한 매장지가 없었던 것이다. 조선 정부는 지금의 합정동에 외국인을 위한 땅을 허가해 줘 그곳에 헤론을 첫 장사 지냈으며, 이후 지금까지 수많은 선교사와 외국인들의 묘역이 조성되었다. 언더우드, 아펜젤러, 스크랜턴, 게일, 베어드, 그리고 목포의 로티 위더스푼 등 한국 교회 선교에 헌신한 수많은 천사 가족들이 묻혀 있다. 양화진에서 조금만 더 들어가면 19세기 중 말엽, 숱한 순교를 당한 천주교 '절두산 순교성지'도 있다.

**목포교회를 열다**

# 유진 벨

Eugene Bell (배유지, 1867.4.11-1925.9.28)

최근 논란이 되고 있는 정치적 움직임들은 한국에 있는 우리의 새로운 선교부들 가운데 하나를 극동(極東) 지역에서 가장 중요한 곳으로 만들지도 모른다. 러시아 신문들은 목포를 거대한 시베리아 횡단 철도의 가장 바람직한 종점으로 거론하고 있다. St. James' Gazette 신문은 목포를 '한국의 지브롤터'라고 부른다. North China Herald 신문도 목포를 전망이 밝은 항구로 지목하였다. ('더 미셔너리', 1896.11)

스페인 이베리아 반도 남쪽에 있는 지브롤터(Gibraltar)는 지중해와 대서양 사이를 들고 나가는 길목의 요충지다. 아시아, 아프리카, 유럽의 전략적 요충지로서의 역사적 가치가 있는 곳이다. 목포에 처음 온 선교사들은 목포를 동아시아의 요충지요 러시아를 거쳐 유럽으로 가는 중요 기착지로 여기며, 목포가 세상적으로 발전하기보다는 영적으로 생명을 얻고 부흥하길 기대하였다.

목포가 먼저 한국 교회의 지브롤터가 되는 일이 실로 중요하지 않겠는가! 세속적인 상업 문화가 도래하기 전에 기독교 문화가 확고하게 뿌리내리는 일이 얼마나 중요한 일이겠는가! 그러나 남한의 인구밀도가 높고 중요한 지역 목포에서 그리스도의 유일한 사도들인 우리의 작은 개척자 무리가 즉각적이고 강력하게 강화되지 않는 한 이 일은 이루어질 수 없다. ('더 미셔너리', 1896.11)

목포에 그리스도 생명의 십자가를 가지고 처음 찾아온 이는 레이놀즈 선교사였지만, 이곳에 본격적으로 터를 내리고 예수 복음을 전하며 교회를 세운 이는 유진 벨이었다. 미국 남장로교 선교부는 1897년 가을 목포에 선교부를 세우기로 정하고 유진 벨을 책임자로 세웠다.

전라북도에서는 전주와 군산을 중심으로 일찍 자리를 잡기 시작했으며, 전라남도에서는 당시 큰 도시였던 나주를 선교 거점으로 만들려 했었다. 그러나 나주 유생들과 지역민들의 배타심과 반발이 심해 제대로 사역의 뿌리를 내릴 수가 없었다. 이에 미 남장로교 해외 선교 행정 책임자였던 체스터 박사와 함께한 호남선교부 연례 모임에서 지지부진하던 나주에서의 사역을 접고 목포로 계획을 바꿨다. 목포는 당시엔 조그마한 어촌 마을에 불과했으나, '개항'할 곳으로 지정되어 시대적 근대화 바람을 타고 급속도로 발전할 가능성과 함께 선교 사역에도 상당한 영향력이 기대되었기 때문이다.

유진 벨은 목포를 중심으로 사역의 물꼬를 열기 시작했다. 목포는 나주만큼 방해하는 세력은 없었다. 그러나 역시 외국 선교사에게 쉽게 거처를 내주고 호의적으로 대하는 이들은 없었다. 한국인 조사 변창연이 애를 쓰며 앞장서서 일을 도와주고 베이스캠프를 마련하려 했지만, 시간이 꽤 걸리는 일이었다.

유진 벨이 목포에 곧바로 정착해서 사역을 하는 것은 무리였다. 거처할 공간 마련이 쉽지 않았고, 의료 기술을 지닌 동료 선교사도 아직 배정되지 못했기에 가족을 서울에 남겨 놓은 상태에서 변창연 조사의 도움만 얻으며 일을 진행해야 했다. 한두 달 간격으로 서울 집과 목포 현지를 오가며 거처와 사택 건축을 우선 진행하는 한편, 기회되는 대로 목포 주민들에게 복음을 전하며 교회 세우는 선교사로서의 본연의 사명을 시작하였다.

### 목포교회 설립은 1898년 5월 15일

지금까지 목포 첫 교회 설립은 1897년 3월 5일로 지켜오고 있다. 이를 근거 삼은 '목포부사(木浦府史)'의 기록은 명백히 틀린 사실이다. 1930년대 목포의 정치 경제 사회 문화 전반에 관한 역사적 기록물로서 의미 있는 목포부사는 그러나, 기독교 교회에 대한 이해도가 낮고 한국에 대한 인식이 부정적인 일제에 의해 쓰여진 기록이며, 실제 그 내용은 잘못 기술되어 있다. 무엇보다 그 당시 유진 벨은 목포에 있지도 않았다. 그는 서울에 머물러 있었고, 그때는 목포를 전혀 염두에 두지도 않았으며 나주 선교에 집중할 때였다.

목포교회 첫 설립은 1928년 조선예수교장로회총회가 발행한 '사기' 기록처럼 1898년으로 봐야 한다. 또한 유진 벨은 1898년 5월 15일에 쓴 편지에서 예배드린 것을 처음 드러내고 있다.

> 저희들의 집이 완성되면 이 집은 하나의 예배실로 바뀌게 될 것입니다. 침실은 남자들이, 식당은 여자들이 들어갈 공간이 될 것입니다. 오늘 아침 많은 여자들을 포함해 큰 회중이 모여 저는 대단히 고무되었습니다. (유진 벨, 1898. 5. 15)

그리고 1903년에 낸 그의 개인 보고서를 통해서도 목포교회의 시작 연대를 짐작할 수 있다.

> (목포)교회의 가장 주목할 만한 진전은 봄에(6월 28일 헌당) 준공한 위더스푼 기념예배당의 건립이다. 이 예배당을 건축하기까지 교인들은 지난 5년 전 두세 명이 모여 시작된 작은 기도 모임이 열린 배리 하우스의 사랑방이나 접대실에서 지속적으로 예배를 쉬지 않았다. (유진 벨, 1903)

1903년에 쓴 글에서 5년 전에 예배를 시작하였음을 말하니, 1898년을 목포교회의 시작으로 보아야 할 것이다. 1898년 5월 15일을 목포교회 역사의 출발로 고쳐서 바르게 세워야 할 것이다.

### 배리 하우스

1898년 유진 벨이 남긴 여러 편지에는 늘 집 짓는 문제의 고충이 자주 드러난다. 그해 봄쯤 임시 거처를 마련하고 교회보다는 자신의 사택 건축에 더 마음을 담고 노력하였음이 드러나는데, 집을 통해서 서울 가족을 불러 들이고 의사도 오게 하여야 비로소 본연의 일을 할 수 있겠다는 판단에 서였을 것이다.

3월부터 시작한 사택 건축은 예정된 8월을 넘어 11월이 되어서야 완성되었는데 이 사택을 '배리 하우스(Barry House)'라 하였다. 버지니아 주 리치몬드의 케리 부인이 그녀의 이모인 배리를 기념하여 미화 1,500달러를 헌금한 돈으로 지어졌기 때문이다.

유진 벨은 1868년 4월 11일 켄터키 주 스코트(Scotts)에서 태어났으며, 센트럴 대학교와 루이빌 신학대학교를 졸업했다. 1895년 한국에 선교사로 파송되어 목포와 광주 등 전라남도 기독교의 여명을 열었다. 1898년 목포교회(양동)를 개척하고 1903년 남녀 기독교학교(영흥, 정명)를 설립했으며, 1904년 12월 광주로 옮겨 25일 성탄절에 광주교회(금정→광주제일)를 시작했고, 1908년에 광주 남녀 기독교학교(숭일, 수피아)를 설립했다.

유진 벨은 평양신학교 교수로도 활동하였으며, 1914년 대한예수교장로회 총회장으로 섬겼다. 1924년 광주 금정교회에서 목회할 때 양림교회를 분립하였으며, 평생을 광주와 전남에서 수고하며 애쓰다 1925년 9월 28일 57세로 사망하여 광주 양림동 선교사 묘역에 두 번째 부인 마가렛과 함께 묻혀 있다.

### 첫 아내와 딸 샬롯, 선교 유업 잇는 외손들

유진 벨은 1894년 로티 위더스푼과 결혼했다. 로티는 미국 명문가 위더스푼 가문 출신으로 아버지는 루이빌 신학대 총장이었으며, 할아버지는 미국 독립운동을 이끈 존 위더스푼이었다.

로티 벨 선교사는 목포교회에서 남편 유진 벨을 도와 주일학교와 여성 사역에 헌신하던 중 1901년 4월 12일 심장병으로 일찍 사망하여 서울 양화진 묘역에 안장되었다. 미국 남장로교 선교부에서 파송되어 호남에서 일을 시작한 이래 첫 순직자였다. 유진 벨은 아내의 갑작스런 죽음으로 목포교회를 사임하고 1901년 4월 미국으로 일시 귀국하였다.

1902년 12월 유진 벨은 다시 목포로 돌아왔다. 교회 지도자가 없는 상황에서도 목포교회 교인들은 어려움을 잘 이겨내며 조금씩 교회가 성장하고 있었고, 성도가 늘어나 예배당도 크게 짓기로 했다. 당시 건축비 2,500냥으로 200명이 들어가는 규모의 새 예배당을 짓고 그 이름을 '로티 위더스푼 벨

기념교회당'이라 하였으며, 1903년 6월 28일 헌당예배를 드렸다.

유진 벨과 로티 사이에는 아들 헨리(Henry Venable, 1896.5.27-?)와 딸 샬롯(Charlotte Ingram, 인사례, 1899.1.6-1974)이 있었다. 샬롯은 목포에서 태어난 첫 번째 외국인이었다. 그녀는 린튼(William A. Linton, 인돈, 1891-1960)과 1922년 결혼하였다. 린튼 선교사는 21살로 한국에 온 최연소 선교사로서 전주 기독교학교 교장을, 아내 샬롯은 기전여학교 교장을 했다. 1956년에 대전(한남)대학교를 설립하고, 40여년 동안 충청과 호남에 여러 학교를 세우며 함께 교육 선교하였다. 린튼과 샬롯 부부에겐 아들이며, 유진 벨에겐 외손자가 4명 있었는데, 윌리엄, 유진, 휴, 드와이트이다.

셋째 휴(Hugh MacIntyre Linton, 인휴, 1926-1984) 목사도 한국 선교 사역을 했다. 휴는 부인 로이스(Mrs. Lois Elizaberth Flowers Linton, 인애자, 1927- )와 함께 전남 섬 지방과 농촌지역을 선교하였다. '검정 고무신'이라는 별명과 함께 검소하고 겸손했던 그는 순천을 중심으로 전남 동부 지역의 시골길을 걷고 걸으며 200여 교회를 개척했으며, 여수 애양원 사역을 하다 고흥에서 1984년 교통사고로 사망하였다. 세 아들을 결핵으로 잃었는데, 부인 로이스는 순천 결핵원을 열어 결핵 환자 치료에 35년 동안 정성을 쏟으며 사역하다 1994년 은퇴하여 미국 노스캐롤라이나 주 블랙 마운틴에 있다. 넷째 드와이트(Thomas Dwight Linton, 인도아, 1927-2010) 목사는 1952년부터 한국 선교 사역을 하며 광주 호남신학대 교수 사역을 하였다. 그의 아내 앤(Mrs. Marjory Ann Pottter, 인마서, 1925- )과의 사이에 3남 2녀를 두었다.

인휴와 인애자의 자녀이며 유진 벨의 외증손자인 스티브(Steve Linton, 인세반, 1950- )는 1995년 유진 벨 선교 100주년 기념으로 '유진 벨 재단'을 설립하여 북한 결핵퇴치 등 북한 동포 돕기 사업을 하고 있으며, 존(John Linton, 인요한, 1959- )은 연세대학교 국제진료센타 소장으로 있다.

유진 벨과 아내 로티, 자녀 헨리와 샬롯

### 두 번째, 세 번째 아내와 자녀들

유진 벨은 첫 아내를 잃고, 1904년 마가렛을 두 번째 아내로 맞아들였다. 마가렛은 어머니와 함께 군산에서 선교사로 사역하던 남동생 불(Rev. W. F. Bull, 부위렴) 목사를 찾아 1902년 가을에 한국에 왔고, 이때 유진 벨을 만났다. 두 사람은 1904년 5월 10일 버지니아 노퍽에서 결혼하였다. 그리고 9월에 함께 다시 한국에 와 목포와 광주에서 사역하였다.

1873년 11월 26일 노퍽 출생인 마가렛은 유진 벨과의 사이에 윌리엄 유진(William Eugene, 1906.3.11-1933), 홀랜드 스코트(Holland Scott, 1911.7.24-1912.2), 윌리엄 포드(William Ford, 1914.3.15-?)를 두었다. 홀랜드 스코트는 태어난지 불과 몇 달만에 죽고 말았고, 윌리엄 포드는 기술자였는데 정신질환으로 말년에 고통이 심했다. 마가렛은 광주 숭일, 수피아학교에서 영어와 성경교사로 교육선교에 주력하다 1919년 3월 26일 서울에 다녀오는 길에 경기도 병점에서 그만 자동차 사고로 숨졌다.

유진 벨은 세 번째 부인으로 줄리아(Mrs. Julia Dysart Bell, 배쥬니아, 1872-1952)와 1921년 결혼하였다. 그녀는 1872년 미주리 주 출신으로 사범대학을 졸업하고 1907년부터 조선에 왔다. 전주와 광주에서 독신으로 교육 선교에 열심이던 그녀는 49세의 나이에 부인을 둘이나 보내고 홀아비로 지내던 유진 벨(53세)과 결혼하였다. 고령에 결혼한 그들에게는 자녀가 없었다. 줄리아는 유진 벨이 먼저 사망한 이후에도 광주에 남아 1941년까지 사역하였고, 귀국하여 고국에서 지내다 1952년 사망하였다.

교회사 이야기

**인사례**

그녀는 117년 전인 1899년 1월 6일 목포에서 태어났다. 아마도 목포에서 태어난 최초의 외국인 아이였을 것이다. 아버지인 유진 벨은 목포와 전남 선교의 개척자였으며, 어머니 로티 위더스푼은 미국 독립운동을 이끌었던 명문가 출신이다. 그러나 선교사 집안에서 태어나 살아가는 자녀들의 현실과 삶은 상당한 대가를 지불해야 하는 험하고 고된 길이었다. 샬롯은 겨우 만 2살을 넘긴 어린 나이에 어머니를 먼저 잃어야 했다. 로티가 갑작스레 심장병으로 1901년 사망한 것이다. 너무도 일찍 어린 나이에 어머니를 잃은 샬롯은 미국의 할아버지 집에 보내져 성장기를 보냈다.

그리고 미국에서 학업을 마치고 청년이 되었을 때, 자신도 부모에 이어 한국 선교사로 자원하여 왔다. 그녀는 한국에 온 최연소 선교사였던 린튼(인돈)과 1922년 24세에 결혼하였다. 남편 린튼은 10년 전부터 호남에 선교사로와 일하고 있었다. 린튼과 샬롯은 군산과 전주의 기독교학교, 그리고 대전한남대학교를 설립하고 교육 사역에 힘썼다.

1960년 8월 남편 린튼이 건강 악화로 먼저 하늘나라로 가자, 샬롯은 주저없이 목포로 내려갔다. 남편을 잃고 다시 홀로 된 샬롯은 낙망과 슬픔을 딛고, 자신이 태어나고 자기 어머니를 빼앗아 간(?) 목포를 찾아 생명과 구원의 사역자로 거듭 헌신한 것이다. 이미 자신도 환갑을 넘긴 고령의 나이였음에도 목포 정명여학교와 고등성경학교에서 마지막 생애를 불태웠다.

샬롯은 목포에서 태어나고 자랐으며, 목포와 호남에서 자신의 청춘을 바쳐 40여 년을 헌신하고 수고한 아름다운 일생이었다. 뿐만 아니라 린튼과의 사이에 태어난 4명의 자녀와 또 그들에게서 난 여러 손자들이 오늘날에 이르도록 한국 곳곳에서 생명과 복음의 사역에 열정과 헌신을 다하고 있다.

우리 가운데 다시 계신 예수

# 포사이드

Wylie Hamilton Forsythe (보위렴, 1873.12.25-1918.5.9)

선한 사마리아인이다. (오웬 부인)

나는 개인적으로 포사이드만큼 열정 있는 사역자는 보지 못하였다. (데이비스 목사)

한마디로 '아니오'를 모르는 사람이다. (최마태 선교사)

이 사람은 아름다운 기도의 천재이다. 기도는 그의 열정이며 최우선적인 추구사항이다. 그는 활동적인 봉사를 접어두고 정기적으로 기도한다. (엘리스 목사)

포사이드 선교사는 주위 사람들로부터 늘 칭송과 존경을 받는 참으로 훌륭한 일꾼이었다. 지칠 줄 모르고 부지런히 전도지를 뿌리며 복음 사역에 진력한 자로, 수많은 환자들을 치료하며 돌보는 진실한 의사였다. 그가 목포와 호남에서 보여 준 선교 사역은 참으로 놀랍고 아름다웠다. 무엇보다 나병 환자에 대한 관심과 진실한 사랑은, 진정 우리 가운데 다시 오신 예수님을 떠올리게 할 정도였다.

나병 환자는 아무도 사람 취급하지 않던 우리 사회였다. 반만년 역사 가운데 철저히 소외되며 사람들 눈을 피해 죄인처럼 주변부에 숨어 지내던 나환자를 사람으로 인정하고 대우하며 보듬어 주었던 첫 사람, 포사이드는 진정 선한 사마리아인이며 사랑의 사도였다. 강도 만난 자가 거의 죽게 되어 길가에 버려져 있어도 아무도 돌보지 않을 때 선한 사마리아 사람은 불쌍히 여겨 돌보아 준 것처럼, 누구도 귀히 보지 않는 나환자를 사람으로 대우하며 돌보아 준 이가 포사이드다.

"어떤 사마리아 사람은 여행하는 중 거기 이르러 그를 보고 불쌍히 여겨 가까이 가서 기름과 포도주를 그 상처에 붓고 싸매고 자기 짐승에 태워 주막으로 데리고 가서 돌보아 주니라"(눅 10:33-34).

포사이드는 동료 오웬을 진료하기 위해 광주로 향하던 중, 길가에 버려져 죽어 가는 한 여자 나환자를 보았다. 친구 선교사가 위독한 지경이어서 빨리 가야 했지만, 그렇다고 그냥 지나칠 수는 없었다. 그에게는 진실로 나병 환자도 사람이고 여자도 사람이며, 죽어 가는 생명에 대해 긍휼히 여겨야 한다는 마음이 깊었다. 그녀를 불쌍히 여기며 그녀에게 다가가 일으켜 세워 자기 말에 태우고 광주병원으로 데려갔다. 안타깝게도 오웬은 이미 세상을 달리하고 있었다. 포사이드는 자신이 데려온 그 여자 나환자를 치료하며 돌봐주었지만, 얼마 못 가 그녀도 죽고 말았다.

### 하나님의 사람은 하나님의 사람을 키운다

안타까운 죽음이 이어졌지만, 그러나 포사이드가 그 와중에 보여 준 나환자에 대한 지극한 사랑의 실천은 엄청난 파장을 일으켰다. 조선에 나병 환자에 대한 남다른 인식을 일깨웠으며, 사랑의 사도들을 새롭게 일으키는 계기가 된 것이다.

사람의 존귀함에 대한 그의 진심과 열정은 최흥종이라는 또 하나의 새로운 인생을 일깨웠다. 김윤수의 전도로 예수님을 믿게 된 최흥종은 오웬 선교사의 헌신적인 의료 사역에 감명을 받아오던 터에 포사이드의 나환자 사랑까지 알게 된 후, 자신도 세상이 감당치 못할 전혀 다른 인생길을 가리라 결단한다.

보기에도 흉측한 나환자를 말에서 껴안아 내리는 모습은 최흥종의 인생에 대단한 충격이었다. 사람으로도 여기지 않던 여자 걸인 환자를 온몸으로 받아 내며 그 생명의 존귀함을 보여 주는 사랑 앞에 그는 진실로 '사랑'이라는 게 뭔지를 알게 되었다. 그는 자기가 살아온 이 세상과 전혀 다른 삶의 방식으로 살아가는 새로운 세상과 사람들이 있음을 보았다. 그와 당시 주변의 사람들에게 포사이드의 모습은 마치 다시 오신 예수님을 보는듯 했다.

### 나병은 얼마든지 고칠 수 있다, 윌슨

포사이드가 광주로 데려온 여자 환자로 인해 생각지도 않게 나환자에 대한 치료와 헌신을 보인 또 다른 이는 윌슨(R. M. Wilson, 우일선) 선교사다. 그는 이 사건으로 1909년 가을 나환자의 집을 마련하여 치료하기 시작하였고, 11월 1일에는 총독부에 광주 나병원 인가를 받았다. 한국에서의 나병에 대한 실상을 미국과 영국 등에 알리고 도움을 청하였으며, 1914년에는 양림리에 여자 환자를, 봉선리에는 남자 환자를 격리 수용할 시설도 갖추게 되었다. 동시에 실제적으로 나환자를 완치시켜 집으로 돌아갈 수 있도록 하니, 당시까지도 불치병처럼 여겼던 나환자에 대한 인식을 바꿀 수 있었다.

윌슨은 1880년 아칸소 주 태생으로 1908년 1월 광주에 와 40여 년을 지내면서 광주 기독병원을 발전시키는 등 괄목할 만한 의료 사역을 했다. 그는 자신보다 1년 먼저 조선에 와 목포에서 사역하던 녹스(Eliisabeth Knox)와 결혼하여 5남 2녀를 두었는데, 아들 4명도 다 의사였다.

### 사랑의 사도는 하루아침에 만들어지지 않는 일

포사이드 선교사는 1873년 12월 25일 켄터키 주 머서에서 태어났다. 어릴 때 아버지가 일찍 세상을 떠나 그는 홀어머니 밑에서 여동생과 함께 자랐다. 1891년에 그의 가정은 미주리 주 풀튼으로 이사하여 그곳에서 포사이드는 웨스트민스터 대학을 다녔다.

1895년에 다시 켄터키 주 루이빌로 이사하여 그곳 의과대학을 다녔다. 1898년 미국-스페인 전쟁 중이던 쿠바에 군의관으로 파병되었는데, 그곳에서 나환자 사역에 참여하는 기회를 가졌다. 뉴욕에 돌아와 여자병원에서 수련의로 근무할 때도 빈민가에서 봉사활동을 열심히 펼쳤다.

그는 참으로 천성이 착했고 불쌍한 사람들을 보면 외면하지 않았다. 하루는 그가 뉴욕 병원 일을 마치고 집으로 돌아가는 길에 한 남자가 배가 고프다고 호소하자, 빵이라도 사 먹으라며 자기 호주머니를 다 털어 주었다. 차비까지 몽땅 주는 바람에 집까지 상당한 거리를 걸어가야 했다.

이처럼 질병으로 고통당하는 가난한 환자들에 대한 정성과 사랑의 헌신은 갑자기 이뤄진 게 아니었다. 젊은 날 전쟁터에서부터 생명에 대한 존귀함이라든가, 뉴욕 병원 시절의 가난한 이웃에 대한 지극한 연민과 참 사랑은 그의 남다른 인격 수양이 되었으며, 삶에 내재화되었던 것이다.

그의 멋진 삶의 훈련과 아름다운 신앙은 가난과 질병으로 신음하는 멀고 먼 조선 땅까지 찾아와 선교사로 헌신하게 하였다. 1904년 8월 미국을 떠나 9월 29일 전주에 도착하여, 그해 말까지 조선어 학습과 군산, 목포 등의 선교부와 병원 사역 등을 돌아보는 것으로 적응훈련을 하였다. 다음 해인 1905년부터는 인골드에 이어 전주병원을 책임 맡아 환자를 진료하고 사역하는 것으로 조선에서의 본격적인 선교를 시작하였다. 그는 또한 틈나는 대로 전킨 선교사와 함께 전주 일대의 고아들을 돌보는 일에도 열심을 냈다.

1905년 3월 13일 밤, 김제 만골에서 강도들에게 폭행을 당해 큰 상처를 입고 세브란스에서 요양 치료하다 1906년 미국으로 돌아갔다. 포사이드는 치료를 받으면서도 미국을 돌며 기회 있는 대로 조선의 선교와 모금활동을 벌이다가 1909년 3월 말 다시 조선에 건너와, 목포병원에서 새로운 사역을 시작하였다. 그가 전주가 아닌 목포로 가 버리자 전주 사람들은 매우 안타까워했다. 천 명에 가까운 사람들이 서명하고 청원할 정도이니, 포사이드가 얼마나 그곳 환자들과 사람들에게 선한 마음과 사랑을 베풀었는지 짐작할 수 있다.

목포에서 새로운 사역을 펼치려는데, 4월 3일 광주에서 윌슨 선교사가 긴박한 호출을 했다. 동료 오웬 선교사가 위급한 지경이어서 그를 치료하러 광주로 올라간 틈에, 여자 나환자를 말에 태우고 광주 기독병원으로 가게 된 사건이 일어난 것이다. 포사이드는 목포에서 의사이자 평신도로 환자들을 정성스레 돌보았다. 뿐만 아니라 당시 백만 명 구령운동이 전국적으로 진행되는 즈음에 맞춰, 시간 나는 대로 목포와 인근 섬 지역, 심지어 제주까지 찾아 다니며 복음을 전하고 환자를 치료하는 일에 열심을 냈다. 1910년 광주 선교연례대회에서 그는 이렇게 보고하였다.

변요한 목사와 한 주간의 제주도 여행을 하였다. 사람들이 열정적으로 예배에 참석하고 치료받으러 나오는 모습은 어린양의 보혈의 깨끗하게 하시는 능력과 더불어 질병과 고통으로부터의 해방을 바라는 간절한 필요를 가슴 아프게 증언해 준다. 우리는 의료 치료 여행이 더욱 있어야 한다고 본다. 목포 진료소 소속의 의학생들이 2달간 치료 여행을 하였다. 이렇게 하여 1,000여 건의 치료를 행하였다……목포와 제주를 합하여 17,800여 건의 치료를 베풀었다. (1910년 연례보고)

1910년 8월에는 사랑하는 여동생 밀러(Miss Jean Miller Forsythe, 1878-?)도 목포에 선교사로 합류하여 오랜만에 남매가 함께 지내며 사역에 충성했다. 포사이드는 목포 진료소를 확충하였고, 조선인 조사도 두며 의료 기술을 전수하기도 했다.

환자를 치료하고 복음을 전하는 일에 시간과 장소를 가리지 않고 몸 사리지 않으며 지사충성(至死忠誠)으로 일관한 삶이었다. 게다가 물 설고 낯선 곳에서의 사역이니 건강에 이상이 오고 탈이 나고 말았다. 포사이드는 풍토병 '스푸르(Sprue)'에 감염되어 선교 사역을 중단할 수밖에 없었다. 1911년 4월 그는 아쉽게도 정든 목포를 떠나 미국으로 돌아가야 했다. 여동생 밀러 선교사도 3년 정도 목포에서 사역하다가 1913년에 귀국하였다.

포사이드는 귀국해서도 조선의 선교와 나환자를 위해 기도했다. 교회에는 선교적 열정을 촉구하고, 의학계에는 조선과 가난한 이웃나라들의 질병 실태를 알리며 이에 대한 책임 있는 결단과 책임을 역설했다.

> 의의 아들이 치유의 나래를 펴고 이 땅 위에 다시 오시기 전에, 하나님께서 질병과 죽음의 사자들을 제거시킬 날을 조속히 앞당기시길 고대합니다. 미국의 의료진들은 오늘날 세계 최고 수준이고, 미국의사협회는 최상의 인력으로 구성된 위원회를 임

포사이드의 묘

명하여 동양과 중남미 지역 현황을 조사하는 것으로 이 위대한 생명운동을 주도할 위치에 있습니다. 또 질병 예방과 치료를 위한 어떤 조치를 조언해야 하며, 그것을 다른 지역으로 확산시켜야 할 위치에 있습니다.

그러면 백만장자 자선 사업가들도 이 운동에 동참하여 필요한 경비를 조달할 것을 제안할 것입니다. 미국의사협회는 그리하여 청원하는 바, 이 운동을 심사숙고하여 현 상황 가운데 현명하고 실제적인 방안을 모색, 강구하기 시작하여 최종 제안이 있기를 기대합니다. (포사이드, 1913. 6. 5)

조선을 사랑하고 조선의 생명과 건강을 염원하며 애쓴 포사이드는 1918년 5월 9일, 46세의 나이에 켄터키 루이빌에서 하늘 안식의 부름을 받았다.

### 화광동진 최흥종

1912년 김윤수와 함께 광주교회의 최초 장로였던 최흥종은 이후 평양신학교를 졸업하고 목사가 되었는데, 그는 특히 나환자 등 사회의 버려지고 찢긴 가난한 자들을 위한 사역에 헌신한다. 광주 봉선동의 나환자 촌이 여수 애양원으로 옮겨지자, 자신도 거처를 그곳으로 옮겨 1928년에는 조선나환자근절협회를 창립하는 등 평생을 나환자들의 치료와 인권옹호에 힘썼다.

그는 1933년 '구라(救癩)행진', 즉 나환자들과 함께 광주에서 서울 총독부까지 11일 간의 목숨을 건 인권 대행진을 주도하여 500여 명이 총독부 앞에서 연좌시위를 벌였다. 나환자들의 치료와 재활 갱생의 터전을 요구한 끝에, 1939년 11월 소록도에 나환자를 위한 시설이 설치되어 지금까지 이어오고 있다.

백범 김구는 그를 보며 노자의 도덕경에 나오는 '화광동진(和光同塵)'이란 말을 썼다. '빛을 감추고 티끌 속에 섞여 있다'는 뜻으로 성자의 본색은 드러내지 않으면서도 민중들 틈에서 살아간다는 칭송이다. 광주의 목회자요 사회운동가로서 그의 고귀한 삶은 사위 강순명 목사, 후배 이현필, 이준묵 등으로 이어져 광주 기독교의 큰 영적 계보를 형성하였다.

예수 안에 사는 축복을 남기려

# 프레스톤

John Fairman Preston (변요한, 1875.4.30-1975.4.30)

1907년 평양대부흥운동은 1903년 원산에서 하디(Robert Alexander Hardie, 1865-1949) 선교사의 회개로부터 싹을 틔우더니, 1906년 10월에는 목포에서 불꽃이 폭발하듯 부흥이 일기 시작하여 이뤄진 한국 교회사의 큰 사건이다. 목포 집회는 원산에서 하디와 함께 사역하던 미국 남감리교 소속의 저다인(J. L. Gerdine, 전요섭, 1870-1950) 선교사가 일으킨 부흥회로 놀라운 성령의 역사와 부흥의 열매가 있었다.

일주일 동안 지속된 집회에서 하루에 두 번씩 저다인 선교사가 외치는 하나님의 말씀과 구령 앞에, 사람들은 회개하며 영적 각성을 일으켰다. 그의 설교는 영적 감화력이 있었으며, 회중 가운데 임한 성령의 임재는 놀라웠다. 죄를 회개하고 용서의 은총으로 인해 변화된 그리스도인들로 목포 교회는 넘쳤으며, 용서의 눈물과 은혜의 감격, 뜨거운 감사 찬송으로 연일 대성황이었다. 목포 부흥회의 선한 결실은 전라도로 번지고 전국 각지로 확대, 이른바 평양대부흥으로 이어졌다.

목포 부흥을 염원하며 이미 원산에서 부흥의 불꽃을 일으킨 저다인을 목포로 초청한 이는 프레스톤 선교사였다. 유진 벨(1,3대)과 레이놀즈(2대)

에 이어 4대로 목포교회를 담임하고 있던 프레스톤은, 유진 벨과 오웬이 목포를 떠나 광주 선교부를 개척 이전하는 바람에 목포교회를 이어받고 있었다. 선배들이 떠난 틈을 놀란, 스트래퍼 등과 함께 남아 목포 선교부를 책임지면서 교회의 부흥과 성도들의 영적 각성을 도모하기 위해 저다인을 초청하여 집회를 개최하였던 것이다. 기대 이상의 놀라운 열매가 있었을 뿐만 아니라, 한국 교회 대부흥역사를 일으키는 계기를 만든 것이다.

### 그리스도 없이 죽은 자 vs 예수 안에 잠든 자

프레스톤은 노인들에게 먼저 복음을 전하려 애썼다. 인생의 황혼기에 접어든 사람일수록 죽기 전에 생명의 도를 받아들이길 염원해서였다. 당시 교회가 위치한 양동 주변에는 황량한 무덤들이 즐비했다. 프레스톤은 예수님을 접하지 못하고 이미 죽어간 수많은 영혼들, 예수님 없이 죽어간 사람에 대한 안타까움을 마음에 담고 나이 든 사람을 향한 뜨거운 구령의 열정으로 전도하였다. 그 결과 목포교회는 전에 없이 장년과 노년 성도들이 증가하기 시작했다.

> 내가 이 나라에서 목격하는 가장 슬픈 모습 중의 하나는 사방 언덕들에 산재한 수많은 무덤이다. 그 대부분은 특별한 비석도 없이 잊혀진 것들이다. 그 무덤을 볼 때마다 내게는 어떤 환상이 떠오르는 데, 그것은 다름이 아니라 '그리스도 없이 죽은 자'라고 쓴 글이다. 더욱더 슬픈 사실은 그 가운데 상당수가 70년 이상을 기다렸을지도 모르는 일인데, 그들이 결코 그리스도에 관해 들어볼 기회조차도 갖지 못했다는 사실이다. 왜 그럴 수밖에 없었는가! 이제 나는 참으로 열심히 그리스도를 선포하겠다는 뜨거운 열망과 결단을 가지며, 그들 앞을 지나간다. 앞으로 생겨날 또 다른 무덤

들 위에는 '예수 안에서 잠들다'라는 축복의 말씀을 보고자 하기 때문이다. (프레스톤, '더 미셔너리', 1908. 6)

프레스톤은 1875년 4월 30일 플로리다 주 페르난디나(Fernandina)에서 태어났다. 1903년 11월 8일 목포에 부임하여 1907년 5월까지 4년여 동안 목포에서 사역하였다. 목포교회 4대 담임을 하였으며, 오웬과 함께 전남 일대를 수시로 전도여행하며 곳곳에 교회를 세웠다.

저희들의 여행은 모든 면에서 즐겁고 유익한 것이었습니다. 저희들은 총 540리(3리는 1마일에 해당합니다)를 여행했는데, 그 가운데 200리를 걸어 다녔습니다. 날씨는 최상이었습니다. 물론 저희들이 방문하고 있었던 곳에서 며칠간 비가 내렸지만, 저희들은 조금도 지체하지 않았습니다. 두 분(부모)께서는 저희들이 전혀 조심성 없이 신상의 위험 속으로 뛰어들었다고 생각해서는 안 되십니다.
왜냐하면 저희들의 길에 어떠한 위험도 있으리라고 우려하지 않기 때문입니다. 동시에 저희들은 의무가 부르는 곳에 가는 것을 두려워하지도 않습니다. 저희는 사명자의 길을 걷는 사람에게는 어떤 위해(危害)도 다가올 수 없다는 것을 확신합니다. (프레스톤, 1904. 5. 3)

### 프레스톤의 자녀들

프레스톤은 1903년 애니(Mrs. Annie Shannon Wiley Preston)와 결혼하였다. 그녀는 1879년 1월 15일 노스캐롤라이나 주 솔즈베리(Salisbury)에서 태어났다. 그들 사이에서 태어난 첫아이 사무엘(Samuel Rhea)은 1904년 8월 19일 출생하였으나 한 달 후 9월 22일 사망하여 양화진에 묻히고 말았

프레스톤의 딸 애니 윌리

다. 아들 둘과 딸 넷을 더 두었는데, 미리암(Miriam Wiley, 1905.9.26-?), 애니(Annie Shannon, 1907.10.22-?), 프레스톤 주니어(John Fairman Preston Jr, 1909.-?) 등이다. 막내 프레스톤 2세는 1909년 광주에서 출생하였으며, 미국에서 의학을 공부한 후 다시 전라도에 돌아와 광주 제중병원과 순천 알렉산더병원에서 의사로 충성하였다. 그러나 1940년 10월 일제에 의해 병원이 강제 폐쇄되었고 미국으로 추방당했다. 프레스톤의 차녀 애니(Mrs. Shanon P. Cumming, 변애례)는 1934년 김아각 선교사와 결혼하여 목포와 광주 등지에서 1960년대까지 교육 선교 사역을 했다. 셋째 딸은 플로런스(Florence Preston)로, 샤샤(Sacha, 세 번째)라고 불렸다.

변요한 선교사는 1975년 4월 30일 조지아 주에서 사망하였다.

## 순천교회를 연 변요한

변요한은 이후 광주로 임지를 옮겨 광주교회와 숭일학교 초대 교장을 지냈으며, 순천과 전남 동남부를 책임지던 오웬이 사망하자 그의 후임자로 1912년 8월 순천에 선교부를 개척하였다. 1940년 일제에 의해 강제 추방당하기까지 변요한은 순천과 여수 일대의 교회와 매산학교, 알렉산더 병원을 설립하고, 목회자와 교육자로 사역하였다.

프레스톤이 순천에서 사역할 때 동료 선교사로는 프레트와 코잇이 복음 전도를, 팀몬스와 그리어가 의료를, 크레인과 듀피가 교육을, 그리고 비거는 부녀자 전도와 성경학교를 담당하였다. 이 모든 선교사들을 돕고 후원하는 일에 사우스캐롤라이나의 조지 와츠(George Watts) 성도의 큰 도움이 있었다. 그는 매년 1만 3천달러의 선교 헌금을 기부했다. 전킨 선교사의 처남되는 레이번(E. R. Leyburn) 목사가 소속한 교회 성도였다.

변요한이 순천에서 사역하면서 이뤄졌던 1910년대 선교 건축물들이 오늘날까지 의미 있게 보존되고 있다. 건축 기사 스와인하트 선교사가 주로 감독 건축한 것들로, 변요한 가옥, 코잇 가옥, 조지와츠 기념관, 매산학교, 알렉산더 병원 등의 건축물들이 매산동 일대에 잘 보존되고 있다.

또한 그의 사역 기간 중 지리산에 뜻깊은 수양관을 조성하였다. 해발 1,506미터의 노고단에 선교사들의 쉼과 수양을 위한 별장 49동을 1920년대에 세웠다. 한국인들 사이에 외국인 별장촌이라 불렸으며, 공식 명칭은 '한국 주재 선교사 수양관'이었다. 여름에 무더위를 피할 수 있고, 사역에 지칠 때마다 쉼을, 또한 풍토병을 피해 요양과 치료, 안식을 위해 사용되었다.

온전한 헌신, 지사충성

# 해리슨

William Butler Harrison (하위렴, 1866.9.13-1928.9.22)

해리슨은 참 다재다능하였다. 목회자요, 교육자요, 의사요, 게다가 건축 공사는 물론 선교부 전체를 경영할 줄 아는 능력까지, '팔방미인'이란 그를 두고 하는 말이었다. 그는 전주, 군산, 목포 등 남장로교 초기 주요 거점을 다 거치면서, 교회와 학교는 물론 선교부 센타 자체를 더욱 온전하고 튼실하게 일궈냈으니 일꾼 중의 참 일꾼이었다.

해리슨(하위렴)은 1866년 9월 13일 켄터키 주 레바논(Lebanon)에서 출생하였다. 켄터키 리치몬드의 중앙대학교에서 화학을, 버지니아 유니언 신학교에서 신학을, 그리고 켄터키 루이빌 대학교에서 의학을 공부하였다. 중앙대는 유진 벨, 유니언 신대는 레이놀즈와 전킨, 그리고 루이빌 의과대학은 알렉산더, 포사이드, 오긍선 등과 각각 선후배 동문이었다.

인문학, 신학, 의학 등 다방면에서 학문과 실력을 갖춘 해리슨이 선교사로 헌신하여 조선에 온 것은 1896년이었다. 해리슨은 전주와 군산을 거쳐 목포에서는 1909년부터 1912년까지 사역했다. 그해 7월 군산에서 열린 18차 연례회의 결의에 따른 것이었다. 기존의 프레스톤 선교사가 광주로 옮기고, 목포 선교부의 책임자로 해리슨이 보내졌다. 해리슨은 목포교회 5대 담임목사가 되었을 뿐만 아니라, 인근 해남, 강진, 장흥, 영암 등지의 순회 사역과 영흥학교, 그리고 선교부의 건물 공사는 물론 모든 선교 업무 책임까지 도맡았다.

당시 목포교회는 신자가 늘고, 부흥 발전의 속도가 매우 빨랐다. 해리슨이 온 지 1년 후인 1910년에는 주일 아침예배 출석 인원이 550명이었다. 세례 교인도 199명이나 되었다. 7년 전에 지어진 200석 규모의 로티 위더스푼 기념 예배당에서는 도저히 모든 성도들이 한자리에 앉아 예배할 수 없을 정도로 부흥하고 있었다. 남자들만 예배당에서, 그리고 여자들은 영흥학교에서 따로 나뉘어 예배할 정도였다. 당시 전국적으로 일렁이던 '백만인구령운동'에 힘입어 전도에 열심이므로 날로 배가되는 성도로 인해 목포교회는 더 넓은 예배당 건축에 착수했다. 교인들의 헌신과 참여로 1911년 62×66피트 크기의 석조 건물을 새로 지었으며, 100년이 훨씬 지난 지금까지 잘 보존하여 지금도 예배당으로 쓰고 있다.

해리슨 선교사는 목포교회를 책임지고 예배당 건축과 목회에 충실하였으며, 순회 담당 구역인 해남, 강진, 장흥, 영암 지방도 수시로 다니며, 복음을 전하고 학습과 세례를 베풀었다.

해리슨은 목포 영흥학교 교장으로 학교 일도 해야 했다. 1910년 당시는 중등과정이 신설되었으며, 3명의 교사와 110명의 학생이 있었다. 그는 학생들의 자활을 위해 학교에 산업과를 설치, 노동을 통해 학생이 자신들의 수업료를 충당하도록 권했다. 또한 해리슨에게 목포 선교부의 건축 공사에 대한 책임도 맡겨졌는데, 1909년 가을 선교사 집 두 채, 1910-1912년 사이에 세 채의 주택과 진료소, 여학교 건물 신축 등이었다. 유달산의 화강암으로 지어진 선교사 집들을 비롯하여 당시 건물들은 지금도 정명여중 내에 보존되고 있다. 당시 이렇게 해리슨의 책임과 열성으로 14,000평에 달하는 목포 선교부의 캠프 시설이 잘 조성되었다.

## 생명을 바쳐 선교한 울트라 여장부, 데이비스

해리슨은 미 남장로교 선교사로서 맨 처음 조선에 온 데이비스 선교사와 1898년 6월 서울에서 결혼했다. 4년 연상이며 선교사로서도 4년 선배되는 아내, 리니 데이비스는 1892년 11월 '7인의 선발대' 일원으로 조선에 와서, 이미 군산과 서울 등에서 한국인 여성과 아동들을 상대로 활발한 선교 활동을 벌이고 있었다.

> 데이비스 선교사가 이웃 아이들에게 복음을 전하는 것을 보는 것이 내게는 큰 기쁨이었다. 매일 점심 때 장난꾸러기들이 문밖에서 뜰 안을 기웃거리며 관리인의 들어오라는 말을 기다리는 것을 보았다. 3시에 데이비스가 그들을 자기 방으로 데리고 간 다음, 그림을 설명해 주고……"예수님은 나를 사랑하신다"는 찬송을 부르고, 고개를 숙이고 기도를 했다. (스튜어트)

데이비스 선교사가 전주에서도 아이들에게 복음과 사랑을 전해 주던 중 소년 김창국을 알게 되었다. 데이비스는 그를 자신의 집 사환으로 데리고 있으면서, 생명의 말씀과 찬송으로 지도하며 가르쳤다. 김창국은 1897년 7월 17일, 레이놀즈의 집례로 세례를 받았다. 데이비스의 도움으로 1915년 호남 출신으로는 최초의 평양신학교 출신 목사가 되었다. 이후 김창국 목사는 제주와 광주에서 목회하였는데, 그의 둘째 아들이 '가을의 기도'를 쓴 김현승 시인이다.

데이비스는 1862년 6월 16일 버지니아 주 아빙돈에서 태어나 1903년 6월 19일 41세의 나이로 소천하였다. 몸이 아픈 한 여인을 심방하던 중 그녀에게서 옮은 발진티푸스 때문이었다. 전주 아녀자들을 위해 몸 사리지

목포에서 해리슨의 아내로, 목포교회의 사모로 섬긴 마가렛 에드먼즈는 간호사 출신으로 초기 한국 간호계를 이끈 리더였다.

않고 전도 구령에 열정을 다한 데이비스를 동료들은 '생명을 바쳐 선교한 여장부', '울트라 선교사(드루)'라며 애도하였다.

해리슨 선교사는 1908년 9월 2일 마가렛과 재혼하였다. 마가렛(Margaret Jane. Edmunds, 1871.7.25-1945.10.12) 선교사는 캐나다 온타리오 출신으로 미시간 대학교에서 간호학을 공부하고, 1903년 3월 미국 북감리회 소속으로 내한하였다. 그해 12월 보구여관 내에 우리나라 최초의 간호원양성학교를 세우고 간호사 양성에 힘썼다.

### 내가 가는 한국 선교행, 누가 막으랴

해리슨은 4번째 안식년을 마치고 가족들과 함께 1922년 또다시 조선 전라도에 왔다. 종종 고향인 미국에 돌아가 쉴 때는 몸도 마음도 지쳐서 다시 찾아올 엄두를 못 내는 법인데, 해리슨은 역전의 용사처럼 다시 담담히 선교 현장으로 달려온 것이다. 이미 생리적으론 청년의 몸도 아니건만, 하나님 나라에 대한 열정과 헌신은 가히 청년 그대로였다. 조선 전라도에 대한 그의 애정과 선교의지를 누가 꺾을 수 있으랴!

해리슨은 결국 나이 60을 넘기까지 군산에서 부부가 함께 사역하다 결국 악화된 건강으로 인해 32년간의 한국 선교를 마치고 귀국하였다. 1928년 7월 3일 고향으로 돌아가 9월 22일 켄터키 주 루이빌에서 사망하였고, 아내 마가렛은 1945년 10월 12일 노스캐롤라이나 주에서 사망했다.

### 목포를 섬긴 목사 사모로서 간호사로서

에드먼즈 외에도 목포에서 사역한 목사의 아내이면서 간호사였던 이들이 많다. 맹현리의 아내 코드웰(Emily Cordell), 김아열의 아내 라우라 커(Laura Virginia W. Kerr), 호프만의 아내 베이드(Marilyn Jane Veith), 카딩턴의 아내 랭카스터(Mary Littlepage Lancaster, 고베지), 서의필의 아내 서진주(Virginia Bell), 그리고 오웬의 아내 휘팅(Georgiana Emma Whiting)은 의사였다.

마가렛은 해리슨과 결혼하여 1909년 가을부터 목포에서 교회 사모로서, 간호사로서의 일은 물론, 정명학교 책임과 음악교사, 주일학교 교사훈련과 간호사 훈련도 병행하였다. 이들 부부는 1909년 셀리나(Margaret Selina), 1911년 아들 찰스(Charles William)를 낳았다. 다방면의 달란트를 지니고 참으로 훌륭하게 사역을 펼친 해리슨은 이후 전주와 군산에서도 교회와 학교, 선교부 전체의 인프라 조성을 탁월하게 수행했으며, 아내 역시 병원과 교회에서 여성들을 위한 사역으로 참으로 헌신적이었다. 두 내외의 몸을 돌보지 않는 지나친 사역과 열심은 늘 건강에 이상이 생겼다. 1912년 목포 사역을 접고, 안식차 귀국했으며 이후 다시 찾아와 전라도에서 30여 년 동안 사역하였다.

## 목포 근대 교육을 이끌다
# 애너벨 니스벳

Mrs. Anabel Lee Major Nisbet
(유애나, 1869.1.19-1920.2.21)

선교부 교육 신조는 "불신자는 전도하고 신자는 교육한다(Evangelize the heathen and educate the christian)"였다. 이는 학교 교육의 수혜 대상자는 불신자가 아닌 기독교 신자여야 한다는 것이었다. 누구든지 문을 열어 놓고 교육과 전도를 통해 신자가 되게 하는 것이 아니라, 이미 신자가 된 학생을 모아 그들을 장차 교회의 지도자로 육성한다는 게 미션 스쿨의 취지였다.

그래서 선교부마다 교회와 병원이 먼저 설치되고, 이후 신자와 어린 자녀들이 생기면 그후에 학교를 세워 교육을 하였다. 호남의 미 남장로교 역시 5개 거점마다 순차적으로 남학교와 여학교를 설치, 모두 10개의 학교를 세워 운영했고, 목포에는 1903년 가을에 남,녀학교가 설립되었다.

유진 벨 사택에서 시작한 목포 여학교는 처음에는 목회자와 사모, 교회 지도자들로 교사진이 꾸려졌는데, 미국 대학에서 정식으로 교육학을 공부하고 교육 전문 선교사로 온 이는 니스벳(유애나) 선교사다. 그녀가 와서 비로소 학교의 기틀을 다지고 보다 규모 있게 운영할 수 있었다. 1911년 3월 니스벳 부인이 교장으로 부임하여, 이전 책임자보다 훨씬 더 규모 있고 전문적인 교육 사역으로 학교를 이끌었다. 랭킨(N. B. Rankin, 나은희, 1879-

1911) 선교사는 니스벳의 탁월한 실력과 자질을 높이 평가하였다.

그녀는 아주 총명하고 1909년 선교부 회계를 담당하였으며, 언어가 다른 선교사보다 훨씬 앞섰다. 3년차 과정의 한국어 시험도 2년 3개월 만에 합격하는 기록을 세웠다. 그녀는 한 시간에 책 한 권을 독파할 수 있는 뛰어난 독서력을 지니고 있다.

### 첫 교육 전문 사역자, 유애나

애너벨 니스벳은 1869년 1월 19일 테네시 주 클락스빌(Claksville)에서 태어났다. 1875년 클락스빌 여학교를 졸업한 후, 모교 강단에서 10여 년 이상을 교사로 근무했다. 1899년 6월 13일 결혼하여 남편 유서백 목사를 도와 목회에 전념한 후, 1906년 한국 선교사로 함께 왔다. 1907년 3월 전주에서 첫 사역을 시작하여 기전여학교 교장을 맡았고, 1911년 3월부터는 목포로 부임하여 여학교 교장을 맡기 시작했다.

교사 자격증을 지닌 최초의 목포 여학교 교장답게, 그녀는 학교를 보다 규모 있게 개편하고 더욱 좋은 교육 시스템으로 바꿔 나갔다. 학교 이름을 정명여학교로 개명하고 고등과를 설치하였으며, 새 건물도 건축하였다. 그녀는 1919년까지 8년 정도 있으면서 정명여학교의 기틀을 세워 나갔다.

유애나 교장이 재직할 때 정명여학교도 전국적으로 벌이던 3·1 독립운동에 가담했다. 목포와 정명여학교는 1919년 4월 8일 만세운동을 벌였다. 당시 이 운동을 준비하던 학생들을 지도하다 나오는 길에 그만 계단에서 굴러 떨어져 갈비뼈가 부러지는 등 크게 다쳤다.

유애나 선교사는 1919년 11월 '한국에서의 나날(Day in and Day out in Korea)'이라는 책을 썼다. 이 책은 미 남장로교 선교 25주년 기념으로 그간의 사역들을 저술한 것으로, 호남에서의 첫 선교 역사 기록물로서 중요한 가치를 지닌다. 낙상 사고로 인한 병세가 악화되어 고통이 심한 와중에도 선교부의 요청에 책임감을 가지고 이 기록을 훌륭히 써냈다. 그녀는 이후 병세가 더 악화되어 1920년 2월 21일 사망하고 말았다.

그녀의 마지막 편지에서 비록 그녀의 엄중한 상황과 이생에서의 짧은 삶을 알고 있었으나, 그녀는 그것을 전혀 언급하지 않았고 다만 그녀의 책과 일과 한국의 미래에 대한 계획과 기도로 편지 줄을 채우고 있었다. 한국의 여인들은 특별히 새로운 비전을 받았고, 교회 일반은 좋은 예를 목도하게 되었는데, '얼마나 오래 사느냐가 아니라 어떻게 사느냐가 중요한 것이다.' 그리고 그녀는 아름답게 표현하기를 '우리는 잠들어도 생명의 현현은 그치지 않는다. 그리고 해가 질 때 엮었던 패턴이 다음날 해가 뜰 때 계속 엮어 간다.' 그래서 그녀의 생애는 비록 절정기 때 꺾였으나, 한 알의 밀알이 땅에 떨어진 것처럼 계속 증식될 것이다. 만약 '인생은 그 위대한 종료 때 화답하는 긴 인생이라면, 우리는 그녀의 생애가 짧은 것이었다고 말하지 않을 것임은, 그녀는 진실로 응답하기를 '주님이 나에게 주신 일을 나는 마쳤다'라고할 것이기 때문이다. (Mrs. W. Moore Scott)

**너무나 아쉬운 기념관 소멸**

미 남장로교 선교부는 그녀를 추모하여 붉은 벽돌로 된 2층짜리 유애나 기념관을 지었다. 정명학교 교장으로서 그녀의 남다른 교육과 봉사 정신을 기리는 것으로, 지난 100여 년 넘는 정명학교의 정신과 역사를 상징하였다.

그러나 지난 2003년 안타깝게도 이 기념관이 허물어지고 말았다. 정명학교는 개교 100주년을 기념한다며 체육관을 지으면서, 정작 그 100년의

2003년 사라져 버린 유애나 기념관

역사와 전통을 상징하는 유애나 기념관을 허물어 버린 것이다. 학교 안에 부지가 달리 없었고 예산 문제 등 고충이 있긴 했을지라도, 너무도 안타까운 일이다. 학교 밖의 목포 시민들이 근대 유산과 교육 역사에 대한 중요성을 인식하고 보존할 것을 촉구하였음에도, 학교 당국이 끝내 없애 버리고만 행태는 지극히 반(反)역사적이자 반교육적이다.

어처구니 없는 사건이 있었고 후회가 늘 따라다니는데, 이젠 좋은 반면교사(反面敎師)가 되었으면 싶다. 오늘 목포교회의 모든 유무형 자산은 미국 교회의 후원과 선교사들의 땀으로 이뤄졌다. 그 귀한 생명의 역사와 유무형의 자산을 물려받은 교회와 성도들은 감사히 여기는 마음과 함께 잘 보존하고 후배들에게 또한 잘 남겨 주는 책임과 충성에 마음 쏟아야 할 것이다.

### 유애나의 남편 니스벳 목사

유애나의 남편 니스벳(John Samuel Nisbet, 유서백)은 1868년 4월 11일 미국에서 태어났다. 미국에서 8년여 동안 목회하다 조선 선교사로 와, 전주와 목포에서 사역했다. 유서백 목사는 목포에서 남학교 교장을 맡아 일하면서 동시에 무안, 함평, 영암, 강진 등지에서 순회 전도자로 일하며 곳곳에 교회를 세웠다. 1917년 전남노회가 처음 분립하여 창립할 때 초대회장을 지냈다.

그는 아내가 먼저 죽은 후에도, 그 뒤를 이어 1924년 4월 1일 정명학교 교장을 지냈고, 목포교회 동사목사(同事牧師)로서 영암, 강진, 무안, 함평 지역의 순회 전도와 교회 개척 또한 병행했다. 지역 순회를 하던 1925년 4월 7일, 유서백은 함평에서 한 어린 아기에게 유아세례를 베풀었는데 그 아기가 목포의 그룬트비(Grundtvig, 덴마크 교회에 새로운 활력을 불어넣은 신학운동의 선구자), 목포의 선한 목자로 함평과 목포에서 일평생 하늘 충성하였던 김일남 목사이다.

유서백 목사는 두 번째 부인 라헬(Elizabeth Rachel Walker, 1886.6.13-1958.4.20)과 1921년 6월 1일 결혼하였다. 라헬은 아칸소 주 리틀락(Little Rock) 출신으로 1919년 9월 광주에 선교사로 와 스와인하트(서로득)의 비서로 광주선교부의 모든 사무를 담당하고 있었다.

1922년 10월 23일 첫딸 엘리자베스가 출생하였으나, 1923년 1월 8일 3개월 만에 이불을 잘못 덮어 질식으로 사망하고 말았다. 광주 양림동에 묻힌 미국 선교사 가족 무덤 중, 유일하게 목포에서 태어난 아기의 무덤으로 남아 있다. 둘째 아이 마가렛 스콧(Margaret Scott Nisbet)은 1924년 2월 28일 태어났다. 유서백 선교사는 1940년 일제에 의해 강제 귀국, 1949년 미국 노스캐롤라이나에서 소천했다.

유애나 부부

교회사 이야기

### 목포의 선한 목자 김일남 목사

김일남(1923.11.16-2008.11.28) 목사는 함평에서 태어나고 자라며 어릴 때부터 신앙 아래서 자랐다. 그가 목회자로서 하늘의 소명을 따라 해방 직후 남산 조선신학교에 재학할 때의 일이다. 당시 학내에 김재준 교수 등의 성서 고등비평 이론이 소개되자 이에 반발하여 정규오 등과 함께 '51인

김일남 목사

신앙동지회'를 규합, 당시 불던 자유주의 신학의 바람에 대항하였다. 그는 1951년 목포노회에서 목사 안수를 받고 함평 엄다교회를 개척하여 사역을 시작하였으며, 목포제일교회에서 24년을 시무하였다. 64회 총회장을 지냈으며, 은퇴 이후에는 노인 요양원(백합원)을 운영하는 등 성도들을 목양하는 선한 목자로, 사람을 키우는 지도자로 일평생 충성하였다.

기독교의 원본

# 쉐핑

Miss. Elizabeth Johanna Shepping
(서서평, 1880.9.26-1934.6.26)

19세기는 여성을 발견하고 20세기는 어린아이를 발견했다고들 한다. 오랜 인류 역사는 남자 어른들의 세계였지, 여자나 아이들은 사람 취급도 안 했다. 현대에 이르러서야 여자도 사람 취급하고 아이들도 인격을 지닌 인간으로 대하기 시작했을 뿐이다.

우리나라도 얼마 전까지 그랬고 100여 년 전 조선 말기에도 그랬다. 특히 여자 아이는 태어날 때부터 차이가 좀 있을 뿐, 정상적 인격체로서 제대로 된 삶을 누리지 못했다. 여자 아이는 태어날 때부터 아버지로부터 사랑과 축복은커녕, 냉대와 저주부터 받아야 했다. 어머니는 자신을 여자로 낳았다는 것만으로 남편으로부터 미움과 버림을 받기 일쑤였다. 사람으로서의 존엄한 인권이란 전혀 상상하지도 못한 시대였으니, 가히 야만의 시대와 다를 바 없었다.

유서 깊은 나라 한국에서 여자 아이 사랑이가 용(龍)의 해에 태어났다. 애 아버지는 아이를 한 번도 본 적이 없었다. 자신의 첫애가 여자 아이라는 말을 들었을 때, 노발대발하며 집을 나가 먼 촌구석으로 사라진 뒤 다시는 소식을 알려오지 않기 때문이다. 사랑이 엄마는 남편한테 버림받은 뒤, 돈 많은 남자들의 변덕과 욕정에 얽매인 창부이자 무희가 되었다. 그들은 잔치나 명절 때 그녀를 집으로 불러 손님들의 흥을 돋우웠다. 아름다웠던 자태가 시들면서 그녀는 귀신 불러내는 일을 시작했는데, 점도 치고 굿도 벌여 밑바닥 세계의 사람들한테서 먹고살 돈을 뜯어냈다. 그들은 이를테면 그녀의 밥줄이었다. 그녀는 기만과 타락의 삶 속으로 깊이깊이 빠져 들었고, 결국 술과 아편 그리고 나쁜 무리의 친구들이 어미에게서 아이에 대한 정을 송두리째 앗아가 버렸다. (스와인하트, '조선의 아이 사랑이')

로이스 스와인하트(Mrs. Lois Hawks Swinehart, 서로득의 부인) 선교사는 남편 마틴 스와인하트와 함께 1911-1937년에 광주를 중심으로 선교하며 봉사활동을 하였다. 마틴 스와인하트는 건축 기술자로서 학교나 교회 건축에 큰 기여를 했으며, 특히 우리나라에서 주일학교 운동을 시작한 사람으로 유명하다. 로이스는 여성과 아동 복지를 위해 노력하였으며, 작가로서의 글솜씨도 있어 조선에서 사역하며 겪은 몇 가지 이야기들을 남긴 선교 문학가이기도 하다. 그가 쓴 '조선의 아이 사랑이'는 1920년대 조선 여자아이의 모습을 그리고 있다. 태어날 때부터 아버지로부터 버림받고 어머니로부터도 환락가 등에 팔아 넘겨질 뿐인 운명의 조선 여자 아이들, 이 땅의 그 숱한 버려지고 냉대받은 아이를 미국의 한 여성 선교사가 받아들이고 보듬은 실제 역사 이야기이다.

"아줌마랑 가고 싶어." 아이는 나직하게 말했다. "난 그 양반 어른과 그 집이 무서워. 날 데려가 줘." 미국인은 팔을 벌렸고, 아이는 그녀를 향해 뛰었다. 그녀는 아이의 검은 머리에 자신의 얼굴을 살며시 갖다 대면서 자그만 몸을 꼭 안아줬다. 두 개의 가녀린 팔이 긴장해서 딱딱하게 굳은 채 그녀의 목을 간절하게 포옹하는 자세로 움켜

잡았다.

……

"저는 바다 건너 미국에서 온 여자입니다. 한국 이름은 서부인이고 전라도 방림지역에 삽니다." (스와인하트, '조선의 아이 사랑이')

동시대 광주에는 참 훌륭한 여성(특히 독신) 선교사들이 있었다. 그들은 한결같이 자신의 삶을 조선의 부녀와 아이들을 위해 전적으로 헌신했다. 특히 서서평 선교사는 참으로 그랬다. 알지 못하는 양반네 첩실, 혹은 몸종으로 팔려가는 '사랑이'의 가련한 운명을 방관하지 않고, 그들을 구해 내며 양녀로 삼아 주는 서부인, 전라도 방림지역에 산다는 이 서부인은 1920년대 광주 방림동을 중심으로 사역했던 서서평 선교사다. 작가 역시 서(로득) 부인이지만, '사랑이' 소설은 1인칭 소설이 아니라 '3인칭' 소설이다. 주인공 '서부인'은 자신이 아니라 다른 '서부인, 서서평'인 것이다. '사랑이'와 같은 버려지고 찢긴 비참한 지경의 아이들 14명을 자녀로 입양하여 사랑과 복락의 인생길을 열어 준 서서평 선교사의 실제 삶을 문학화한 것이 '조선의 아이 사랑이'다.

### '왕따'도 이런 왕따가 없는

쉐핑 선교사는 1880년 9월 26일 독일 비스바덴(Wiesbaden)에서 태어났다. 사생아였으며, 어머니 안나(Anna Shepping)는 신분이 낮은 사람이었다. 쉐핑이 어릴 때 어머니는 그녀를 놔두고, 미국으로 가 버렸다. 부모 없이 할머니 손에서 자란 쉐핑은 친구들 틈에서도 외톨이 취급당하다 할머니가 9살 때 돌아가시자, 어머니를 찾아 미국 뉴욕으로 갔다.

미국에서 중고등학교를 마치고 뉴욕 성서교사훈련학교에서 성경을 배우고 성마가병원에서 간호사 교육을 마쳤으며, 뉴욕 사범대학에서 교육학을 이수하였다. 그녀는 뉴욕의 병원에서 간호사로 근무할 때, 친구의 도움으로 개신교 교회에 나가 가톨릭에서 개종하였다. 어머니는 노발대발하며 딸을 집 밖으로 내쫓아 버렸다. 어릴 때 자신을 버리고 갔던 어머니가 이제 성인이 되어 자신의 삶을 선택하는 것도 가치관이 다르다 하여 냉대하니, 쉐핑으로선 참으로 억장이 무너지는 서러움이요 안타까움이었으리라. 쉐핑의 외롭고도 불행하기만 한 어린 시절, 부모의 사랑을 받지 못하고 오히려 무관심과 왕따로 지낸 성장기는 이후 성인이 되어 광주에서 명색이 선교사로 살아가면서도 별반 차이가 없었다.

1. 남자가 아니었다. 인류사에 19세기 들어서야 비로소 여자도 사람이라 이해했거늘, 조선 사회는 그때까지도 사람 취급 안 하던 여자였다.
2. 목사가 아니었다. 원칙이야 무슨 계급이 있는 게 아니었지만, 목사가 아닌 평신도의 '평'은 '평평한' 게 아니라 '낮은' 신분을 속내하는, 그녀는 평신도였다.
3. 의사가 아니었다. 지금이야 그 직분도 끝에 '사(師)'자가 붙어 있지만, 얼마 전까지만 해도 그저 보조 역할을 하는 신분에 지나지 않는 '간호원', 혹은 '간호부' 취급이었다.
4. 스코틀랜드 출신도 아니었다. 당시 조선의 호남에 와 있던 남장로교 선교사들은 대다수가 스코틀랜드인이었다. 그들 틈에서 홀로 독일 출신의 이방인이었을 뿐이다.
5. 미국 남부 출신도 아니었다. 온통 버지니아, 캐롤라이나, 켄터키 등 농촌에서 나고 자란 시골 소년들 틈에서 너무도 다른 북부 상업도시

뉴욕 출신의 그녀가 함께 지내야 했다.
6. 부모 형제의 사랑을 받고 자란 것도 아니었다. 태어나자마자 아버지는 생사 불명이었고, 어머니는 미국으로 가 버렸다. 할머니 밑에서 어린 시절을 너무도 외롭게 지내야 했다. 청소년기에 어머니를 찾아 함께 지냈지만, 개신교로 개종했다는 이유로 어머니로부터 버림받고 말았다.
7. 결혼을 한 것도 아니었다. 독신으로 하나님께 특별한 은사와 사명을 가지고 일평생 더 많은 사람에게 사랑을 베풀고 헌신할 수 있었지만, 가정을 이루지 못한 것 때문에 조선 사회에서는 비혼 여성이라는 따가운 시선을 늘 받으며 살았다.

날씬한 이, 아담한 이, 키 큰 이, 모두 다 초대되었지만 저같이 몸이 왜소한 사람은 빠뜨리셨네요. 이토록 짧은 시간에 키를 두 배나 키워야 응할 수 있는 초청은 감당할 수 없는 범위 밖입니다. 유복한 입장에 있는 영국(스코틀랜드)인들끼리의 모임에 참여할 수 있는 특권은 부득이 사양해야만 하겠네요. 그래도 한 가지 꼭 당부드릴 말씀은 지나간 세월의 행태는 지속되지 않으면 합니다. 왜냐하면 '소란스럽게 어깃장 부리는 남부인들'을 어떻게 처리해야 할지 이 선교부 안에서는 수없는 논란이 되었기 때문입니다. (서서평, 1932.)

120여 년 전부터 조선 호남에 와 섬기던 선교사들, 그들의 공통점은 거의 대부분 이런 것이었다. 그들은 미국 남부 농촌에서 나고 자랐으며, 그들의 선조는 스코틀랜드에서 왔고 남자들은 목사나 의사였다. 한두 가지 다르거나 이질적인 사람들은 혹 있었어도 서서평은 너무도 철저히 모든 면에서 별종이요 이방인이었다.

그저 '선교사'라는 타이틀만이 유일한 공통분모였는지 모른다. 함께 동역자로 와서 섬기고 충성하며 수고했는데, 그들과 그다지 함께하지 못하고 자주 왕따 아닌 왕따로 소외되고 외톨박이처럼 지낸 시간도 많았던 것 같다. 함께 여가 시간을 즐길 줄도 모르고 함께 연대하고 같이 일하기 보다, 어찌 보면 늘 독불장군처럼 홀로 일을 추진해야 했다. 그게 남다른 사역과 섬김으로 집중력 있고 효과 있는 사역 결과들을 만들 수 있었는지 모르겠다.

### 천국을 침노하는 자 가운데 으뜸

서서평 선교사는 실로 안 해 본 것이 없을 정도로 많은 일들을 탁월하게 창안했으며 훌륭히 해냈다. 간호사로서 환자들을 치료하고 돌보며 한국의 간호사협회를 창설하고 간호학 교과서를 펴내 간호사 양성교육에 기초를 쌓았다. 또한 이일학교를 세워 여성들을 신앙으로 일깨우고 전도부인으로 세워 하늘나라 일꾼으로 충성하게 했으며, 교회 여전도회를 창립하고 성미제도를 세우는 등 교회와 여성 운동을 이끌었다. 버려진 아이들을 양자녀로 삼고 가난한 이들을 구제하기에 힘썼으며, 이 모든 일들을 탁월하고 효과 있게 조직하고 운영하면서도 사경회 등을 통해 성경을 가르치고 교육하며 제주도와 추자도까지 찾아가 전도하는 일에도 또한 열정과 혼신을 다했으니, 참으로 그녀는 당대에 교회 여성으로서, 선교사로서 할 수 있는 모든 영역에 씨를 뿌리고 열심을 냈다. 진실로 모든 일에 마음 쓰며 착하고 충성되이 일하였다. 이렇다 할 여가 한 번 즐길 줄 모르고 쉼과 휴식은 생각도 않고 일 중독자로 지내면서도 마냥 행복해 했으니, 동료 선교사들로부터 존경을 넘어 질시와 야유도 하나의 영예로운 선물(?)이었을테다.

나는 가끔 서서평이야말로 일 중독자의 전형이 아닐까 싶기도 했다. 그러나 그가 사역에 대한 공과(功過)를 따지지 않고 일을 밀어붙인 여러 정황을 살피면 그는 연약한 자신의 육신을 초개(草芥)같이 여기고, 예수님처럼 살과 피를 아낌없이 쏟아낸 자이다. 이것이 그의 진정성이다. 하나님을 위한 열심에 그를 따를 자가 없다는 것은 동료 선교사들의 증언에 잘 나타나 있다.

서서평은 그런 점에서 '천국을 침노하는 자 가운데 으뜸이었고, 천국을 쟁취하는 비결을 아는 자'였다. 그의 열정은 때로 다른 이들을 비교하게 만들어 불편하게 만들기도 하였지만, 그는 이러한 주위의 시선을 전혀 개의치 않았다. 그는 오직 주님의 존전 앞에 사는 행복으로 어떤 고통도 감사한 자였기 때문이다. 하늘의 사람인 탓이다.
(양국주, '사회운동가로서의 서서평 고찰', 2014.)

서서평은 숱한 일을 하는 중에도, 성경을 가르치며 공부하는 일을 결코 소홀히 하지 않고 오히려 무엇보다 가장 중요하게 여겼다. 그녀는 누구보다 유창한 한국어 구사 실력으로 모임에 참여한 한국 여성들에게 하나님의 말씀을 자신의 모국어로 듣게 하고 배우게 하였다. 서서평은 주로 부인들이 모이는 성경공부나 사경회를 매우 중요하게 여겼으며, 해마다 거르지 않고 수차례 시행하는 사경회를 인도하며 함께했다.

서서평은 일찍이 뉴욕에서 성서교사훈련학교를 수학했다. 이 학교에서 그 유명한 성서 귀납법연구의 창시자 화이트 박사로부터 성경을 배우고 가르치는 법을 배웠다. 그녀는 3년 동안 배운 성서 공부를 밑거름으로 목포와 제주 등지에서 매년 사경회를 열어 성경을 가르쳤다. 지역 교회의 형편에 따라 다양하게 성경공부반을 편성하였으며, 이런 일을 기획하고 조직하며 운영하는데 놀라운 집중력과 능력을 발휘하였다.

서서평은 타고난 조직 운영의 귀재로 24시간 내에 모든 회중이 성경공부를 원활하게 할 수 있도록 다섯 반으로 나누었고, 개인들의 신상에 관한 모든 것, 즉 그들의 관계, 개인적 취향, 예전의 신분상태, 그리고 공동체 내에서의 처지 등을 파악하였다. (서로득 부인)

서서평 선교사는 1912부터 1934년 죽음에 이르기까지 여러 활동을 펼치는 한편, 해마다 사경회를 열어 성경 가르치는 일에도 정성을 쏟았다. 처음 기록된 바로는 1917년 제주에서의 집회였다. 목포에서도 집회를 몇 차례 했다. 1920년 6월, 한 달간 부인 성경공부반을 인도했으며, 1921년 3월 8일부터 열흘간, 1923년 3월 18일에서 28일까지 여성들을 모아놓고 성경을 가르쳤다. 그리고 거의 매해 제주, 전주, 순천, 광주 등지에서 주로 여성들을 상대로 성경을 가르치기에 힘썼다. 서서평은 1925년 6월 목포에서 열린 남장로교 34차 연례모임에서 성경연구위원회 회원이 되었고, 2년 임기의 대의원(Federal Council)으로 활약했다.

### '성공'이 아니라, '섬김'

서서평 선교사는 1934년 6월 26일 하늘 안식하였다. 놀랍게도 그녀는 영양실조였다. 선교부로부터 적지 않은 선교비가 지급되었고 충분히 먹고 지낼 수 있었는데, 그녀는 자기에게 주어진 '돈'의 십분의 오를 교회에 헌금하고 나머지는 가난하고 굶주린 이웃에게 나눠주고 그들을 위해 쓰느라 정작 자신의 몸은 제대로 챙기지도 않았다. 그녀가 남긴 유품이라고는 담요 반 장, 밀가루 2홉, 동전 7개뿐이었다. 자신의 시신도 병원에 기증했다.

그녀의 방에서 그녀가 평생 좌우명으로 삼았던 글귀가 발견되었는데

양참삼, 양국주 형제가 낸 서서평 평전

"성공이 아니라 섬김(Not Success But Service)"이었다. 자신은 철저하게 금욕하고 절제하며 굶주려 죽어 가는 지경에서도 조선의 여성과 가난한 자들을 생각하며 돌보고 섬겼던 그녀야말로 진실로 예수님을 따르는 제자였다. 2천 년 기독교 역사 가운데, 이토록 아름답고 헌신적인 제자의 삶을 살다간 사람이 몇이나 되겠는가? 성경이 말하는 진실로 착하고 충성된 종이 서서평이 아니고 누구이겠는가! 성경이 말하는 예수님의 제자의 표본이 있다면, 단연 서서평일 것이다.

서서평의 삶을 기려 2012년에 양참삼, 양국주 형제가 각각 '조선을 섬긴 행복', '바보야, 성공이 아니라 섬김이야'라는 책을 발간했다. 그녀가 설립한 이일학교를 잇는 전주 한일장신대학교에서는 임희모 교수를 중심으로 서서평을 배우려는 연구모임이 열리고 있으며, 광주에서는 그녀의 일대기를 담은 뮤지컬이 몇 차례 공연되고 있고, 2014년 최근엔 그녀의 이야기를 담은 영화 제작이 이장호 감독의 지휘 아래 진행되고 있다.

오늘날 한국 교회는 성공과 성장의 맘몬과 같은 우상에 빠져 있다. 더 크게 성장하고 화려한 건물을 짓고 대형화, 자본화하면서도 '돈', '권력', '섹스'의 늪에 허우적거리는 현실은 통탄스런 지경이다. 말과 행실이 다르고 하나님 나라의 정의와 사랑을 거스르며, 탐욕과 세속에 제자도 잃어버린 오늘 신자들과 목회자들이 진실로 회개하고 돌아서야 할 것이다. 서서평에 관한 여러 연구와 문화 예술을 통해서 그녀의 섬김과 영성을 잘 배우길 바란다. 예수님을 주인으로 모시고 반듯하게 충성하는 한 여종의 삶을 보며, 자성하고 갱신하여 진실로 하나님을 경외하는 한국 교회, 참으로 가난하고 슬픈 이웃의 곁에서 사랑과 섬김의 역사를 펼칠 수 있는 한국의 신자들이기를 염원한다.

---

**교회사 이야기**

**한국 여전도회**

한국 여전도회는 서서평 선교사에 의해 최초로 조직되고 시작이 되었다. 그 이전 평양 등지의 개교회에서 교회 여성 모임은 있었으나, 조직화하여 지속성을 지닌 여성 모임은 광주에서 서서평이 시작한 부인조력회다. 1922년 12월 26일 서서평의 집에서 광주 부인조력회가 창설되고 서서평이 첫 회장을 맡아 우리나라 여전도회 사역이 공식화되었다.

1923년에는 전주에서 조력회가 설립되었고, 목포지역 조력회는 1924년에 발족하였다. 목포 부인조력회는 회원 180명으로 시작하여 매월 12불 50전의 회비를 모았다. 서서평 선교사는 각 지역별 부인조력회 창설을 이끌었고, 1928년 9월 조선예수교장로회총회에서 전국여전도회가 창립되었다.

미개척지 섬 선교에 뛰어들다
# 맥컬리

H. Douglas McCallie (맹현리, 1881-1945)

한반도(韓半島), 아시아 대륙의 동쪽 끝에 붙어 있는 우리나라는 절반이 섬이다. 남북으로 길게 뻗은 반도에 3면이 바다로 둘러 있으며, 제주도와 울릉도를 비롯한 3,200여 개의 크고 작은 섬이 있다. 특히 목포를 중심으로 한 전라남도 서남해안에 가장 많은 섬들이 몰려 있다.

섬이 주목받기 시작한 것은 불과 100여 년이다. 조선 시대만 해도 그저 변방이요 경계에 지나지 않았다. 섬이 지리적으로나 영토 차원에서 육지와 다를 바 없이 중요하게 여겨지고, 섬 주변 바다의 무궁한 수산자원과 섬 주민에 대한 관심이 커진 것은 근대화의 영향으로 본격화되었다.

그저 유배지이거나 도망자들의 피난처로만 인식되던 섬에도 육지와 별반 차이 없는 사람들의 삶과 문화가 있다. 한민족의 보편적인 전형처럼 똑같이 평이하고 일반적이다. 그러나 바다 한가운데 떠 있는 섬은 보다 큰 섬(육지)에 비해 지리적 공간적 단점도 많고, 삶의 한계 또한 많다. 신안 안좌도 출신의 세계적인 서양화가 김암기 화백의 글에서 그 한 풍경을 엿볼 수 있다.

내 고향은 전남 기좌(안좌)도. 고향 우리집 문간을 나서면 바다 건너 동쪽으로 목포 유달산이 보인다. 목포항에서 백마력 똑딱선을 타고 호수 같은 바다를 건너서 두 시간이면 닿는 섬이다. 그저 꿈같은 섬이요, 꿈속 같은 고향이다. 겨울이면 소리없이 함박눈이 쌓이고, 여름이면 한 번씩 계절풍이 지나는 그런 섬인데 장광(長廣)이 비슷해서 끝에서 끝까지 하룻길이다.

친구들이 "자네 고향 섬이 얼마나 크냐?"고 물으면, "우리 섬에선 축구 놀음들은 못한다"고 대답한다. 공을 차면 바다로 떨어질 것 같기 때문이다. 그래도 섬에는 수천 석씩 나는 평야도 굽이굽이 깔려 있고, 첩첩 산도 겹겹이 둘려 있어 열두 골 합쳐 쏟아지는 폭포도 있다.

미 남장로교 호남 선교부는 목포를 중심으로 한 인근의 수많은 섬 지역에도 복음 사역을 펼치기로 했다. 1894년 레이놀즈와 드류 선교사가 호남 지역을 처음 답사한 이후부터 전주, 군산, 목포, 광주에 거점을 형성하고, 전라남북도 거의 대부분의 지역에 교회를 세우고 기도처를 세웠다. 사역을 펼치는 13년여 동안 육지에 머물 수밖에 없어 평소 관심만 가지고 미지의 땅으로 남겨 둔 도서 지역 선교에 나선 것이다. 맥컬리가 전담 사역자로 임명되었다.

처음에 행한 일은 섬을 탐색하면서 가능한 한 널리 복음선포를 하는 것이었다. 이는 훗날 그 진전의 정도에 따라 보다 밀도 있는 사역이 뒤따르도록 하기 위한 일종의 전초전인 셈이다. 통상적인 방법은 돛단배 한 척을 전세 내어 1전씩 하는 쪽복음서들과 수천 장의 전도지들, 그리고 음식을 실은 다음 요리사, 언어 선생, 수 명의 매서인(賣書人)들을 태우고 바람과 조수의 방향에 따라 항해하면서 도서여행을 하는 것인데, 그 기간은 2주에서 6주까지 다양했다. 우리는 해도(海圖)나 나침반을 휴대하지 않고, 그저 이 섬 저 섬을 방문하면서 예수님께서 잃어버린 자를 찾아 구원하러 오셨다는 복음을 선포하고 다녔다. (맹현리)

맥컬리는 테네시 주에서 태어났다. 1907년 목포에 와 특별히 섬 선교 사역 임무를 부여받아, 도서지역을 순회하며 섬기는 데 충성하였다. 그는 텍사스의 넓은 석유 밭을 소유한 부유한 가정에서 자랐는데, 아버지의 도움으로 좀 더 좋은 장비를 갖춘 자가용 배를 가지고 섬을 다니며 사역할 수 있었다. 목포 앞바다에 널려 있는 섬무리는 남서쪽으로 160킬로미터, 북동쪽으로 24킬로미터되는 넓은 지역과 10만 이상의 도민(島民)이 있었다. 맹현리는 간호사인 아내와 요리사, 조사 등 4,5명과 함께 배를 타고 사역을 전개했다. 1910년 기록된 그의 보고서에는 95개 섬에서 500여 마을을 다니며 복음을 전했고, 교회 3곳, 예배처소 25개를 설립했다고 한다.

맹현리 목사는 소탈하고 검소하여
한국 음식을 잘 먹으며
오두막집에 허리를 굽혀 들어가는
고생을 이겨 나간 소박한 삶이여,
가난하고 무지한 섬 주민 위해
배와 그물, 행복, 정열을 다 바쳐서
뿌려 놓은 복음의 씨앗이
세월이 흘러 흘러 한 세기 지난 오늘
열매 영글어 섬마다 교회 세워지니
주님 영광이 영원하리로다. (안기창, '잘 어울리며')

여선교사들과 함께한 맹현리

### 섬 순회 전도자 박도삼, 박요한 부자

박요한 목사

가거도는 신안의 섬 가운데 목포에서 가장 멀리 떨어진 곳에 있다. 우리나라 최서남단에 있으며, 해안선 둘레 길이가 22킬로미터에 이르는 아름다운 섬이다. 사람들이 거주하기에 가히 좋은 섬이라 해서 가거도(可居島, 소흑산도)이다. 지금의 쾌속선으로도 목포에서 4-5시간은 가야 하는 이곳에 박요한 목사가 찾아갔을 때 그곳에 살던 최몽삼이라는 노인이 반갑게 맞았다.

"목사님이 박도삼 장로 아들입니까?"

최 노인은 어린 시절 박장로에게서 성경과 초학문답을 배우고 예수님을 알게 되었다며, 마치 옛 신앙의 아버지를 만난 듯 기쁨의 눈물을 글썽였다.

박요한의 아버지 박도삼(1876-1956)은 맹현리 선교사로부터 신앙을 접했으며, 그의 조사 겸 매서인으로 그를 따라 섬 전도에 평생을 충성한 전도자였다. 박도삼은 해남 화산 출신으로 남해안 일대에서 장사를 하던 사람이었다. 그는 맹현리의 전도로 신자가 되었으며, 복음 전도자의 삶을 결단하고 하던 일을 그만 두었다. 집안에서 쫓겨나고 가문의 족보에서 지워지는 고난에도 그는 새로 주인 삼은 예수님을 위해 충성하기로 했다.

"나를 따라오라 내가 너희를 사람을 낚는 어부가 되게 하리라 하시니 그들이 곧 그물을 버려두고 예수를 따르니라"(마 4:19-20).

박도삼은 매서인이 되어 쪽복음 성경을 들고 배를 타고 다니며 신안 지역 다도해를 돌아다녔다. 흑산도, 태도, 가거도, 비금도, 도초도 등 신안 섬은 물론 진도, 완도까지 섬이 있는 곳은 어디든 생명의 복음과 빛을 나눠 주러 갔다. 배를 타고 풍랑이 이는 바다를 다니느라 위험한 순간들은 일상이었고, 섬 사람들 특유의 무속신앙, 무당들과 잦은 마찰을 일으켰으며, 주민들에게 외면당하고 쫓겨나길 수도 없이 했으나, 복음 전도자의 영예로운 고난과 핍박을 마다하지 않았다. 그는 1915년 흑산예리교회를 개척했으며, 1943년 도초중앙교회 장로 임직을 받았다. 박도삼에 의해 도초에서 신자가 된 최명길(1907.9.11-1950.7)은 목사가 되어 목포연동교회를 담임하다 6·25때 순교했다.

박도삼 장로의 섬 전도 일생은 아들 박요한에게도 이어졌다. 5남매 중 차남인 박요한은 어릴 때 비금덕산교회에 출석했으며, 목포영흥학교와 서울총회신학교를 졸업하고 목사가 되었다. 총회장을 지내고 정년하였음에도 그는 노년에 오히려 더욱 힘써 전국의 낙도를 돌며 전도자의 삶을 이어

가고 있다. 부전자전을 넘어 아버지를 뛰어넘는 활약을 하고 있다. 아버지 박도삼은 전남 서남해안을 다녔는데, 아들 박요한 목사는 한반도 전역의 사람 사는 섬에는 안 가본 곳 없이 다니며 전도자로 살고 있다.

뱃길이라 날씨가 궂으면 못 가지. 그래서 내가 가장 즐겨보는 텔레비전 프로그램이 일기예보야. 날씨 좋으면 다음날 바로 출발해. 현지에서도 나와 함께 전도할 동역자들이 준비하고 있고, 초창기에는 여객선을 타고 다녔어. 그래서 여객선이 가지 않는 작은 섬은 갈 수 없었지. 그렇게 10년 정도를 활동했어. 어느날 배를 타고 가는데, 두 집만 살고 있는 섬을 보았어. 순간 '누가 저 섬에 복음을 전할까?' 하는 생각이 들더라고. '혹시라도 듣지 못했다면······.' 생각하고 싶지 않은 결말이 떠올라 울면서 기도했지. 내가 가겠노라고 다짐했어. 얼마 뒤 섬 선교회가 2톤짜리 쾌속선을 구입했지. 그 뒤 교회가 없는 섬만 골라 다녔어.

### 암태도 소작쟁의 지도자, 박복영

1923년 암태도 소작쟁의는 일본강점기 항일운동과 지주에 대한 소작인들의 권리 투쟁으로 농민운동사에 길이 남을 사건이다. 1920년대 일제의 저미가(低米價) 정책은 지주의 수익을 악화시켰다. 지주들은 이를 타개하기 위해 엉뚱하게도 소작인들에게 피해를 떠넘겼다. 소작료를 증수(增收)하여 손실을 보충하려 한 것이다. 신안 암태도에서는 7~8할의 엄청난 소작료를 징수했다. 고율 소작료에 시달리던 암태도의 소작인들은 1923년 9월 지주 문재철(1882-1955)에게 소작료를 4할로 내려 줄 것을 요청하며 항의운동을 벌였다. 친일 행각을 한 악덕 지주로 후에 목포문태고등학교를 설립한 문재철은 소작인들의 항의를 묵살하며 그들을 폭행하기도 했다. 이에 암태청년회장 박복영과 서태석 등은 소작인들과 함께 쟁의를 일으키고 결국 재판에서도 승소하여 농민운동사에 기념비적인 사건으로 남아 있다.

박복영(1890-1973)은 암태에서 나고 자라던 중, 맹현리가 찾아와 전도할 때 신자가 되었다. 이미 섬에서 어릴 때부터 서당과 신식 학문을 접했던 박복영은 1908년부터 맹현리가 지도하는 목포 성경학원 등을 통해 기독교 지도자로서의 소양을 익혔다. 1916년 고향에 돌아가 농부로 지내는 한편 전도자로서의 삶을 살았는데, 소작 농민운동, 일제에 대한 항일운동과 함께 기독교 선교와 교육 운동을 한평생 펼쳤다. 박복영은 문준경 전도사와 함께 자은서부교회를 개척했는데, 이 교회 출신으로는 김준곤 목사가 있다.

박도삼, 박복영 외에도 맥컬리 선교사의 영향을 받아 예수님을 믿게 되고, 우리의 기억에 남을 만한 신자로 충성하며 살아간 이들은 이외에도 참 많으리라. 강진 출신의 최병호는 목포 양동교회 장로가 되고 맥컬리와 함께 섬 전도에 열심하며 물산장려운동을 펼치기도 했는데, 6·25때 순교하였다. 맥컬리는 1917년 영암읍교회를 개척했는데, 이 교회를 비롯한 영암 일원에서 6·25때 순교자가 많이 나왔다. 1905년 포사이드, 프레스톤과 함께 전도하며 개척한 분토리교회를 비롯한 진도교회를 통해서는 박석현이 목사가 되어 6·25때 순교했으며, 또한 정경옥이라는 감리교 신학자가 배출되기도 했다.

맥컬리의 전도를 통해 많은 사람들이 새 생명을 얻고 새 인생을 살았다. 개인의 회심은 기본이요, 지역사회에 영향을 끼치고 하나님 나라를 이루어 간 자들은 참으로 많으리라. 맥컬리가 섬을 다니며 복음 사역을 전개할 때 그의 아내의 헌신과 도움은 가히 절대적이었다.

아내 에밀리(Mrs. Emily Cordell McCallie, 맹부인 1873-1931)는 전주에서 간호 사역을 하다 1910년 맥컬리와 결혼하여 목포와 도서 지방 의료 사역을 함께했다. 의료 기술을 지닌 간호사 아내의 협력과 역할은 대단히 컸다. 별달리 의료혜택을 받지 못하고 살아가던 사람들에게 의술 행위는 천사와 다름없었기에 도서민들의 호감을 얻을 수 있었다. 의사 선교사들의 도움으로 병을 고친 이들은 자연스럽게 선교사들의 복음 전도에 크게 도움을 주었고, 사람들의 마음을 열게 하는 중매자가 되었다.

> 나는 이곳 나의 거처에 흡족하게 만족하며, 한국식 생활 환경에 적응된 것 같다. 고국의 형제들이 학교 사역에 종사한다니 매우 좋은 일이지만, 나는 100번을 선택하라고 해도 다시 한국일 것이다. 나는 여느 사람처럼 고국을 사랑하지만, 한국을 더욱 사랑한다. (맹현리)

한국을 참으로 좋아하고 사랑했던 맹현리 선교사, 그들 부부의 땀과 청춘으로 세워진 섬마을 교회들과 신자들이 참으로 복된 생명의 은혜를 입었다. 지금도 진실함과 성실함으로 농어산촌 시골 교회를 맡으며 책임을 다하는 후예들이 얼마나 많은가! 서울과 수도권의 화려한 도회지에서의 삶과 사람 많은 도시 교회를 부러워하지 않고, 이름 없이 빛도 없이 충성하며 시골 노인들과 비어가는 마을을 지키는 신실한 사역자들이야말로 진정 하늘에서 해같이 빛나는 인생일 것이다.

목포와 결혼한 독신 여선교사들
# 줄리아 마틴, 스트래퍼, 맥머피, 휴게스

한국 교회 초기 신앙훈련의 핵심 운동은 사경회였다. '성경을 공부하고 성경을 사랑하는 교회'가 한국 교회였다. 1900년대 초, 한국 교회 교인의 1/6은 성경공부반에 등록하였고, 성경책은 창세기부터 요한계시록까지 곳곳에 밑줄을 긋고 책이 닳도록 읽고 또 읽었다. 교인들은 성경을 가정마다 제단처럼 숭앙할 정도로 귀히 여기고 사랑하였다. 성경을 배우는 사경회야말로 한국 교회 부흥의 촉매제였다.

지역별 정기적으로 열린 사경회는 미국 선교사들이 청년 시절 고국에서 영적 은혜를 누렸던 노스필드(Northfield) 집회나, 학생자원운동(Student Volunteer Movement for Foreign Missions) 집회를 벤치마킹한 것이었다. 한국 사경회는 북미 지역의 선교 컨퍼런스에서 모방된 것으로, 한국 신자들로 하나님의 말씀을 집중적으로 깨우치고 전혀 다른 새 인생을 살도록 인도했다. 죄와 사망의 결박에서 해방되며 예수님 안에서 새 생명과 자유를 누리는, 새 하늘과 새 땅의 백성들로 거듭나게 한 것이다.

일 년에 한 번씩 각 선교사는 자신이 살고 있는 선교 거점에서 10일 동안의 대사경회를 개최하였다. 각기 다른 교회에서 학생들을 모아 이 사경회에 참석시키기 위해 특별한 노력을 하였다. 이 공부를 통해 개교회의 삶과 성장을 좌우하는 지도력이 개발될 수 있었기 때문이다. 이 사경회는 한 해 동안 필요한 영적 양식을 공급해 주었다. 많은 남녀들은 자신의 경비로 이 모임에 참석하여 열흘 동안 열심히 공부하였으며, 공부를 마친 다음에는 친구들에게 전해 줄 새로운 이야깃거리, 곧 예수님께 대한 새로운 비전과 인생의 길에 대한 새로운 빛을 얻어 가지고 집으로 돌아갔다. (유애나, '한국에서의 나날')

호남에서 사역을 펼치던 남장로교 선교부는 호남의 모든 교회와 사역자들이 참여하는 대사경회, 거점별로 치르는 중사경회, 그리고 각 교회가 주관하는 소사경회 등의 연례 모임을 항상 했었다. 대사경회는 봄마다 3개월씩 전주에서 열리는 성경학원과 1개월씩 전남과 전북으로 나뉘어 하는 달성경학교가 있었다. 중사경회는 5개 거점마다 각자 하는 '선교거점 사경회'로 10일 정도씩 열렸다. 개교회 소사경회는 3~4일 일정으로 하였다. 1931년 제주에서의 사경회는 전체 선교회가 다 함께 모여 치르는 대사경회였다.

1931년을 맞이하여 남장로교 선교회의 마율리 여선교사가 남녀 전도인을 각각 한 명씩 데리고 왔으며, 성내교회에서 1931년 4월 16일(목)부터 23일까지 부흥사경회를 개최하였다. 부흥사경회에 참석한 사람은 60여 명이었다. 오전은 공부하고 오후에는 전도와 심방과 낙심한 교인을 찾아 권면하고, 밤이면 전도강연회로 모였다. 마 부인과 같이 온 21세 되는 전도인 윤치호 씨의 열렬한 강연에 청중이 감동을 받았다. (기독신보 1931년 5월 20일)

1931년 부흥사경회에서 크게 활동한 사람은 젊은 전도인 윤치호였다. 그는 웅변가로서 그리스도의 전도 사역을 특히 강조하였던 것을 알 수 있다. 목포 지역 고아들의 보금자리 공생원을 차린 윤치호는 어린 시절 마 선교사로부터 복음을 듣고 영향을 받았다. 1924년 함평 옥동교회에서 소년 윤치호에게 기독교를 전하며 남다른 인생의 길을 가르친 이가 마율리다.

### 목포 전남 시골 청소년들의 이모, 마율리

줄리아 마틴(Miss. Julia A. Martin, 마율리, 1869-1944) 선교사는 1869년 10월 23일 미국 캔자스주 하이랜드(Highland)에서 태어났다. 사범대학과 무디성서신학원을 졸업하고, 1908년 9월 목포에 와 농어촌 선교와 청소년들의 선생으로, 전도자로, 나환자들의 친구로 헌신하며 사역한 독신 여선교사다.

평양신학교 재직 당시의 마율리
(1931년, 65세)

그녀는 목포중앙교회가 처음 시작할 당시 예배 처소를 제공했다. 양동교회 주변 저습지대는 바닷물이 만조가 되면 통행하기가 어려웠다. 이에 양동교회는 수문통 거리를 사이로 창평동, 무안동, 남교동, 동명동, 서산동, 온금동, 죽동 등지에 사는 교인들을 배려하여 따로 예배 처소를 허락하니, 마율리 선교사가 남교동 76번지 초가집을 매입 제공하여 1923년 4월 10일 수요기도회를 시작으로 목포교회사 가운데 최초 분립교회인 목포중앙교회가 태동되었다. 또한 그녀는 1908년 정명여학교 4대 교장으로서 성경과 음악을 가르쳤으며, 1922년 희성유치원을 설립 운영하며 유아교육에도 기여하였다.

마 선교사는 광주와 여수 등지에 나환자들을 위한 병원 설립에도 기여했고, 함평과 무안 등 인근 지역 순회 전도자로도 충성하여 윤치호 등 많은 시골의 젊은이들에게 생명의 복음을 전해 주고 그들로 새 인생을 향해 달려 가도록 독려했다.

줄리아 마틴은 40세의 중년 나이에 선교사로 한국에 와 목포와 전남 일대에서 70을 훌쩍 넘긴 노년까지 35년을 헌신 충성한 여걸 장부였다. 목포 사람들의 누나요 이모로서 목포와 결혼하여 평생 아름다운 사역을 펼치다 1942년 귀국, 1944년 9월 1일 로스앤젤레스에서 안식하였다.

### 목포에 처음 온 여성 사역자, 스트래퍼

스트래퍼(Miss. Fredrica Elizabeth Straeffer, 서부인, 1868-?) 선교사는 1868년 6월 24일 오하이오주 신시내티(Cincinnati)에서 출생하였다. 1899년 6월 6일 목포에 처음 온 여성 선교사로서 주로 어린이와 여성을 대상으로 하여 사역을 펼쳤다. 목포교회에서 주로 부녀자들을 전도하고 상담하였으며, 여자 아이들을 집으로 초대하여 성경을 가르치고 노래를 지도하였다.

스트래퍼 선교사

그러나 스트래퍼는 3년이 지난 1902년 여름부터 목포에서 사역을 하지 못했다. 1년 전에 이미 목포 책임자 유진 벨은 아내 로티의 사망으로 의기를 잃고 미국으로 가 버렸으며, 오웬도 1902년 6월 안식년으로 목포를 비우게 되자, 미혼 여성 혼자서 선교부 일을 하기엔 어려움이 있어 일시적으로 서울과 일본 등지에서 휴가를 보냈다.

그해 연말 유진 벨이 다시 복귀하자 스트래퍼도 1903년 1월 다시 목포에 와 옛 부녀자와 아이들과 재회했다. 6개월 정도 되는 기간 동안 목포 어린이와 청소년들은 선교사를 상당히 기다렸던 듯하다. 휴가 후 복귀한 스트래퍼는 당시의 감격과 새 사역에 대한 소망을 긍정적으로 전망했다.

> 30여 명이나 되는 어린 소녀들이 내가 돌아온 후 두 번째 일요일에 나를 맞이했고, 주일학교의 대부분이 주간학교에 다님으로써 우리의 앞날은 매우 밝았다. 한국에서 4년 반 가량을 보내고 일본에서 휴가를 마치고 나니, 새로운 힘을 얻어서 더욱 훌륭한 봉사를 할 수 있을 것이라는 확신이 든다. (스트래퍼, '더 미셔너리', 1905.1)

예전의 아이들을 모아 다시 교회 주일학교와 주간학교(Day School) 프로그램을 운영하였고, 1903년부터 공식적으로 학교를 열었다. 전남 최초의 여학교를 9월 15일 개교하여 초대 교장의 책임을 맡았다. 조긍남 교사와 10여 명의 학생들과 함께 제대로 된 학교 건물도 없었고 체계도 없는 교육과정이었지만, 성경과 찬송가를 중심으로 목포 근대 학교의 시작을 열었다.

스트래퍼는 1905년 벨과 오웬이 있는 광주 선교부로 옮겨 사역하다 건강이 나빠져 1907년 미국으로 돌아갔는데, 그 이후의 근황에 대해서는 알려진 바가 아직 없다.

### 목포 최장기 사역자, 맥머피

맥머피(Miss. Ada Marietta McMurphy, 명애다, 1883-1970)는 1912년부터 1958년까지 학교 및 전도 사역자로 목포에서 최장기 사역을 한 선교사다. 그녀는 시카고 대학과 컬럼비아 대학을 졸업한 교육 인재였다. 목포 최초의 유아 교육기관인 희성유치원을 창설하는 데 공을 세웠으며, 1920년대 초반에는 정명여학교 교장을 지냈다. 그녀는 재임 중 맥컬리 부인(Mrs. MaCallie)의 도움을 얻어 석조 3층 240평짜리 교사를 신축하기도 했다.

명애다 여권 사진(1919년, 36세)

> 지난 이십칠일부터 목포 양동 구보라 기념각에서 목포 지방 부인사경회를 교장 명애다 양의 사회로 개최하였는데, 참가한 목포, 무안, 함평, 해남, 강진, 영암, 장흥, 진도, 완도 각 교회에서 청강생 합 이백이십 명이 출석하고, 반은 오반으로 나누어 강사는 명애다, 유서백, 박연세 목사와 그 외 삼인이 열심으로 교수하는데, 오는 육일까지 강습한다더라. (동아일보, 1928. 4. 2)

휴게스(Miss. Florence Pauline Hughes, 이부인, 1892-?) 선교사는 1921-1926년에 목포에서 복음사역을 했으며, 다음해 순천으로 이직하여 사역하다 귀국하였다. 조마구례(Miss. Margaret Hopper, 1886-1976)는 스탠퍼드 대학에서 영문학을 전공하고 미국에서 교사로 활동하다 목포에 선교사로 와 정명여학교에서 1922-1957년까지 사역한 후 귀국했다.

### 프렌치병원의 미스 간호사들

목포에서 사역한 미혼 여성 다수는 프렌치병원의 간호사였다. 포사이드의 누이 보부인(Miss. Jean Miller Foesythe, 1878-?)은 오빠가 사역하던 목포에 1910년 뒤따라와서 간호사로 일했다. 오빠가 몸이 아파 귀국하는 바람

허우선 간호 선교사

에 미스 포사이드도 3년 정도밖에 일하지 못하고 1913년 귀국했다.

릴리(Miss. Lillie Ora. Lathrop, 1879-1963)는 1911년에서 1919년까지 일하고 군산으로 이거하여 1931년까지 사역하였다. 릴리는 군산에서 일할 때 복신원 성도를 여성 사역자로 일하도록 도와주었다. 1911년에 태어난 복신원은 어릴 때 소아마비를 앓아 불구자로 지내다 불신자 가정으로 출가했으나, 시댁에서 쫓겨나 친정에서 신앙생활을 열심히 하던 중 릴리의 도움으로 1931년 2월 군산 달 성경학교 교육을 시작으로 매년 성경학교 교육을 받아 1935년 전 과정을 이수하였고, 이후 교회 청장년 성경 공과를 가르쳤으며, 조력회와 청년면려회 회장으로 교회에서 봉사하며 여성 사역자로 일했다.

에스더(Miss. Esther Boswell Mattews, 마에스더, 1881-1960)는 1915년부터 1930년까지 프렌치병원과 광주기독병원에서 일하고 귀국했다. 배마리아(Miss. Mary Rachel Bain, 1885-1975) 간호사는 1921-1927년에 활동하였다. 허우선(Miss. Georgiana Florine Hewson, 1896-1946)은 목포 프렌치병원과 광주 순천병원에서 간호사로 일했다.

교회사
이야기

### 정명여고 지하에 숨겨져 있는 우물의 정체?

1920년대 말 목포 프렌치병원에 우물이 지어졌다. "The Gertrude Chapman Memorial Well." 미국 텍사스 오렌지 제일장로교회 성도들이 보내 준 헌금으로 만들어진 것이다. 이 교회 신자였던 채프먼(Miss. Gertrude Chapman) 씨는 1927년 가을, 목포에서 사역 중이던 조카 허우선 선교사를 찾아왔었는데, 첫 겨울을 지내는 동안 폐렴에 걸려 사망하고 말았다. 미국 남부의 더운 지방에서 살아온 그로서는 추운 목포의 겨울을 견디기 어려웠던 것 같다. 미국 선교사들이 조선에 와 사역하면서 가장 힘든 것 중 하나는 기후의 차이, 풍토병도 있었으나 목포는 무엇보다 식수 문제가 곤란했다. 목포는 예전부터 깨끗하고 좋은 물을 얻기가 어려웠으며, 100여 년 전엔 더 그러했다. 이에 미국 교회 신자들이 자신의 동료가 목포까지 가서 사망한 것을 안타깝게 여기며 수질문제의 심각성을 전해 듣고 특별히 병원 안에 좋은 식수를 만들어 주기 위해 기금을 모아 보내 준 것이다.

정명여고 커밍홀 지하에는 우물이 가려져 있다. 이 우물이 바로 채프먼 우물로 추측된다. 물론 그보다 오래전인 1898년에 배유지가 처음 목포에 와 사역하며 사택을 지으면서 우물을 만든 기록도 있기에 배유지 우물일 가능성도 있기는 하다.

이름도 없이 빛도 없이 충성 봉사한
# 선교사들
―∞―

예수님의 공생애 사역 3대 요소는 가르치고 전도하고 치료하는 사역이었다(마 4:23 참고). 미국 남장로교 선교부도 1892년 호남에서 사역을 시작하면서 이 기준을 중요하게 다뤘다. 5대 거점 도시인 전주, 군산, 광주, 순천, 그리고 목포에는 각각 교회(전도), 병원(치료), 그리고 학교(교육)를 어김없이 세워 나갔다.

  미 남장로교회는 분야별 사역에 전문성을 더하고 효과 있는 사역 전개를 위해 할 수 있는 한 자질과 실력을 구비한 자들로 선교사들을 파송했다. 호남에 온 선교사들은 신앙과 인격적 자질은 물론, 학문적으로는 일반 대학을 이수한 것은 기본으로 하고, 더하여 신학을 겸비한 목사, 의료 기술을 익힌 의사, 교육학을 전공한 교사, 그리고 각자 다양한 재능과 달란트를 겸비한 자들이었다. 전혀 다른 이질적 사회 문화권에서 사역해야 했으므로 남달리 신체도 건강해야 하고 정신력도 강해야 했다.

  100여 년 전 목포에 온 선교사들은 참으로 훌륭한 인재들이 많았다. 미국 내에서도 얼마든지 좋은 자질과 실력으로 세상의 호기와 호사를 누리며 살만한 재능과 여건을 갖춘 자들이었다. 그럼에도 고향을 떠나 낯선 곳에 사랑과 생명의 복음을 전하러 자신들의 청춘과 인생을 기꺼이 바쳤다. 참으로 그들은 이름도 없이 빛도 없이 그저 하늘의 부르심에 반응하며 순전한 충성으로 자신들의 사명을 다했다.

목포에 기독교 씨앗을 뿌리고 충성 봉사한 수많은 선교사들, 레이놀즈, 오웬, 유진 벨 등 잘 알려진 이들도 많지만, 우리에게 생소한 이들도 실상 너무 많고 귀하다. 여기서 그들의 이름을 작게나마 부르며 그들을 기억해 보고자 한다.

### 교회 목사와 일꾼으로 전도

맥쿠첸(Luther Oliver McCutchen, 마로덕, 1875-1960) 목사는 1875년 2월 21일, 사우스캐롤라이나 주 비숍빌(Bishopville)에서 태어났다. 컬럼비아 신학교와 유니언 신학교를 졸업했으며, 선교사로 한국에 와 1902년 목포에서 잠시 사역하였고 전주로 옮겨 1946년까지 사역했다. 전라북도와 충청남도 곳곳을 순회하며 전도하였고, 그곳에 교회를 세우며 복음 사역에 힘썼

맥쿠첸(마로덕) 목사

고, 학교를 세워 농촌 교회 지도자 양성에 정성을 쏟았다. 무주, 진안, 장수, 남원, 익산과 충남 금산 등 수십 개 지역을 발이 닳도록 늘 돌아다니며 복음을 전하고 세례 문답하며 성례를 베풀었다.

그의 왕성한 순회 전도 활동은 드러난 결과만 보아도 대단했음을 알 수 있다. 1908년만 해도 37개 교회에 세례자 273명이 있었으며, 1910년 8월 보고에는 그가 62개 교회를 감독, 세례교인이 318명 정도였다. 1년 사이에

새로 8개 기도 처소, 6개 교회, 그리고 장로 3명을 세웠다.

목포교회 목사를 지낸 이원필, 이경필, 김응규 등은 맥쿠첸의 순회전도로 만나 복음을 접한 자들이다. 그의 지칠 줄 모르는 전도여행은 수많은 젊은이들의 생명을 깨웠으며, 하늘나라 인생을 살게 하였다. 일제강점 말기 강제추방령에 의해 한국을 떠난 그는 1941년 하와이에서 역시 한국인들을 위해 일했으며, 고향으로 돌아가 1960년 11월 별세하였다.

마로덕의 아내 혼셀(Mrs. Josephine Cordelia Hounshell McCutchen, 마부인, 1876.10.4-?)은 1902년부터 미국 남감리회 선교사로 서울에서 활동하다, 1908년 9월 17일 버지니아에서 결혼하였다. 1909년 남편과 함께 다시 전주에 와 여자 전도사 양성과 부녀자 교육에 힘썼다. 혼셀은 1925년부터 '한예정학교' 2대 교장을 했다. 한예정학교는 전주에서 사역하던 클라크 부인(Mrs. Ada Hamilton Clark, 한예정, 1879-1922)의 친정 아버지 해밀턴(Theodore S. Hamilton)이 기부하여 세워진 여성을 위한 성경학교였다. 1961년 4월 4일 광주 여성 성경학교인 '이일학교'와 합하여 '한일성경학교'가 되었으며, 지금의 완주 '한일장신대학교'로 이어오고 있다.

> 올 봄 우리가 엑버트 스미스(Egbert Smith) 박사의 고무적인 방문을 통해 새로워진 용기를 가지고 영적인 전투에 잘 임할 수 있을 것이라 생각하고 있었을 때, 우리 선교부는 지금까지 있었던 것 중 가장 견디기 어려운 손실을 겪었다. 배유지 목사 부인과 크레인 목사가 여행을 마치고 집으로 내려오던 중 그들이 타고 있던 자동차가 경부선 급행열차와 충돌하는 사고로 말미암아 현장에서 즉사한 것이다. (유애나)

1919년 3월 26일, 실로 안타까운 교통사고 사망 사건이 생겼다. 서울 집회에 참여하고 돌아오던 목포와 광주 선교부 일행이 경기도 병점에서 열차와 추돌하는 자동차 사고였다. 승용차에 함께 탔던 유진 벨과 녹스는 생명을 건졌으나, 유진 벨의 부인 마가렛과 크레인 목사가 사망하고 말았다. 유진 벨은 첫 아내를 잃은 지 채 10년도 안 되어 두 번째 아내마저 잃는 슬픔이었고, 크레인 역시 이제 겨우 서른 살의 짧은 인생이었다.

크레인(Paul Sacket Crane, 구보라, 1889-1919) 목사는 1913년 유니언 신학교 재학 중 포사이드의 설교에 감화하여 한국 선교를 결심하였다. 1915년 5월 12일 캐더린과 결혼하여 1916년 9월 순천에서 시작, 1917년 2월 26일 목포로 옮겨 선교부 사무일 책임을 맡고 있었다. 그의 집안은 언더우드나 유진 벨 가문과 궤를 같이하는 한국 선교사 가족이었다. 미시시피 주 야주(Yazoo)제일장로교회 출신인 크레인 가족은 4남매 중 막내를 빼고 위로 3남매는 젊은 날 한국에 와 선교하며 생명을 바쳤다.

크레인 목사의 누나 쟈넷(Janet, 구자례, 1885-1979)은 순천과 전주에서 학교 교사를 했으며, 해방 후에는 여수 애양원 사역을 하였다. 형 존 커티스(John Curtis, 구례인, 1888-1964) 목사는 전남 동부지역 순회전도자와 신학교 교수 사역을 했는데, 그의 아들 폴 쉴즈(Paul Shields, 구바울, 1919-2005)는 전주 예수병원 의사로서 우리나라 기생충 예방과 박멸 운동에 공헌하였고, 딸 리리안은 톰슨(서도열) 목사와 결혼하여 역시 순천에서 대를 이어 선교했다(딸 리리안 엘리자베스는 출생과 함께 사망하였다). 존 커티스의 남은 두 자녀인 엘리자베스와 커티스 주니어는 어린 아기 때 죽고 말았다. 동생 윌리엄 얼은 자신이 죽고 난 후, 아내 캐더린과 결혼하여 형사취수제(兄死娶嫂制)를 따랐으며, 막내로서 고향을 지키며 아버지의 가업을 이었다.

구보라 선교사는 딸 에피 햄튼과 아들 폴 에드거가 있었는데, 아들 역시 나중에 교통사고로 사망하였으니 남편과 아들을 각각 교통사고로 잃은 캐더린의 슬픔이 참으로 컸을 터이다. 광주 양림동산에는 구보라와 그의 조카 엘리자베스와 존 커티스 주니어, 외손조카 리리안 엘리자베스 서돌 네 사람이 묻혀 있으며, 구보라의 손조카 윌리엄 랜캐스퍼는 전주 묘지에 묻혔으니, 구보라 가족 3대에 걸친 5명이 광주와 전주 선교사 묘역에 있는 것이다.

베너블(William Anderson Venable, 위위렴, 1886-1947) 목사는 1908년 11월 목포 남학교 교사로 섬겼다. 그는 학생들을 가르칠 뿐만 아니라 학교 교사들에게도 영어를 가르치며, 학교 행정 사역의 책임을 졌다. 아내 버지니아(Mrs. Virginia F. Johns Venable, 1884-1970)는 간호사였다.

녹스(Robert Knox, 노라복, 1880-1959) 선교사는 목포 인근의 농촌 지역 교회 개척과 순회 전도 사역을 했다. 함평 월봉리교회, 무안 성암리교회, 화순 화순읍교회, 보성 문양리교회, 나주 대안리교회, 광양 학동교회 등 수십 여 교회를 세웠고, 전남노회 4회 회장을 지냈다. 1909년 결혼한 아내 버든(Mrs. Maie P. Borden Knox, 1885-?) 선교사는 스와인하트 선교사가 하는 확장주일학교운동에 함께하여 어린이 선교에 힘썼다. 노라복 선교사 부부는 신사참배를 반대했다는 이유로 1940년 일제에 의해 강제추방 당했다. 해방 후 다시 한국에 찾아와 전남의 농촌 지역을 순회 전도하고, 광주 수피아와 이일학교 교사로 충성하며 1952년까지 사역하였다.

뉴랜드(LeRoy Tata Newland, 남대리, 1885-1969) 목사는 루이빌 신학교를 졸업하고 광주와 목포에서 선교하며 숭일학교 교사를 지냈다. 1921년 남대리 선교사는 자신의 비서로 조경주를 채용했다. 조경주는 어렸을 때부터 한문에 능통한 자였다. 그가 30세 때 기독교 경전에 대한 탐구심에 목포까지 220리 길을 걸어가서 신약성경을 구해 집으로 왔다. 그날부터 사랑채에 들어가 방문을 걸어 잠그고 두문불출, 성경만 읽고 또 읽으며 3개월을 지냈다. 성령이 그의 영혼에 말씀의 진리를 불어넣어 주어 성숙한 그리스도

(좌) 뉴랜드(남대리) 목사 가족사진. (우) 부부사진

인이 되었다. 그는 교회 장로가 되어 1916년 나주 대안리에 교회를 세웠으며, 남대리 선교사의 비서로서 그의 전도와 목회를 도왔다. 남대리 선교사의 부인 루이스(Mrs. Sarsh Louise Andrews Newland, 1891-1981)는 퀸스 대학을 졸업하여 남편을 도와 사역했으며, 이들 부부는 1942년 귀국했다.

귀국 후에는 조지아 주 유니언 포인트교회에서 목회하였으며, 은퇴한 후에는 노스캐롤라이나 주 블랙 마운틴에서 여생을 보냈다. 그는 7남매를 두었는데 한 아들은 목사가 되었고, 또다른 아들은 태국 선교사로 활동하였다. 그는 문필에 재간이 있었으며, 사람들은 그를 '사랑을 실천한 사람'이라고 칭송했다.

힐(Pierre Bernard Hill, 길변하, 1877-1958) 목사는 목포와 광주에서 1912-1918년까지 사역했다. 아내 엘라(Mrs. Ella Lee Thraves Hill)가 그와 함께했다.

하퍼(Joseph Hopper, 조하파, 1892-1971) 목사는 루이빌 신학교와 유니언 신학교를 나왔다. 1919-1957년까지 농어촌 선교에 헌신했으며,

하퍼(조하파) 목사

목포 연동교회 설립에 기여하고 초대 담임 사역을 하였다. 해방 이후 다시 한국에 와 대구 총회신학교에서 후학들을 가르쳤다. 그의 동반자 애니스(Mrs. Annis Barron Hopper, 1893-?)는 윈드로프 사범대학과 성경대학을 졸업했으며, 역시 목포 지방 농어촌 지역 선교에 함께하였는데 특별히 부녀자들을 위해 수고했다.

멀피(Thomas Davidson Murphy, 민도마, 1884-1970) 목사는 1921-1927년 목포에서 사역하였다. 아내 크리스틴(Mrs. Christine Murphy, 1890-?)은 알칸사스 대학을 나와 1914년 멀피와 결혼하여 목포 선교에 함께 기여했다.

브루스 커밍(Bruce A. Cumming, 김아열, 1899-1988) 목사는 1925-1938년까지 목포에서 복음 사역을 하였으며, 그 이후 광주와 서울에서 1958년까지 선교사로 헌신했다. 웨슬리안 대학과 버지니아 프린스톤 신학교(석사)와 유니언 신학교(1950, 신학박사)를 거쳤다. 그의 부인은 라우라(Mrs. Laura Viginia Kerr Cumming)였으며, 그의 형은 목포 기독학교 교장을 지낸 김아각 선교사다.

### 병원 의사로서 치료

놀란 의사는 많은 월급을 받고 금광으로 떠나갔다. 이런 것들이 선교사들에게는 미묘한 유혹이다. 의사들은 한국에 있는 회사들로부터 언제나 좋은 직장을 제공받을 수 있으며, 목사들은 국립학교에서 가르칠 경우 좀 더 나은 대우를 받을 수 있기 때문이다. (유애나)

놀란 의사는 1904-1906년에 목포, 광주 기독병원에서 사역했다. 그는 참 탁월한 의료 기술로 많은 환자를 치료했으며, 당시 남장로교 선교부의 사역에 귀하게 쓰였다. 그런데 1907년 갑자기 평안북도 운산의 광산으로

가 버렸다. 그당시 '운산 금광'은 말 그대로 노다지 산업이었다. 상상 이상의 월급을 준다는 말에 그만 선교사 직을 내던지고 그곳으로 가 버렸다. 세상을 사랑하여 바울을 버리고 데살로니가로 가 버린 데마(딤후 4:10 참고)가 따로 없었으니, 목포 호남에 온 수많은 훌륭한 선교사들 가운데 옥의 티였다.

버드만(Ferdinand Henry Birdman, 1872-?) 의사는 1908-1909년에 목포와 전주에서 1년이 안 되는 기간 동안 사역을 펼치다 고향 독일로 돌아갔다. 하딩(Maynard C. Harding, 1878-?) 의사는 1906년 덴버 적십자 의과대학을 졸업하고, 1911-1913년까지 부인 피셔(Mrs. Gertrude Fisher Harding, 1879-?)와 함께 목포 프렌치병원에서 사역했다.

리딩햄(Roy Samuel Leadingham, 한삼열) 의사는 1912년부터 목포에서 진료를 했는데, 의사로서 목포에서 최장기 사역을 했다. 특히 그는 1916년 목포병원 건립에 공이 컸다. 미주리 주 세인트 조셉의 찰스 프렌치(Charles W. French)가 남긴 유산을 가져와 그를 기념하는 병원을 지은 것이다. 한삼열은 서울 세브란스에서 가르치는 일도 했으며, 그의 아내 해릿(Mrs. Harriett I Pearce Leadingham, 이부인, 1883-?)이 함께했다.

길머(William Painter Gilmer, 길마, 1890-1978) 의사는 1916년 리치몬드 의과대학을 졸업하고 1차 세계대전에 참전하여 군의관으로 근무하다 1922년 목포 프렌치병원에 선교사로 부임하였다. 그의 아내 뉴먼(Mrs. Kathrgn Newman Gilmer, 1897-1926)은 사범대학을 졸업하였으며, 1923년 목포에 와 청소년 사역을 하였다. 1925년 길마와 결혼하였으나 다음해 1926년 아이를 낳은 후 12일 만에 사망하고 말았다. 남편을 따라 목포까지 찾아와 하나님 나라 일생을 살려다 너무 이른 시기에 안타깝게 죽고 말았으니, 목포에 인생을 바친 로티 위더스푼, 유애나에 이은 세 번째 여성 선교사였다.

삼학도 배경의 프렌치병원

프렌치병원 직원들

1927년에 의사 제임스 우즈(James B. Woods Jr.)와 필립(Philip B. Price) 또한 잠시나마 목포병원에서 일했다.

할리스터(William Hollister, 하리시, 1893-?)는 존스홉킨스 대학 의학부를 졸업했으며, 1927-1931년까지 목포 프렌치병원과 1931-1937년까지 군산 구암병원에서 일했다. 그가 1931년까지 목포 프렌치병원 사역을 하고 군산으로 이거했는데, 그 이후로 목포 프렌치병원에는 더 이상 남장로교에서 의사를 파송하지 않았으며, 한국인 의사도 근무하지 않았다. 프렌치병원 사역은 그 이후 끝나 버렸고, 병원 건물과 그 흔적도 무관심 속에서 일순간에 사라져 버렸으니 참 아쉬운 일이다. 그의 곁을 지켰던 동반자 모리스(Mrs. Myrtle Morris Hollister, 1901-1946)는 특별히 여성 교육에 노력했다.

### 학교 교사로서의 교육

다니엘 커밍(Daniel James Cumming, 김아각, 1892-1971) 목사는 목포와 광주에서 교회 목회보다는 주로 학교 운영과 교육을 책임졌다. 1919년 목포남학교 교장에 취임하였고, 1922년 학제개편과 함께 교명을 목포영흥학교로 개칭하였다. 1923년에는 목포정명학교, 1925년에는 광주 수피아여학교 교장을 각각 역임했다. 신사참배 거부로 학교가 폐교되고 미국으로 추방당했으나, 해방 이후 다시 찾아와 1962년까지 남장로교 선교부 교육 행정가로 충성했다. 루이빌 신학교와 컬럼비아 대학교(1925년, 석사), 켄터키 대학교(1945년, 명예박사)에서 학문을 닦았다. 그는 1934년 변요한 선

다니엘 커밍(김아각) 목사

교사의 둘째 딸, 애니와 결혼하였다. 김아각은 동생 김아열 선교사와 함께 형제가 목포에서 사역하였다. 순천에는 크레인 남매가, 목포에는 커밍 형제가 선의의 하나님 나라 종노릇 충성을 다하였으니, 참으로 예수만 섬기는 가정, 착한 동기(同期)가 아니겠는가.

김아각 영흥학교장 전별기념식, 1922년 4월

2부

목포 신자

목포의 사도 바울

# 김윤수

김윤수는 목포를 비롯한 광주와 전남의 교회사에서 사도 바울에 비견할 만하다. 목포에서 예수님을 알고 기독교인이 된 이후 김윤수는 성경의 가르침에 반하는 과거의 생활을 완벽에 가깝게 단절하고 포기하였다. 그의 180° 달라진 회심과 교회와 선교에 대한 충성스런 일생은 목포와 전남의 120년 기독교 역사의 초석이 되었다. 다메섹에서 예수님을 만난 사울이 바울이 되어 세계 선교 역사의 기초를 닦았듯이, 김윤수는 목포 광주 전남의 초창기 교회를 세우고 섬긴 참 훌륭하고 탁월한 지도자였다.

김윤수는 1860년 서울 계동에서 3대 독자로 태어났다. 그의 외가는 이씨 조선 왕조의 왕손이었다. 어린 시절 그는 한문사숙에서 천자문을 통달하고 사서삼경(四書三經)을 외울 정도로 총명하였다. 청년기이던 대한제국 시절 그는 원산에서 총순으로 일하다 목포 개항기에 맞춰 1897년 10월 4일 발령에 의해 목포로 왔다.

**보고 제4호**

본 감리서 주사 진학명과 경무관 양규황, 총순 김윤수, 사윤성이 금일 항(港)에 도착하여 직무를 이행하고 있음을 이에 보고하오니 널리 살피시기를 바랍니다.

광무 원년(1897) 10월 4일 무안감리 진상언 외부대신 민종묵 각하

김윤수는 38세에 목포에 와 지금의 경감에 해당하는 비교적 높은 관직의 경찰관으로 있으면서 동시에 양조장 사업도 병행하였다. 개항에 맞춰 다수의 일본인들은 물론 조선인들도 목포로 몰려들었기에, 당시 목포에서의 술장사는 상당히 돈벌이가 되는 사업이었다. 작은 어촌 마을에 불과하던 목포가 급작스럽게 사람이 늘어가고 변화해 갈 때, 동시에 미 남장로교 선교부도 목포를 거점으로 정하면서 선교사들이 정착하고 교회가 세워지기 시작했다.

### 전적 회심, 과거와의 완벽한 단절과 포기

김윤수가 선교사를 만나고 신앙을 갖게 된 것은 그의 어머니 때문에 시작되었다. 그의 모친이 손에 가시가 박혀 종기가 심해지자, 목포에 와 있던 의사 선교사 오웬에게 데리고 갔다. 오웬은 치료를 해 줄 뿐만 아니라 그 모자에게 복음을 전하였고, 그때부터 김윤수는 예수님을 믿게 되었다. 어머니는 물론 자기의 아내와 장모까지 함께 교회에 데리고 다니기 시작했다.

김윤수가 세례 받는 과정에서 보인 회심과 결단은 참으로 훌륭하다. 그는 양동교회 교인으로 출석하며 신앙생활을 하던 중 세례를 받으려 했을 때 술장사를 하고 있다는 것이 문제가 되었다. 예수님을 영접하고 세례를

받으려면 그만한 신앙적 결단과 삶의 변화가 요구되었다. 레이놀즈와 엘라 그래함(Miss Ella Grahm, 엄언라) 선교사는 당시의 김윤수를 이렇게 평가하며 수세를 위한 선 과제 해결을 시사하고 있다.

김윤수가 회심하기 전, 그는 술주정뱅이로 비도덕적인 삶을 살아온 술장수였다. 자신에게 술을 팔 뿐 아니라, 그 아내도 그의 장사를 도와야만 했다. 그런데 목포에 있는 기간 중에 복음을 들었다. 한국적 표현을 쓰자면, 믿기로 결정한 것이었다. 그는 하나님의 사람들과 운명을 같이 하기로 소망하였으나, 그의 회심 전의 삶이 원색적이었으므로 그를 받아들이기 이전에 심지어는 학습자로 입문하기 위한 과정에서도 긴 테스트 과정을 겪어야만 했다.

그는 과감히 양조장 사업을 폐기 처분하는 참으로 쉽지 않은 결단을 내렸다. 당시 개항 이후 목포는 75%라는 경이적인 경제 성장을 기록할 정도로 모든 것이 대호황이었다. 조선인은 물론 일본인 등 사람들이 하루가 다르게 몰려 드는 큰 무역항구 도시로서 목포의 모든 경기는 활황이었고, 술장사는 그야말로 돈방석에 앉게 하는 금싸라기 사업이었다. 그럼에도 김윤수는 이를 과감히 정리하고 세속의 부귀영화로부터 뒤돌아서기로 결단했다. 기독교의 가르침에 반하는 삶의 습관과 생활로부터 완전히 돌아선 것이다. 1900년 그의 나이 41세 때였다.

**김윤수 한 사람만으로도 성공한 사역**

김윤수는 이후 사업은 물론 공무직도 버리고, 선교사 조사가 되어 전적으로 교회에 충성하는 것으로 사도 바울과 같은 새로운 일생을 시작하게 된다. 그의 신실하고 헌신적인 삶과 믿음을 전킨 선교사는 대단히 높이 평가하였다.

> 전킨은 김윤수를 높이 평가하여 말하기를, "목포에서의 선교 사역이 오직 한 사람의 회심자 밖에 없었음에도 가치가 있는 사역이었던 것은 바로 다름 아닌 김윤수라는 회심자를 얻을 수 있었기 때문이다"라고 했다.

미국 남장로교 선교부가 목포 일대에서 시작한 초기 사역을 김윤수 한 사람을 포교한 것만으로도 높이 평가하였듯이 그의 회심과 변화는 대단했다. 유진 벨 선교사는 그를 자신의 조사로 임명하여 교회 사역과 선교 확장에 박차를 가할 수 있었다.

남장로교 선교부가 전북의 군산과 전주에 이어 1897년 즈음부터 시작한 전남 지역의 사역 책임자는 유진 벨이었다. 처음에는 나주를 모색하다가 1898년부터 목포에서부터 본격적으로 선교를 시작했는데, 그때는 변창연을 조사로 두어 도움을 얻었고, 1900년 경부터는 김윤수를 추가로 조사로 두고 그의 전적 협력을 통해 더욱 사역을 넓혀 갔다.

1904년 남장로교 선교부가 거점을 목포에서 광주로 옮기기로 할 때도 그 첨병 역할은 김윤수에게 맡겨졌다. 그해 4월부터 먼저 광주로 간 김윤수는 양림동 일대에 부지를 매입하고, 오웬과 유진 벨 선교사 등이 거처할 두 채의 사택을 건축하는 등 사전 준비를 다했다. 12월 19일 목포에서부터 오웬, 유진 벨, 변창연, 서명석과 김윤수 등의 가족이 광주로 이사를 시작했다. 그리고 12월 25일 눈이 내리는 화이트 크리스마스에 유진 벨 사택에서 40여 명이 예배를 드리니 광주교회의 첫 시작이었다.

남장로교 입장에서 목포나 광주 선교부의 책임자는 유진 벨이었지만,

목포교회를 실질적으로 시작하며 힘쓴 이는 변창연이었고, 그 이후 광주교회를 시작할 때 제대로 힘 있게 이끌고 교회를 일군 이는 김윤수였다.

김윤수는 항상 효율적이고 가치 있는 도움을 주었는 바 – 항상 필요한 자리에 있었고, 총명하고 활기찬 모습으로 그가 할 수 있는 모든 일에 최선을 다하였다. 선교사들이 자리를 비웠을 경우 대신 자리를 지켰으며, 주일학교 교장으로 또 지역민에게 전적으로 맡겨진 수요 기도회에서는 자신의 순서가 왔을 때 기도회를 인도하기도 했다.

광주교회는 1906년 6월 북문안으로 옮겨 교회 이름도 광주북문안교회로 개명하였고, 1909년 최흥종이 교회에 출석하면서 더욱 교인 수가 늘어 1910년에는 5-600여 명으로 늘어났다. 그때까지 광주 교인들의 정성 어린 헌금으로 예배당을 세 번이나 확장하였다. 김윤수와 최흥종의 헌신적 열정으로 광주북문안교회는 계속 성장하였고, 1912년에는 성도들의 절대적 지지 아래 둘 다 장로가 되니 광주의 최초 장로가 되었다.

### '낙원 김씨'로 호적을 바꿔 새 가문의 효시를

김윤수의 신앙적 의지는 그의 이름에서 성씨를 '김해'에서 '낙원'으로 바꾸고, 자녀의 이름을 짓는 데서부터 남다르게 보인다. 본적(本籍)은 그 사람의 어릴 때나 혹은 부모 조상이 어디서 살았는지를 알 수 있는 이 지구상에 현존하는 실제 어떤 지역이다. 그런데 김윤수는 믿음의 사람들이 본향으로 여기는 '천국', '낙원'을 염두에 두고 '낙원 김씨'라 바꾸었다. 우리나라에 새롭고도 기이한 새 가문의 효시를 이룬 것으로, 그의 남다른 신자로서의 열정을 보인 것이다.

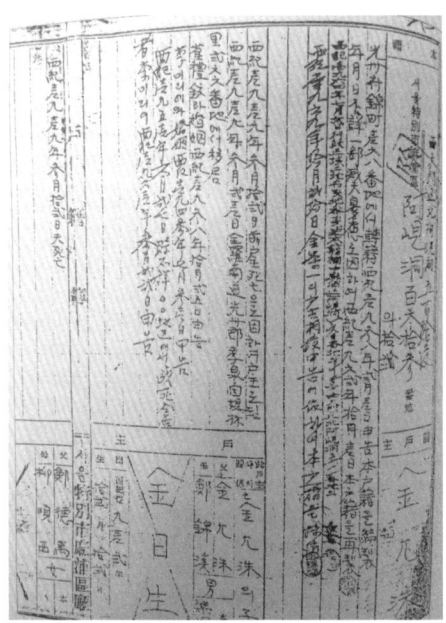

호적을 '낙원'으로 바꿔 새 가계를 이끈 김윤수

그는 자기 자녀의 이름도 보다 성경의 가치에 어울리게 지었다. 하나님의 은혜를 기리는 의미로 두 딸의 이름을 명은(明恩, 밝은 은혜), 홍은(弘恩, 넓은 은혜)이라 하였다. 또 아들의 이름도 신앙적으로 지었으나 안타깝게도 일찍 죽고, 다른 아들을 또 은혜로 얻어 그 이름은 일생(一生)이라 하였으니, 일평생 하나님의 사람으로 산다는 의미일 것이다. 막내딸은 정은이라 하였다.

김윤수의 가장 큰 변화는 가정생활에서였는데, 첫 두 아이들이 딸이었음에도 불구하고, 그 이름을 '슬픔'이나 '실망'이라는 뜻으로 하지 않고, 또 현지의 관습처럼 '용'으로도 하지 아니하고, '밝은 축복', '광대한 축복'이란 뜻으로 하였다. 셋째 아이는 잘생긴 아들이었는데, '위대한 축복'이란 뜻으로 하였으나, 하나님은 곧 그를 그의 곁으로 부르셨다.

### 대를 이어 믿음의 가문을 이뤄

김윤수는 22세나 아래인 부인 정금계 권사와의 사이에서 1남 3녀를 낳아 길렀다. 첫째 딸 김명은은 최승환씨와 결혼하여 모두 8남매를 두었다. 둘째 딸 김홍은은 강씨와 결혼하여 6명의 자녀를 두었다.

4대 독자인 아들 김일생은 아내 이남순씨와의 사이에 김영일, 김영이, 김영옥 2남 1녀를 두었다. 김일생은 6·25때 극장과 영화 사업(국군 홍보 분야)을 하던 중 납북되었다. 아내 이남순은 가수로 활동하였고, 사망 후 전북 임실에 묻혔다. 첫아들 김영일은 1943년 7월 10일생으로 건축 인테리어 사업을 하며 서울 상계동교회 집사를 지내다, 2011년 10월 18일 소천했다. 김영일의 아내는 김광심 권사(벌교 출신)이며, 자녀는 김혜숙, 김현조, 김혜진 1남 2녀를 두었다. 둘째 아들 김영이는 1944년 10월 8일생으로 아파트 시행사에서 일했으며, 2014년 현재 고양시에 거주하며 서울성남교회 권사로 섬기고 있다. 그의 자녀는 김현철, 김현진, 김민정 2남 1녀가 있다. 셋째 딸 김영옥은 인천에서 살고 있다.

김윤수의 셋째 딸이며 막내인 김정은은 김씨와 결혼하여 1남 5녀를 두었다. 남편 김씨는 납북되었으며 현재 아들 한성수씨와 함께 미국 로스앤젤레스에 거주하고 있다.

### 광주 첫 근대 학교 설립에 기여

광주교회와 주일학교 등에서 책임 있게 전도하며 사역하던 김윤수는 자신의 자녀를 위한 서양식 근대교육의 필요를 호소하고 학교 설립을 간청했다. 1907년 김윤수의 딸 김명은, 최흥종의 딸 최숙, 서병규의 장녀 서

영순, 유진 벨의 부인 어학선생인 최재익의 아들 최윤옥 등 4명으로 유진 벨 사택(양림동 108-2) 사랑방에서 처음 교육을 시작하였다. 그리고 다음 해인 1908년 유진 벨은 여학생을 위한 수피아학교를, 남학생을 위한 숭일학교를 세워 광주에서의 첫 근대식 학교를 시작하였다.

수피아학교는 이후 엄안라를 시작으로 구애라(Miss Anna McQueen), 마정원(Miss Margaret Martin), 김아각, 유화례(Miss Florence E. Root) 선교사 등이 교장을 맡았고, 해방 이후 6대부터 김필례를 시작으로 한국인들도 교장을 맡기 시작했다. 1911년 가을 미국의 스턴스 여사(Mrs. M. L. Sterns)가 세상을 떠난 동생 제니 수피아(Jennie Speer)를 기념하기 위하여 5,000달러를 희사한 기금으로 회색 벽돌 3층 건물인 교사(Speer Hall)를 준공, 이때부터 수피아여학교(Jennie Speer Memorial School for Girls)라고 부르게 되었다. 1929년 11월 30일 미국 남장로교 부인전도회에서 보내온 50,000달러를 기금으로 붉은 벽돌의 현 중학교 본관 윈스브로우 홀(Winsborough Hall)을 스와인하트 선교사에 의해 건축 준공하였다.

여학생을 위한 수피아학교가 있었다면, 남학생을 위한 숭일학교도 있었다. 초대 교장 변요한을 필두로 선교사들과 조선인 교사들에 의해 하나님 한 분만을 섬긴다는 학교 이름에 걸맞게 철저한 기독교교육이 이뤄졌다.

일본강점기 이들 숭일, 수피아 두 학교의 초창기에는 그 외에도 배유지 부인 마가렛트(Bell Margarlet W), 윌슨 부인과 조선인으로 최재익, 최흥종, 홍우종, 변창연, 남궁혁, 김함나, 김마리아 등이 교사로 헌신하였다.

목포에서 시작하여 광주를 중심으로 한 김윤수의 일생은 예수 그리스도가 이 땅에서 공생애 기간에 펼친 3대 미션과 똑같았다. 선교사들은 목포와 전남 일대에서 마을 곳곳마다 교회를 세워 복음을 전하고 근대식 학교를 세워 가르쳤으며, 병원을 열어 치료하는 사역을 펼쳤다. 사망과 질병의 저주 아래 놓여 있던 조선의 이름 없는 남도땅에 미국 남장로교 선교사들이 찾아와 벌인 헌신으로 생명과 소망의 터전으로 변하였다. 이 귀한 사역에 김윤수가 조력자요 동역자로서 함께하였으니 그는 가히 이 산을 명하여 여기서 저기로 옮겨 버린(마 17:20 참고) 하나님 나라의 일꾼이었다. 그는 겨자씨 한 알보다 큰 믿음의 일생을 살다 1919년 그토록 소원하던 본향 낙원에 갔다.

### 광주와 전남교회를 연 목포 신자들

광주교회가 1904년 12월에 유진 벨에 의해 시작했다는 설은 다분히 선교사 중심의 역사관이다. 그러나 이미 그 이전에 지원근 조사를 비롯한 목포 초기 신자들이 광주와 전남 일대를 다니며 복음을 전하고 교회를 개척했음을 높이 평가해야 한다.

광주는 이미 1897년부터 지금의 송정 지역에 속한 우산리교회와 1899년의 잉애교회 등이 있었다. 이들 교회는 목포 양동교회에서 파송한 지원근이 개척하고 지도하였다. 지원근은 이후에도 전도에 열심 있던 오웬 선교사를 따라 전남 동부 지역 전도와 교회 개척에 공헌하였다.

조사 변창연이 유진 벨을 따라 처음 목포와 나주 등지에서 수고하였던 것처럼, 이후 지원근, 마서규, 임성옥, 김윤수, 김영진 등의 목포교회 신자들이 광주와 순천, 전남 일대의 곳곳을 다니며 교회를 개척하였다.

보라, 새것이 되었도다

# 김영진

―∞―

나눔과 사랑은 참으로 귀하다. 내가 가진 모든 것을 남에게 베풀 수 있고 공유할 수 있다면 얼마나 아름다운 세상일까! 그러나 아무리 사랑이 많고 정이 많아도 남과 함께 해서는 안 되는 게 있다. 그것은 남녀 간의 사랑, 부부관계의 일편단심이다. 일부일처제는 자연히 독선적이고 그래서 배타적일 수밖에 없다. 이를 그르치는 경우, 당연히 질투심이 작동하고, 윤리적, 법적 대가가 따르기도 한다. 무엇보다 한 남자와 한 여자의 부부관계로 시작하는 경건한 가정을 기초하고 창조하신 분이 하나님이시기에 이를 소홀히 여기며 파기함은 하나님 앞에서 죄를 짓는 악행이다.

"그후에 그의 주인(보디발)의 아내가 요셉에게 눈짓하다가 동침하기를 청하니 요셉이 거절하며 자기 주인의 아내에게 이르되, 내 주인이 집안의 모든 소유를 간섭하지 아니하고 다 내 손에 위탁하였으니 이 집에는 나보다 큰 이가 없으며, 주인이 아무것도 내게 금하지 아니하였어도 금한 것은 당신뿐이니, 당신은 그의 아내임이라. 그런즉 내가 어찌 이 큰 악을 행하여 하나님께 죄를 지으리이까"(창 39:7-9).

조선에 선교를 왔던 초창기 외국 선교부에서는 전도를 통해 사람들에게 복음을 전하며 예수님 믿기를 권하면서, 동시에 신자들로 하여금 과거의 불의한 삶으로부터 떠나기를 가르쳤다. 성경에 반하는 조선 봉건제도의 낡고 비윤리적인 것들로 술과 담배, 제사, 노비제도, 조혼과 축첩 등을 버리도록 지도했다.

특히 본부인이 있음에도 따로 젊은 여자 등을 첩으로 두고 사는 남자들을 마치 능력 있는 사람처럼 여기는 풍토에 강력한 제동을 걸었으니, 1908년 두 번째로 열린 조선예수교장로회독노회는 "첩 있는 사람은 원입 세우지 못한다"고 규칙까지 정했다. 조선과 동양 사회의 뿌리 깊은 축첩 제도를 공식적으로 부정한 것이다.

중국과 성리학의 영향을 받은 조선의 오랜 봉건사회에서 전혀 이상할 것 없어 보이는 전통과 질서에 제동을 거는 사상 초유의 일이 예수님을 주인으로 삼고 믿는다는 기독교 선교사들로부터 시작하였다. 선교사들의 열심과 헌신 아래 기독교인이 늘어가고 학습 세례를 받는 이도 생겼는데, 가장 큰 걸림돌 중의 하나가 과거의 삶을 팽개쳐야 하는 일이었다. 남자들은 술 마시는 것과 문란한 여성관계 등 소위 축첩 문제를 청산해야 했다.

**예수 신자로 살기 위해 축첩 포기하고**

초기 목포 교회사에서도 이런 일로 세례 문답시 결격 사유가 되었다. 김영진이라는 교인은 첩을 두고 있었다. 서울에 본부인이 있었지만, 그에게서 아들을 갖지 못했다. 멀리 목포에 와 장사를 하던 중 이곳에서 첩을 얻었고, 그녀로부터 아들을 얻어 지내고 있었다. 그런데 그도 신자가 되었고 세례문답을 배우는 중 축첩이 마음에 걸렸다.

그는 신앙의 결단을 내리고 첩과 그에게서 난 자녀를 다른 사람을 통해 새 가정을 이뤄주었다. 그리고 서울 본부인을 불러와 아내와만 온전히 지내므로 새사람 새 신자로 거듭난 것이다.

"너는 네 우물에서 물을 마시며 네 샘에서 흐르는 물을 마시라. 어찌하여 네 샘물을 집 밖으로 넘치게 하며 네 도랑물을 거리로 흘러가게 하겠느냐. 그 물이 네게만 있게 하고 타인과 더불어 그것을 나누지 말라. 네 샘으로 복되게 하라. 네가 젊어서 취한 아내를 즐거워하라"(잠 5:15-18).

김영진은 1865년 개성에서 태어났다. 그는 서울에 있을 때 첫 부인과 두 딸을 두고 있으면서 미곡 사업차 목포에 내려와 지내게 되었다. 그는 1905년 봄 머리에 종양이 생겨 목포병원의 의사 놀란으로부터 성형수술과 치료를 받았고, 복음도 접해 목포 교회에 다니기 시작했다. 그는 병원 치료 중 알게 된 간호사 박사라와 결혼하여 1남 1녀를 두었다.

김영진은 어느 날 서울에 들렀다가 언더우드 집회에 참석, 예수님을 알고 그리스도인이 되기로 결단하였다. 그는 목포에 다시 내려와 지내면서 마음이 불편해지기 시작했다. 이제 신앙인으로서 첩을 두고 살고 있는 게 마음에 걸렸던 것이다. 그가 학습받을 때 첩을 두고 살고 있다는 게 문제가 되었다. 결국 김영진은 신앙인의 도리를 앞세워 첩을 포기하기로 용단을 내렸다. 그는 1908년 첩에게 기와집에서 그의 1남 1녀와 따로 살도록 해주었다. 그리고 자신은 서울 본부인과 딸 둘을 목포로 데려와 살았다. 당연히 처가 식구들이 반발, 처남들이 칼부림을 해 가며 위협을 해대는 바람에, 김영진은 선교사 숙소로 피하기도 했다. 이전에는 몰랐으나 신자가 되면 새사람이 되어야 했다. 이전의 잘못된 것들로부터 떠나는 결단에는 그만한 대가나 값을 치러야 하는 게 그리스도인이었다. 그렇게 해서 그 해 목포 교회 세례 신자가 되었다.

"그러므로 우리가 이제부터는 어떤 사람도 육신을 따라 알지 아니하노라. 비록 우리가 그리스도도 육신을 따라 알았으나 이제부터는 그같이 알지 아니하노라. 그런즉 누구든지 그리스도 안에 있으면 새로운 피조물이라. 이전 것은 지나갔으니 보라 새것이 되었도다"(고후 5:16-17).

새로운 피조물이 된 김영진, 그는 이후 프레스톤과 해리슨 선교사를 도와 복음 전도자로 살아갔다. 목포와 인근 지역까지 순회하며 전도하고 교회를 세우는 데 기여한 바, 1910년 해남읍교회 설립에도 힘을 보탰다. 해남읍교회는 나중에 이준묵 목사가 부임한 이후 교세가 늘기 시작했으며, 해남 YMCA와 고아들을 위한 등대원을 설립하여 지역사회 활동을 폭넓게 펼쳤다.

김영진은 아무래도 첩으로 하여금 따로 살도록 하였지만, 같은 목포에 있는 것이 부담이 되었다. 가족들과 함께 아예 목포를 떠나 다른 지역에서 복음 전도자로 사역을 하기로 정하고, 1912년 초 제주로 갔다. 제주에서 개인 사업도 벌이면서 그곳의 윤식명 목사를 도와 제주 선교에 참여했으며, 제주 교회 건축에 기여하였고, 1914년에는 모슬포교회 영수로도 섬겼다.

1915년에는 순천으로 옮겼다. 순천 선교부를 개척하여 이끌던 프레스톤의 복음 전도 및 개인 비서로서, 또한 이곳 병원 전도사로 일하게 되었다. 1916년 순천읍(중앙)교회 최초 장로가 되었으며, 1934년에는 순천 저전동에 새로운 기도처를 분립할 때, 초기 책임을 맡아 이끌었다. 이 기도처가 후에 1936년 김영진 장로 등 30여 명의 성도로 승주교회로 설립되었으

김영진 딸 김세라 순천여학교 교사

며(담임:라덕환 전도사), 지금의 순천제일교회로 이름을 바꿔 이어오고 있다. 목포에서 기독교 신자가 되고 신앙의 기초를 다진 김영진 장로는 중,노년기 35년 여를 순천에서 교회 지도자이자 병원 전도자로 충성하다가, 1949년 8월 14일 85세를 일기로 안식하였다.

### 김영진의 후손들

김영진에게는 본처에게서 두 딸이 있었는데 세라(Sara)와 마리아(Mary)라 하였다. 김윤수도 그랬듯이 김영진도 기독교인이 되고 나서 딸 이름을 기독교식으로 바꾼 것은 축첩을 정리하는 것만큼이나, 그의 첫 신앙이 상당하였음을 보여 준다.

첫딸 세라는 1894년 3월 17일(음력) 경기 개성에서 태어났다. 그녀는 아버지를 따라 기독교 신앙을 가져 1907년 새문안교회에서 언더우드 목사에게 수세했다. 1910년 목포여학교 첫 졸업생이었으며, 1912년 18세에 목포진료소 직원으로 일하던 윤병호(파주 장단 출신)와 결혼하였다. 그러나 윤병호는 불과 2년 후, 1914년 병원 화재 사고로 희생을 당했다. 안타까운 사고로 남편이 저 세상으로 간 그해, 김세라는 유복자 윤원중을 낳았다.

김세라는 이후 1921년 평양 숭의여학교를 졸업하여, 순천 매산학교 교사로 있으면서 아버지가 세운 승주(순천제일)교회에 출석했다. 그녀는 초기부터 오래도록 담임하며 존경받던 라덕환 담임목사 시절 내내, 교회 여성도들의 리더로서, 1943년 부인전도회 회장, 1963년에는 최초의 권사로 임직되었다. 그 이후 서울로 이주하여, 1968년 경에는 서울 광장교회에 출석할 때 금요 기도회 등을 인도했다.

그의 독자 윤원중은 의사로서 1955년 순천제일교회 장로가 되었으며, 후에 목사 안수도 받았다. 그는 아내 정숙여와의 사이에 3남3녀를 두었다. 그중 장남 윤순웅은 1935년생으로 어려서 순천에서 자랐다. 그는 13살 여순사건 때, 손양원 목사의 아들이며 같은 승주교회에 다니던 손동인, 동신 형제 피살 사건의 유일한 현장 목격자이다. 그는 당시 좌우익 대결의 갈등에서 일어난 사고이지, 결코 기독교 순교로 미화할 수 있는 사안은 아니라고 주장했었다.

윤순웅은 할아버지 윤병호, 아버지 윤원중을 이어 3대째 의사가 되었고, 국립과학수사연구소에서도 근무했으며, 2014년 현재 서울 용두동교회 장로로도 섬기고 있다.

김영진의 둘째 딸 마리아는 순천에서 결혼하였다. 김영진은 첩에게서 난 아들 김균희는 목포 영흥학교에서, 딸 라헬(Rachel, 호적 이름: 김정현)은 정명학교에서 각각 공부하게 하였다.

목포 최전성기, 옥중 순교자

# 박연세

(1883-1944)

나는 육체적으로 천황을 존경하지만 영적으로는 예수 그리스도를 제일 존경합니다. 언젠가는 천황도 예수의 심판을 받을 것입니다. (박연세)

1944년 1월 대구 법원에서 열린 재판. 판사가 천황폐하가 높은지, 예수 그리스도가 높은지를 묻자 피고인은 조금도 두려움 없이 예수 그리스도를 택했다. 피고 박연세의 입에서 깜짝 놀랄만한 답변이 나오자 교도관들은 박연세 목사의 입을 막으며 저지하려 했고 재판정이 소란스러웠을 것이다. 그는 우리말로 설교하는 등 일제의 조선어 말살 정책에 반대하다 다시 대구형무소에 수감되어 옥고를 겪었다.

박연세 목사는 일제 치하 총독부의 식민통치에 굴하지 않고 교회와 민족주의 정신으로 신앙의 정조를 지켜내며 귀감이 되었던 훌륭한 목회자로 그는 목포교회의 열 번째 담임목회자였다.

박연세는 1883년 전북 김제에서 농사꾼의 아들로 태어났다. 어린 시절에는 아버지를 도와 농사일을 하며 마을 서당에서 한문을 배웠다. 어느 날 그의 아버지 박자형은 예수님을 믿는 신자가 되었다. 군산에서 활동하던 전킨 선교사 일행이 김제 마을까지 와서 전도하며 복음을 전했는데, 그때 그의 아버지가 전킨을 통해 예수님을 영접한 것이다.

아버지는 박연세를 군산의 전킨에게 보냈다. 자기 사랑채에서 청소년을 모아 교육하던 전킨은 박연세를 학생으로 받아들여 가르쳤으니, 이것이 군산 영명학교다. 박연세는 영명학교에 입학하게 되었고 전킨 선교사의 따뜻한 사랑을 받으며 열심히 공부했다. 그는 이미 고향에서 한문교육을 받은 경력이 있어, 고등과에 진학해 4년 과정을 이수하였다.

그는 학교를 졸업하고 고향 김제 신명학당에서 후배들을 가르쳤으며 이때 김신애와 결혼을 하였다. 박연세는 이후 모교인 영명학교 교사가 되어 학생들에게 민족의식을 고취하고 복음을 전하며 신자의 길로 인도하였다. 그는 구암교회 교인으로서 그곳에서 1916년 안수집사, 1918년 10월 35세에 장로가 되었다.

### 3·1 독립만세운동 펼쳐

1919년 2월 26일 그의 제자 김병수가 찾아왔다. 그는 당시 세브란스 의전에 다니고 있었는데, 서울에서 불기 시작한 3·1운동과 관련한 준비 등을 알리고 비밀리에 독립선언문도 전달했다. 서울의 3·1운동을 준비하던 지도자들은 군산 연락책으로 김병수를 보냈고, 김병수는 자기 스승 박연세에게 거사를 알리며 전하여 준 것이다.

박연세는 이 일에 동참하기로 하고 같은 학교 교사들과 학생들을 동원하여 거사를 준비하던 중 사전에 그만 일본경찰에 발각되어 체포되고 말았다. 박연세가 체포되어 끌려가던 중 나머지 학생과 교사들이 일거에 밖으로 뛰어나가 만세 시위를 벌였다. 멜볼딘 여학교와 구암병원 직원들까지 조선인 그리스도인들을 중심으로 군산에서도 독립만세 시위가 열린 것이다.

군산의 시위는 4월까지 몇 차례 이어졌고, 학생들과 시민들이 체포되었다. 박연세는 보안법 혐의 등으로 대구 형무소에서 2년 6개월을 복역했다. 그는 형기를 마치고 군산에 돌아왔으나 다시 학교로 돌아갈 수는 없었다. 그는 목회자가 되어 민족을 깨우치고 일제로부터 나라를 구해야겠다는 꿈을 지니고 전북노회의 추천을 받아 평양신학교에 진학하였다. 39살이던 1922년 봄의 일이었다.

평양신학교 3년의 과정을 마치고 졸업하여 1925년 1월 강도사 인허, 그리고 5월 3일에 목사 안수를 받았다. 익산 지역의 교회에서 목회를 시작한 그는 이듬해 1926년 9월 목포 양동교회에 부임하였다.

### 양동교회 목사로 부임

그는 양동교회에서 신실하게 목회하며 교회를 성장시켜 나갔다. 그리고 지역별로 나누어 교회를 또한 분립하였으니, 중앙교회, 죽교교회, 연동교회 등 목포의 기독교 역사를 잘 잇고 있는 주요 교회들이 이때 생겨났다. 박 목사는 교회를 잘 분립할 뿐만 아니라 각기 교회를 잘 이끌 수 있는 지도자를 또한 잘 묶어서 보내 주었다.

1930년대 초 목포는 전국에서도 손꼽히는 도시로 성장했다. 일제의 수탈과 압제가 강화되는 한편으로, 도시의 확장과 발달은 급속도로 증가하였다. 밖으로는 세계공황의 여파 속에 목포 전통의 상품, 쌀과 면화가 폭락하는 등 경제위축이 심했으나, 도시 면적이 넓어지고 인구는 가히 폭발적으로 늘어났다.

목포는 1932년 10월 1일부로 인접한 무안군 이로면 산정리, 죽교리, 용당리, 삼학도 등을 편입, 종래 면적에서 무려 72%나 확장했다. 인구도 꾸준히 늘어 1935년에는 60,734명, 당시 인구 증가율 11.20%로 전국에서 가장 높았으며, 인구가 6번째로 많은 도시로 커졌다.

> 다각적으로 약진하는 목포에 있어 목포의 살림살이 가운데 지난 1일부터 전국적 국세 조사에 나타나는 목포의 인구는 비약적으로 증가한 숫자를 나타내어 육만여 인을 돌파했는 바 작년보다 5천여 인구와 약 700여 세대의 증가를 보게 되었다. (매일신보, 1935. 10. 30)

목포가 면적이나 인구는 가히 비약적으로 발전하는 반면, 일제의 차별은 커서 조선인들의 상대적 박탈은 심했다. 목포 발전의 뒤안길에는 조선인들의 희생이 따랐고, 한국인의 생활은 오히려 비참하기만 했다. 박연세 목사는 이런 목포 지역사회의 교회 지도자로서, 성도들을 위로 격려하며 신앙으로 일으켜 세웠고, 교회와 노회의 지도자로서 충성하였다.

목회자로서의 헌신과 충성은 목포 지역교회뿐만 아니라 전남 지역 교계의 신망이 더했으니, 이후 4번 씩이나 전남 노회장으로 지도력을 발휘하였다. 그러나 일제의 강압통치와 함께 신사참배 강요로 전국적으로 총회와 각 노회들도 배교의 뼈아픈 결정들을 취했으니, 박연세 목사 역시 당시 핵심 지도자의 한 사람으로서 신사참배를 결의한 것은 일생일대의 큰 실수였다.

이런 상황에서 박연세 목사는 목포를 대표하는 교회 지도자요 총회 총대로서, 또 전남노회장으로서 책임 있게 처신하지 못한 것에 상당한 후회와 자책을 감수해야 했다. 일제의 강압에 마지못해 한 결정이었으나 신앙의 정조를 상실하고 배교의 선택을 한 것에 대한 양심의 가책과 고통, 또

일부 뜻 있는 신자들의 비판으로 괴로운 시절을 보냈다. 그는 이후 정신을 차리고 바른 신앙과 투철한 민족주의 사고를 회복하고 이후, 일제의 황민화 정책과 천황 숭배 강요를 거부하며 곧은길을 가려 애썼다.

설교를 통해 천황을 찬양하라는 부탁에는 오히려 일제를 비난하는 메시지를 전했다. 일본기독교단이 발족하면서 목포 시내 여러 교회를 통폐합하라는 지시에는 연동교회 이남규 목사와 함께 반대하였다. 이 일로 두 목사 등 교회 신자 30여 명이 일경에 구속, 불경죄와 보안법 위반 등의 각종 죄목으로 재판을 받기도 했다.

박연세는 1년 동안 미결수로 있다 1943년 10월 목포지법에서 1년형을 선고받고, 대구복심법원으로 넘겨졌으며 판사 앞에서 예수님을 배신하지 않고 천황도 심판받을 것이라고 하였다. 그는 대구 형무소의 차디찬 감방에서 옥고를 겪다 1944년 2월 15일 동사(凍死)하였다.

박 목사의 유족으로는 유일한 혈육인 딸 박지영 권사가 있으며, 사위 김오봉 장로는 광주 수피아여고 교장을 역임했다.

### 두 제자, 이남규와 서남동

박연세 목사는 목회와 교육활동을 통해 많은 인재를 길러냈다. 목포를 중심으로 전남지역에서 교회를 세우고 사람을 키우는 일에 충성한 바 특별히 그의 훌륭한 후배요 제자 가운데 이남규 목사와 서남동 목사가 대표적이다.

이남규 목사(1901-1976)는 박연세가 목포 양동교회 담임목사로 있을 때 분립해 준 목포 연동교회 초대 목사였다. 박연세 목사가 신사참배 거부 등 일제와 싸울 때 가장 가까이서 큰 힘이 되어 주었다. 1942년, 일본기독교회가 이 땅에 밀려와 목포지역에서도 교회 통폐합과 일본 천황에 대한 신앙을 강요했을 때 이남규는 박 목사와 함께 이를 반대하다 투옥되었다.

이남규는 1945년 해방 후에 양동교회를 담임하면서 교회 재건에 힘을 쏟았고, 목포지방건국준비위원회 위원장, 1946년에는 입법의원, 1948년에는 제헌의원, 초대 전남지사를 지냈다. 또한 한국기독교장로회 총회장과 1959년 한국 교회협의회(N.C.C.) 회장도 역임했다.

신안 자은도 출신 서남동 목사(1918-1984)는 목포 영흥학교 재학 중 박연세 목사로부터 신앙과 민족의식을 배웠다. 전주 신흥학교 고등과를 거쳐, 일본으로 건너가 동지사 대학 신학부를 마치고 목사가 되었다.

서남동 목사는 대구에서 목회할 때 마침 대구형무소에 수감된 스승 박연세 목사를 돌보았고, 대구 감방에서 박 목사가 사망하자 이남규 목사와 함께 시신을 수습하여 목포로 운구, 장례를 치렀다. 서 목사는 1952년 한국신학대학 교수 사역, 1957년 캐나다 토론토 임마누엘신학대학원 졸업, 1961년 이후 연세대 교수로 봉직했으며, 1970년대 유신 정권에 반대하며 민중신학을 제창하였다.

교회사 이야기

### 한국 교회의 신사참배

1938년 9월 평양서문밖교회에서 열린 제 27회 총회는 한국 교회사에 있어서 가장 큰 잘못을 저지르고 말았다. 193명의 총대(목사 86, 장로 85, 선교사 22)들은 일제 경찰의 삼엄한 감시와 회유 속에서 신사참배를 결의하고 만 것이다. 방위량(W. N. Blair) 회원이 이의 신청을 하기도 했으나, 총회장 홍택기는 제대로 가부나 토론을 허용하지 않고 일방적으로 신사참배 가결을 선포해 버리고 말았다. 총회 서기가 미리 준비한 성명서를 낭독하니, 한국 교회의 가장 뼈아픈 사건이 벌어진 것이다.

아등(我等)은 신사는 종교가 아니고 기독교의 교리에 위반하지 않는 본의를 이해하고 신사참배가 애국적 국가의식임을 자각하여 이에 신사참배를 솔선여행(勵行)하고 추(追)히 국민정신 총동원에 참가하여 비상 시국 하에서 총후(銃後) 황국신민으로서 적성(赤誠)을 다하기로 기(期)함.

한부선(Bruce F. Hunt) 회원 등이 일어나며 불법이라고 외쳤으나 이미 엎질러진 물이었다. 회의를 마친 후에 부총회장 김길창 등 23명의 총대들이 바로 평양 산사에 가 참배하였다.

잘못된 결의에 대한 비판과 반대도 있었다. 장로교 선교사 총대들은 즉각 부당함에 대한 항의서를 제출하였으며, 이후에도 개별적이거나 집단적으로 신사참배에 대한 반대 운동이 일어났다. 9월 28일 남장로교 선교회는 조선예수교장로회 탈퇴를 결의했으며, 북장로교 선교회도 10월 5일 뒤이었다. 개인적으로는 주기철 목사, 한상동 목사 등 여러 사람이 신사참배를 반대하며 옥고를 치루고 순교를 마다하지 않았다.

목포 초기 목회자
# 윤식명, 이원필, 이경필, 김응규

1898년 시작한 목포교회는 남장로교 미국 선교사들에 의해 세워졌고, 초창기에 그들이 책임맡아 지도하였다. 유진 벨(1대, 3대)을 비롯해서 레이놀즈(2대), 프레스톤(4대), 해리슨(5대)이 11년 여를 담임했다. 그리고 1909년 6대 윤식명 목사부터는 한국인들에 의해 담임 사역이 맡겨졌다. 피선교 교회로서는 11년 만에 이룬 놀라운 성장이었다.

목포교회뿐만 아니라 전라남북도를 통틀어 호남에서 최초로 한국인 목사가 담임하는 교회가 되었다. 교회 설립이 먼저 이뤄진 전주 서문교회도 한국인 목사 김병롱이 담임할 때는 1912년이었다. 그보다 3년 앞서 목포교회가 윤식명을 담임으로 하여 그때부터는 한국인 목회자가 교회를 이끌었다. 신자들이 이전 외국 선교사에게서 느끼지 못한 언어와 정서적 동질감으로 교회가 더 성장하며 발전해 갈 수 있었으리라.

**호남 최초 한국인 목사, 윤식명**

1909년 9월 15일 윤식명 목사는 목포교회에 담임으로 부임한다. 목포

교회는 물론 호남지역 교회의 최초 한국인 담임목사다. 외국 선교사에 의해 개척되고 시작한 목포와 호남의 교회가 이제 한국인 목회자에 의해 한국인 스스로 자립하여 운영하는 교회가 된 것이다.

당시 목포교회는 주일 평균 550여 명이 회집했다고 한다. 남녀 교인들이 나뉘어 예배했는데, 남자는 예배당에서 여자는 영흥학교 건물에서 예배 드렸다. 주일학교 아동들은 350여 명으로 13개 반으로 나뉘어 예배와 성경공부를 했다.

윤식명은 강원도 철원 출생이다. 그가 젊은 날, 서울에 있을 때 노방전도 중이던 언더우드 선교사를 만나고 그로부터 복음을 접했다. 그는 새문안교회에 출석하며 선교사 촌에서 심부름하며 신앙과 새로운 삶을 시작했다. 그는 유진 벨 선교사를 만나 그의 요리사가 되었다. 유진 벨이 목포에 내려가 사역을 시작하자 함께 목포에 내려갔다. 그러나 유진 벨이 1897년 경 무렵부터 나주와 목포 일대에서부터 사역을 하던 10여 년 정도 그를 도우며 목포교회를 함께 세웠다.

> 윤씨는 하나님께서 사랑하시는 평범한 가정 배경을 갖고 있다. 어느 날 밤 그의 가족은 복쟁이라는 물고기를 먹었다. 이 물고기는 적절한 방식에 따라 씻지 않을 경우 강한 독성을 띠게 되어 있다. 그날 밤 윤씨의 아버지, 어머니, 그의 부인, 그리고 또 다른 두 명 등 5명의 가족이 즉사했고, 그 역시 심하게 아팠지만 하나님께서 고쳐 주셨다. 그러자 그는 하나님의 일을 하기로 결단했다. 그는 요리사로 호남에 내려왔으나 유진 벨씨가 보기에 요리사로 일하기에는 너무 아깝다고 생각되었다. (유애나)

윤식명은 벨의 추천으로 평양신학교에 입학하여 신학과 목회훈련을 받았으며, 1909년 9월 3일 졸업하였다. 그리고 사흘 후인 6일 조선예수교장로회 3회 독노회가 열리던 장대현교회에서 졸업생 8명에게 목사 안수를 했다. 이날 독노회 전남대리회 대표로 와 있던 목포교회의 임성옥 장로를 비롯하여 벨, 해리슨, 그리고 이기풍 제주 선교사 등이 참여 축하하였다. 독노회는 윤식명을 목포교회 담임목사로, 해리슨을 동사목사로 정하여 파송했다.

윤식명 목사는 힘 있는 설교와 선한 목양으로 교회를 이끌었다. 날로 성도가 늘었으며 교회가 부흥하여 더 큰 회집 장소가 필요했다. 마침내 1910년 양동 127번지에 864평의 대지 건평 121평 6백 명 수용하는 예배당을 건축하였다. 총 공사비는 7,100원. 마침내 외형으로나 내적 조직 구성으로나 호남지역 최초 자립 교회로 목포 교회가 세워졌다.

이 해는 경술국치(庚戌國恥), 한일병탄(韓日合倂)이 있었다. 민족적으로 치욕스러운 일이며 온 백성이 나라 잃은 고통과 고난의 가시밭길을 걷기 시작하던 때였다. 슬픔과 비통에 서린 목포 교인들에게 새 예배당은 하나님의 구원과 민족의 미래를 염원하는 희망의 처소가 되었다.

> 윤 목사는 한 달에 18원($9.00)을 받고 목포교회에서 목회자로 사역했다. 그는 이 교회를 5년 동안 매우 성실히 섬겼으며, 그후 전라노회의 선교사로 제주도에 파송되었다. (유애나)

윤식명 목사는 1914년 제주도 모슬포교회를 중심으로 주로 한라산 남쪽 지역을 선교하는 일에 충성하던 중, 1918년 10월 태을교 신자들의 폭행을 당해 입원하기도 했다. 그러나 그는 오히려 폭도들을 용서하며 전도, 신자들을 얻으며 제주 교회들을 잘 세워 나갔다.

또한 윤식명 목사는 이곳에서 독립자금을 모금하다 징역 10개월을 선고받기도 했다. 1920년에는 조국의 광복을 염원하며 '광선의숙(光鮮義塾)'을 설립, 신교육을 가르치며 후학을 양성하였다. 7년여 동안 제주 선교 후 1921년 이후 전북 지역 곳곳에서 계속 목회하였다. 1943년 73세 때 그는 노회에 사임을 표하였다.

그는 2남 2녀를 두었다. 장녀 윤은경은 광주수피아를 졸업하고 일본 유학을 다녀온 뒤 삼례에서 부모를 모시며 살았다. 윤식명은 1956년 2월 2일 86세에 소천하였다.

### 교회 내분의 어려움을 겪은 이원필

이원필 목사는 1914년 목포교회에 부임하였다. 이때 동사목사는 유서백 선교사였다. 이원필은 충남 금산 태생으로, 인삼을 재배하며 지내던 청년 때에 맥쿠첸 선교사를 통해 예수님을 믿게 되었다.

맥쿠첸은 1875년 사우스캐롤라이나 주 출신이며 버지니아 유니언 신학교와 컬럼비아 신학교를 졸업했다. 1902년 한국에 온 선교사로 처음 목포에 잠깐 있었으며, 주로 전주를 중심으로 전라북도에서 사역하였다. 그의 영향으로 이원필, 이경필, 김응규가 차례대로 목사가 되고 목포교회를 담임하였다. 그는 1941년까지 39년간 한국에서 사역하다 귀국하였으며, 1960년 별세하였다.

전북과 충남 금산까지 와서 사역하던 맥쿠첸으로부터 복음을 듣고 신자가 되었으며 그의 조사로서 함께 교회 사역을 열심히 했다. 그는 금산교회의 장로가 되었고 또한 목사가 되기 위해 평양신학교 진학, 1914년 졸업했다. 학교를 졸업한 뒤에는 여수 지역으로 가서 프레스톤 선교사의 전도사로 일하다 그해 10월 10일 임시노회의 결정으로 목포교회로 부임하였다.

그러나 목포교회에서의 사역은 매우 짧았으니, 2년 정도밖에 하지 못했다. 그가 재임하는 동안 사택 건축이 있었는데, 500원이 넘는 큰 공사를 하였다. 그 와중에 일부 교인들의 분열주의적인 불미스런 일들이 일어나 이 일로 세례 교인 중 16명을 책벌하는 사건이 있었다. 이원필은 이런 사건이 일어난 데 대해 담임목회자로서 책임을 지고 사임하고 말았다.

그는 1916년 군산개복교회로 이임하였다. 이후 이리 고현교회 등지에서 목회하며 1917년 전북, 전남노회가 분립할 때는 첫 전북 노회장을 지내기도 했다.

### 민족 자주와 독립 고양, 이경필

1917년 8월 20일 목포교회에 부임하여 만 4년간 목회하였다. 이경필은 충남 금산 출생으로 그의 신앙 입문과 과정은 동향 출신 이원필 목사와 참 유사하다. 그 역시 마로덕 선교사를 통해 신자가 되고 조사로 활동하였으며, 역시 평양신학교에서 수학하고 1915년 졸업하였다.

그가 목포교회에 부임하던 때는 교회가 어수선하던 때였다. 전해에 교우들의 분열주의적 행태 등으로 책벌 사태가 있었고, 담임목사는 책임을 지고 사임, 목회자가 1년 가량 공백 중이라 교회가 침체상태였다. 그렇지만 이경필은 화목한 리더십으로 교회를 새롭게 안정적으로 바꿔 나갔으며, 곽우영, 양경팔, 서기견 장로 등과 함께 협력하여 교회를 힘 있게 이끌었다.

1919년 봄, 전국적으로 3·1 독립만세운동이 일어나자 목포교회 역시 시민들과 함께 주도적으로 이 일에 나섰다. 목포교회 교인들과 정명학교와 영흥학교 학생들이 함께 합세하여 3월 20일 일제히 만세운동을 벌였고, 4월 8

일에는 더 큰 만세 운동을 전개하였다. 목포의 만세운동은 남궁혁과 박상렬, 그리고 양동교회의 곽우영, 서기견 등의 신도들, 그리고 정명과 영흥의 기독학생들이 주도하며 목포 시민 수백 명이 함께 합세하여 남교동 일대에서 거사하였으니, 민족의 자주독립과 기개를 한껏 떨친 사건이었다.

목포 시가는 순식간에 독립을 외치는 인파로 뒤덮였고, 대경실색한 일경과 헌병은 광적으로 총검을 휘둘렀다. 그러나 성난 군중은 일경의 칼을 빼앗고 총을 탈취, 파괴하는 등 남교동 시장 일대는 삽시간에 수라장으로 변하여 피바다를 이루었다. 기독교인 궐기단의 서기견이 대형 태극기를 휘두르며 군중을 지휘하고 있는 것을 목격한 일경은 칼을 휘둘러 서기견의 팔에 상처를 입혔고, 이를 본 어린 학생들이 일경에 맨손으로 달려들어 난투를 벌이는 등 민족 자위의 일대 성전이 연출되었다.

만세운동으로 이경필 목사 등이 목포형무소에 구속 수감되어 잠시 옥고를 치렀다. 이경필은 이후 1921년 제주 선교사로 이임하였는데, 목포교회 교인들은 이를 대단히 아쉬워하였다. 영적 아버지요 책임자로서 이경필은 성도들의 존경과 사랑을 받는 참으로 훌륭한 목자였음에 틀림없으리라.

우리 목포교회는 7년 동안 고와 낙을 나누며 분투 사역하시던 이경필 목사가 전남노회의 명을 받아 제주도 모슬포 선교사로 임명되어 가족을 대동하고 떠나게 됨으로 일반 교우는 섭섭한 정을 못이겨 11월 22일 주일에 전별회를 개최하고 당지의 관공리 여러분도 참석하는 중에 기념품도 드려 사랑을 나누는 일이 있었다.
이경필 목사의 가족 일동이 12월 27일 오전 11시, 경흥환이란 기선에 몸을 싣고 떠나갈 때에 남녀 교우는 부두까지 나가 섭섭히 전별하였는데, 가시는 이와 보내는 이의 흐르는 눈물은 옷깃을 적시며 이별하기 슬퍼할 때 동정 없는 선원들은 떼어 밀어 재촉하는 등 무정한 기적 소리는 어서 가자고 소리를 내더니, 부득이 사랑의 손목을 서로 나누고 창연히 떠나가더라. (기독신보, 1922. 2. 1)

이경필은 이후 1930년 2월 광주교회에서 사역할 때 설교를 우리말로 한다 하여 일제에 의해 강제 면직되기도 했다. 해방 후 1949년 9월 4회 전남노회에서는 그를 공로 목사로 추대하였다. 그는 한국전쟁 이후 목포에서 지내다 1953년 10월 1일 78세로 사망하였다.

### 나환자들의 오아시스, 김응규

김응규는 1922년 목포교회로 부임하였다. 그는 재임 중 5명의 장로를 새로 장립하게 하여 교회를 더 규모 있게 조직 운영하였다. 그는 노회 활동에도 적극적이어서 이 시기 목포교회는 그의 지도력에 의해 더욱 내실 있게 발전하였다.

김응규는 1876년 전북 삼례에서 출생하였다. 그가 병이 나 고통스러워 하던 중 어느 전도인의 도움으로 군산 구암병원에 입원하였다. 이곳에서 다니엘(T. H. Daniel, 단의사) 선교사의 치료를 통해 건강을 회복하고 동시에 영적 생명도 새로 얻을 수 있었다.

그는 고향 삼례에 돌아가서 신앙생활을 하며 삼례읍교회에 출석하였다. 특별히 그 역시 마로덕 선교사를 알게 되어 1906년 그에게서 세례를 받았다. 그는 교회 집사에 이어 장로가 되었고, 마로덕의 순회 조사로 또한 일하다 평양신학교에 입학, 1917년에 졸업하고 목사가 되었다.

처음에는 김제 지역 교회에서 전도목사로 일했다. 1919년 김제 녹산리교회 등 3개 교회에서 이눌서 선교사와 동사목사로 시무하였고, 1920년 9

월 전북노회장으로 섬겼다. 2년 후 1922년 목포교회에 부임하여 1923년 서기견, 김규언 장로를, 1925년 서화일, 김형모, 홍순홍 장로를 각각 장립하여 교회의 당회를 보다 규모 있게 성장시켰다.

    김응규 목사는 특히 나환자들의 고충과 어려움을 이해하며 그들을 참 사랑했다. 한센인들에 대한 그의 관심은 애양원에서 일하던 웅거(J. Kelly. Unger, 원가리) 선교사가 목포교회를 찾아와 강연한 것이 계기였다. 김응규는 나병에 대한 것과 환자들에 대해 책자를 통해 이해하며 그들을 도울 수 있는 방도를 고민하였다. 그는 목포 권에 있는 나환자들을 위해 교회의 구제비를 썼으며, 성탄절에는 40여 명 되는 한센인들을 교회로 초청하여 만찬을 함께 하였다. 나환자에 대한 그의 사랑은 더욱 커져서 결국 1929년에는 순천 나병원교회로 임지를 옮겼다. 그는 노회에서 나병원(신풍)교회로 가려는 이유를 이렇게 대답했다.

> 오래전 하나님께서는 본인으로 하여금 가련한 나환자들에 대해 관심을 갖도록 인도해 주셨습니다. 그 당시 나는 하나님께 저들을 위해 무엇인가를 하기 원한다고 말씀드렸으며, 기회를 주신다면 기꺼이 부르심에 응하겠다고 약속드렸습니다. 그런데 이제 그 부름이 왔습니다. 이것은 분명히 하나님께로부터 온 것입니다. 회원들께서는 그리 아시고 허락해 주시기를 바랍니다.

    700여 명의 나병환자 신도들이 모인 신풍교회에서 그의 사역은 참으로 헌신적이었다. 원가리 선교사는 그의 활동을 칭찬하여 나환자들에게 '사막의 오아시스' 같았다고 했으며, 윌슨 선교사 역시 동역한 한국 목사 가운데 최고라고 하였다. 그는 9년 동안 나환자들을 돌보며 목양하였고, 1938년 제주도에서 그리고 1944년 이후에는 김제 지역에서 목회자로 사랑의 사역과 섬김을 이어갔다. 1958년 김제노회에서는 그를 공로목사로 추대하였고, 1959년 6월 15일 84세로 안식하였다.

목포에서 출발한 한국 최초 신학박사

# 남궁혁

(1882.7.1-?)

　남궁혁은 1882년 7월 1일 서울에서 양반의 아들로 태어났다. 19세기 말 그의 외할아버지는 승지(承旨)였으며, 평양 감사의 관직을 받을 정도로 조정의 신임을 받고 있었다. 그러나 당시 개화기를 틈탄 서양 제국주의 국가들의 팽창 정책과 일본의 군국주의 대륙 침략 속에 구한말 국가의 기강은 약화되어 있었다. 그럼에도 왕실과 지배계층의 무능과 부패는 더했으며 갈등과 반목으로 자신들의 이해만 구하였을 뿐이고, 상대적으로 가난한 백성들은 수탈과 학정에 시달렸다. 민중들의 불만과 반란은 극에 달했으며, 결국 임오년(壬午年)에 일부 군사반란이 일어났다.

　이 일로 대원군이 집권하며 수구 세력이 득세하자 상대적으로 개혁 세력은 약화되고 숨어 지내야 했으며, 남궁혁의 가정 역시 피난을 가야 했다. 그는 갓난 아기 때 경기도 용인의 외가로 옮겨 자랐는데 임오군란이 막을 내리자 외조부는 평양 감사에 부임하였고, 남궁혁도 평양에서 7세까지 지냈으며 한학공부를 하였다.

　1897년 16세에 배재학당에 입학하여 근대 문화와 함께 기독교를 접했다. 아펜젤러가 세운 배재학당은 개화기에 세워진 서양식 현대 교육기관으로 서양 문물과 기독교 정신을 가르쳤다. 특별히 조선의 아이들에게 민족에 대한 자강 의식과 애국 사상을 심어 주었다. 남궁혁은 학교에서 처음 배우는 기독교와 영어 시간을 매우 흥미 있어 했다. 기독교는 전통적 유교 질서에 갇혀 있던 그의 삶을 새롭게 바꿨으며, 영어는 그에게 새로운 지적 세계와 훗날 미국 유학의 기회를 제공해 주었다.

1900년 학교 졸업 후, 배재학당 교장이었던 벙커(Dalzell A. Bunker, 방거, 1853-1932) 선교사의 추천으로 인천 세관에서 근무하게 된다. 다음 해인 1901년 발령에 의해 목포 세관으로 부임하였다. 그는 목포에서 세무 공무원으로 일하며 목포교회에 출석하였다. 1906년 예수님을 인격적으로 영접하고 목포교회 세례 교인이 되었다.

### 주께서 날 부르시면

1908년 목포교회 목사이며 영흥학교 교장이었던 프레스톤 선교사가 남궁혁의 자질을 높이 사 학교 교사로 초빙하였다. 그는 세관원 일을 접고 영어교사로 새로운 삶을 시작하였다. 그때 교사 봉급은 40원으로 세관원 봉급 70원보다 훨씬 적었지만, 그는 이 지역의 젊은이들에게 신앙과 교육의 꿈을 심는 일에 더 가치를 두었다. 세리 마태가 주님을 따라나선 듯했다.

> 마침내 우리는 훌륭한 서양 학문을 익힌 남궁혁을 교사로 모시는 데 성공하였다. 그는 좋은 공무직을 사임하고 4월 1일 우리에게 왔다.

> "그 후에 예수께서 나가사 레위라 하는 세리가 세관에 앉아 있는 것을 보시고 나를 따르라 하시니 그가 모든 것을 버리고 일어나 따르니라"(눅 5:27-28).

목포 영흥학교 교사로 봉사하는 한편 목포병원에서도 봉사활동을 했는데, 당시 의사 버드만 선교사가 한국말이 서툰 까닭에 통역하는 일을 병행하였다. 자신의 멘토였던 변요한 선교사가 광주로 임지를 옮겨 숭일학교 교장으로 있던 중 남궁혁을 또 청빙하니, 그는 광주로 가 숭일학교에서 역시 교사로 봉직했다. 그는 금정교회를 출석하며 주일학교를 통해 청소년 사역에 헌신하다 1916년 장로가 되었다. 김윤수, 최흥종에 이어 이득주와 함께 광주의 세 번째 장로였다.

1917-1921년 평양신학교에서 신학을 공부했다. 이미 어렸을 때 한학을 공부하며 백일장에 등과한 실력만큼이나 그의 신학 수업은 발군이었다.

> 오늘 나는 금년도 봄학기 신학교에서 강의한 과목들의 시험 성적을 매겼다. 구약개론에서 나는 남궁혁 군에게 100점을 주었다. 그는 지금 광주에 살고 있는데, 미국의 신학교에 가서 2년간 공부하기를 원하고 있다. 우리는 그의 계획이 성취되길 희망한다. 그는 오의사(오긍선)와 비슷한 사람이 될 것 같다. 그는 실험대상이 아니다. 그는 대단한 능력을 가진 성숙한 사람이다. 좋은 영어 실력의 소유자일뿐 아니라 희랍어에 있어서도 최고이다. 학교에서는 그가 구약개론, 희랍어 그리고 히브리어를 전공하여 준비 과정을 마친 후에는 모교에서 가르치기를 권하고 있다.

그의 뛰어난 배움과 실력은 교수들로부터 평판이 좋았으며, 이미 이때부터 미국 유학에 이은 신학교수 후보자로 기대를 받기 시작했다. 한편 그가 평양신학교 신학교 수학기간이 4년이나 된 것은 1919년 3·1운동을 광주에서 주도하다 옥중 생활을 했기 때문이다. 신학교를 졸업하면 강도사 인허 후 목사 안수를 받는 게 순서였다. 그런데 목포교회 세 번째 장로 출신 곽우영과 함께 강도사 인허 없이 바로 목사 안수를 받았다.

## 평양신학교 교수와 성경 개역위원

남궁혁은 1921년 6월 15일 신학교를 졸업하고, 바로 29일 전남노회에서 목사 안수를 받았다. 그리고 그는 유진 벨과 이기풍에 이어 광주 금정교회의 3대 담임목사가 되었고, 광주 숭일학교 학감으로도 일했다. 그는 이전부터 기대를 모았던 대로 미 선교사들의 후원을 얻어 1922년 4월 금정교회를 사임하고 미국 유학길에 올랐다. 미 남장로교 선교부가 전라도에서 사역하면서 오긍선에 이어 두 번째로 남궁혁 목사를 장학생으로 미국 유학을 보낸 것이다. 그는 영어 실력은 물론 유달리 지식 수준이 높았기에 미국 유학을 성실히 감당하였다. 2년 만에 프린스턴 신학교 신학석사를 받았고, 리치먼드 유니언 신학교에서 신학박사 과정을 이수한 후 1925년에 귀국하였다. 그는 나중에 논문을 제출하여 1929년에 우리나라 최초로 신학박사 학위를 취득하였다.

그는 귀국하여 1925년 가을학기부터 모교인 평양신학교에서 최초 조선인 교수로 활동하였다. 그때까지만 해도 외국 선교사 교수들에 의해 운영되던 평양신학교에 비로소 한국인 교수가 함께하는 경사였다. 그는 참으로 학생들로부터 존경받는 교수로 주로 신약학을 가르쳤다. 그러나 그는 비단 학교 일만 한 게 아니라 교회 목사이자 성서 개역위원으로서, '신학지남' 편집인으로서, 그가 가진 남다른 재능과 달란트 만큼이나 당대 한국 교회와 신학계에 두루 열심을 내고 공헌하였다. 그는 1932년 평양노회장도 하고, 9월 21회 조선예수교장로회 총회에서는 총회장에도 선출되었다.

## 일제 말기와 해방 전후의 시련

일제의 핍박이 더해지면서 신사참배를 강요하니 이를 거부한 평양신학교는 폐교를 당하게 되었다. 그리하여 남궁혁 박사는 중국 상해로 망명하였다. 이후 조국이 광복되자 미 군정 하에서 적산관리처장(敵産管理處長), 그리고 재무부 세무국장을 역임하였다. 적산관리처라는 곳은 우리의 적이던 일본인이 남기고 간 엄청난 재산을 관리하는 부서였다. 그리고 재무부 역시 돈을 다루는 기관이다. 그런 직위에 있으면서 그는 과거의 친일파들이 광복된 조국에서 고관이 되어 부정한 행위로 사욕을 채우는 일을 수없이 보게 되었다. 청렴결백한 그는 이에 환멸을 느끼고 그 좋은 자리를 포기해 버렸다.

해방 후 월남한 신학자들이 남한에서 남산신학을 재건하려 할 때에 그의 후배인 박형룡 박사가 그를 찾아와 교장직을 권고하였다. 그러나 그들의 근본주의적인 파벌의식을 의식한 남궁혁 박사는 다음과 같이 말하며 고사하였다. "한국의 교회는 분열의 조짐이 농후합니다. 나는 그 일을 감당할 만한 인물이 되지 못합니다."

그는 교회의 기타 사업에는 적극적이었다. 기독교서회 이사장과 한국기독교교회협의회(KNCC)의 총무직을 수락하고 열심히 활동하였다. 그리고 북한에서 월남한 평양 사람들의 조직인 대한예수교 장로회 평양노회의 노회장, 그리고 이어서 총회장을 역임하였다.

6·25 사변이 일어나자 그는 서울에서 공산군에게 체포되어 평양으로 압송 구금된 상태에서 금식 기도하기를 계속하던 중에 기진하여 결국 하늘나라로 떠나게 되었다. 이 땅에서의 그의 마지막 순간에 대해 아직 어떤 정보도 전해지지 않는다.

남궁혁, 김함라 부부

**한국 교회 빛나는 가문 출신, 아내 김함라**

남궁혁은 게일(J. S. Gale) 선교사의 주례로 서울 연동교회에서 김함라와 결혼하였다. 김함라는 한국 교회사에 가장 빛나는 가문 출신이다. 그의 아버지 김윤방은 한국 최초 교회, 소래교회의 설립자이다. 한국 교회 최고의 신앙 가문을 형성하였는데, 김함라의 고모는 김필례, 고모부는 최영욱 박사이다. 김함라의 동생 김마리아는 한국독립운동과 지난 세기를 대표하는 한국 여성사회운동가다. 기독교 명문 가문 출신인 김함라는 소래마을의 전통에서 자라 정신여학교 1회 졸업을 한 신여성이었다. 곧은 신앙과 적극적 생활 방식으로 평생동안 남편을 받들어 남궁 목사의 진로에 큰 힘이 되었다. 남편 남궁혁이 광주 남학교 교사를 할 때, 그녀는 수피아여학교 교사를 하였다. 남궁혁이 평양신학교가 폐쇄되고 상해로 망명해 있던 시절 김함라는 털실공장을 경영하며 가정의 어려움을 극복해 나갔다. 그들은 7남 2녀의 자녀를 두었다.

남궁혁(평양신학교 재학 중) 가족 사진

교회사 이야기

**남궁혁과 우리말성경 개역**

남궁혁이 한국 교회에 끼친 또다른 공로는 성경개역에 헌신한 점이다. 한글로 된 구약성경은 레이놀즈가 번역하고 1911년 초판을 냈다. 한국 교계는 1926년부터 개역작업을 했는데, 피터스, 김관식, 김인준, 그리고 남궁혁 등이 위원으로 참여하였다. 그러나 김인준은 1929년 미국 유학으로, 김관식은 함흥 영생학교 교장으로 가 버려, 사실상 한국 개역위원은 남궁혁 혼자서 해야 했다. 구약개역위원회는 1936년 봄, 10년 만에 개역판을 완성, 출판하였다. 1930년부터는 신약개역위원회도 만들어졌는데, 남궁혁이 역시 이를 주도하였다. 남궁혁은 방학 때마다 지리산, 원산 등지에서 선교사 위원들과 함께 숙식하며 노고에 노고를 거듭하였다. 신약개역은 1937년에 완료, 1938년에 신구약개역 합본으로 '성경전서'가 출판되었다. 이 성경전서는 1952년 '한글맞춤법통일안'에 따라 일부 철자만 수정하여 출판, 대부분 한국개신교에서 초교파적으로 사용되어 왔다.

사람을 키우는 하나님의 사람

# 오긍선

(1877.10.4-1963.5.18)

목포에 왔던 미국 남부의 선교사들은 대다수가 공부도 많이 하고, 돈도 꽤 많은 집안 배경이 있었지만, 세상의 부귀영화를 기꺼이 포기하고 그들의 청춘과 인생을 고스란히 조선의 호남 땅에 바쳤다. 참으로 탁월하고 훌륭하며 선한 본보기들이다. 그런데 옥에 티처럼 아쉬운 선교사가 있다면 놀란이다.

놀란(Nolan)은 1904년에 와 전주, 목포, 광주 병원에서 일했다. 그의 의료 기술은 탁월했으며, 호남 선교부의 여러 사역에 참으로 귀하게 쓰였다. 그런데 갑자기 1907년 평안북도 운산의 광산으로 가 버렸다. 그당시 '운산 금광'은 말 그대로 노다지 산업이었다. 상상 이상의 월급을 준다는 사실에 그만 선교사 직분을 내던지고 그곳으로 가 버렸다. 세상을 사랑하여 스승을 버리고 데살로니가로 가버린 데마(딤후 4:10)는 한 둘이 아닐 것이다.

사람이 살면서 할 수 있다면야 보수도 많고, 영예도 있는 직분과 일을 더 하고 싶어한다. 그러나 어떤 사람은 단지 외적인 '돈'이나 '권력', '명예'보다는 훨씬 더 가치 있고 의미 있는 일에 청춘을 바치고 인생을 바친다. 이 세상 나라보다 다른 곳에 더 마음을 두고 꿈을 꾸는 자들, 세상이 감당치 못할 사람들도 있다(히 11:38 참고). 세상이 너무 좋아 믿음의 귀한 직분을 팽개치고 도망가 버린 사람이 있다면, 외려 다른 세상에 대한 소망과 선한 꿈에 젖어 이 세상이 이해하지 못하는 저 세상의 빛나는 일생을 걸어가는 사람도 있다. 오긍선이 그렇다.

나는 최근 서울에 설치된 전차에 당신 같은 젊은이가 필요한데, 그 미국 전기회사에서 내가 주는 것보다 2배 이상의 임금을 받을 수 있다고 말했다. 그러나 그의 질문은
"내가 전도할 시간이 있습니까?"
"일요일은 어떻습니까?"
였다.
"그런 종류의 일에는 전도할 시간이 없고, 일요일이 없지만……보수는 훨씬 더 많다네."
"그 외에 나를 위한 다른 일은 없습니까?"
"있지. 선교사와 일을 하고 싶으면, 보수는 이전과 비슷할 것이네."
"그게 좋습니다."
하고 그가 대답했다. (에비슨, '근대 한국 42년')

우리는 사람의 됨됨이를 평가할 때 간혹 '싹이 노랗다, 파랗다'라는 말들을 한다. 오긍선은 일찍부터 남다른 인격과 세상에 대한 처신을 할 줄 알았다. 그의 푸릇한 인격과 훌륭한 자질을 알렉산더가 귀히 여겨 보았다. 군산에 의사로 와 있던 알렉산더(John A. Alexander) 선교사는 오긍선의 성실함과 배움에 대한 열정, 구한말 외세에 치이며 가난에 찌든 조국에 대한 애국심을 높이 평가하고, 그에게 미국에서 신학문을 배우도록 기회를 제공했다.

알렉산더 의사의 짧은 한국 체류가 남긴 직접적인 결과는 오씨가 미국으로 건너가 의학을 공부한 것이었다. 오(긍선)씨는 똑똑한 젊은이였고, 오랫동안 의학을 공부하기 원했던 사람이었다. 그는 의학을 공부해서 한국인들의 고통을 덜어주고 우리 주님께 영광 돌리기를 원했다. 그는 5년 동안 미국에서 지냈다. 그리고 그의 편지들 속엔 지겨울 정도로 같은 내용이 담겨져 있었다. "아이들을 가르치십시오. 아이들을 가르치십시오." 그는 1907년 루이빌에서 의과대학을 졸업하고 그해 가을에 한국으로 귀국했다. (유애나, '조선에서의 나날')

오긍선은 켄터키 주 댄빌의 중앙대학을 거쳐 루이빌 의대를 수학하고 1907년 졸업, 그해 미 남장로교 파송 선교사 신분으로 귀국하여 군산병원에서부터 사역을 시작했다. 서구 의술을 익힌 양의로써 환자들을 돌볼 뿐만 아니라 자신의 사재를 털어 전도하며 교회를 세우는 일과 학교 교사로 가르치는 일에도 열심을 내었다. 1909년 전북 옥구 구암교회 예배당을 헌당하였으며, 군산 영명학교 교사로 어린 후배들을 지도하였다. 1908년 연말부터 목포병원의 버드만 선교사가 전주로 가 버리자 그 공백기를 대신 담당, 1909년 3월 포사이드 선교사가 오기 전까지 잠시 몇 달간 목포병원을 임시로 맡았으며, 군산병원에 복귀하였다가 1910년에는 광주에, 그리고 1911년에는 목포병원에 정식으로 부임하였다. 목포에서는 남자 기독교 학교인 존 왓킨스학교 교장으로도 사역했다.

### 노블레스 오블리제

1913년 서울의 세브란스로 옮겨 교수 사역과 진료를 겸하였다. 그곳에서 병원장 에비슨(Oliver R. Avison, 1860-1956)의 지도로 1916년 일본 도쿄대 의과대학에서 피부비뇨기과학을 이수하여 우리나라 피부의학을 개척하였다.

1919년에는 경성고아원을 설립하여 낮에는 병원에서 일하고 밤에는 고아들의 아버지, 삼촌 노릇을 하며 그들의 외로움을 껴안아 주었다. 가난하고 고통받은 이들을 위한 오긍선의 긍휼은, 참으로 공부를 많이하고 사회적 지위가 높은 사람들이 어떻게 공공의 책임과 사회적 헌신을 해야 할지 보여 주는 노블레스 오블리제(Noblesse Oblige)의 전형이었다.

세브란스병원 의사래야 당시로선 명성도 없었고, 월급도 많지 않을 때다. 에비슨 원장이 오긍선에게 월급을 많이 주는 미국계 회사에 취직을 권했을 때 오긍선의 대답이 걸작이었으니, 주일 성수도 못하고 전도할 시간도 없는 직장은 가지 않겠다고 하였다. 박봉이라도 지금의 자리가 좋다고 하였으니, 예수님을 주인으로 삼고 살아가는 신자의 멋진 정답이 아니겠는가!

오긍선은 1934년 세브란스병원 원장으로 취임하였다. 미 남장로교 선교부로선 대단히 경사스러운 일이었다. 한낱 시골 청년에 불과하던 그가 한국 최고의 병원장이 된 데에는 남장로교의 오랜 성원과 기도가 있었기 때문이었다. 개인적으로 알렉산더 선교사의 공이 크지만, 남장로교 선교부 전체가 함께 사람을 키우는 일에 돈과 마음을 쏟은 결과였다. 윌슨 선교사는 남장로교 선교부가 오긍선에게 마음 쓰고 투자한 모든 게 좋은 결실을 맺었다고 "굿 인베스트먼트(Good Investment)!"라며 자축하였다.

오긍선은 해방 이후 미 군정기나 정부수립 때 잦은 고위 관직 부탁에도 끝내 고사하며 가난한 이들을 위한 사회사업에만 진력했다. 이미 일제 말 대동아전쟁시기 세브란스 병원장으로서 강요에 의해 생각지도 못한 친일 행각의 오점을 남긴 적이 있다. 그러나 미국의 지원을 전혀 받지 못한 채 일제의 갖은 획책과 탐욕 앞에 세브란스를 지켜내고 조선의 의학을 지탱

해 나가는 책임자로서의 고충과 괴로움을 이해할 수 있다면, 무턱대고 비난할 수만은 없을 것이다. 그럼에도 그는 그 당시의 일을 후회하며 반면교사로 삼아, 노년에 더욱 조심스레 경성양로원 등 음지에서 어려운 이웃의 친구로 살기에 전념했다.

### '돈' 벌지 말고 '사람'을 키우라

오긍선의 아버지 오인묵(1850-1933)은 군산 구암교회의 첫 평신도 지도자였다. 아들 오긍선이 부위렴 선교사의 어학선생으로 군산으로 이사오자 함께 따라왔으며, 아들의 전도로 구암교회 신자가 되었다. 오인묵은 1910년 장로가 되었고, 구암교회의 첫 당회를 조직하는 데 함께했다.

오긍선의 어머니는 한산 이씨이며, 여동생 오현관, 오현주는 신여성 운동가들이었다. 오긍선의 아내는 밀양 박씨(1872-?)이며, 둘 사이에 아들 둘을 두었다. 장남 오한영(1898-1952)은 세브란스 교수와 병원장을 지냈고 6·25때 경찰병원장을 거쳐 보건사회부 장관을 지내다 과로로 쓰러져 55세의 나이로 아버지보다 먼저 세상을 떠났다. 오한영의 자녀 오중근, 오장근도 의사였으며, 오장근은 할아버지를 기념하는 해관(海觀)재단의 이사장으로 있다. 차남 오진영(1911-?)도 의사였다. 그의 아내 윤의경은 윤보선 대통령의 누이동생이다.

오긍선의 자녀와 손자들은 한결같이 다 의학을 배우고 전문의가 되었다. 그러나 또 한결같이 그들은 각자 개업을 전혀 하지 않았다. 오긍선의 남다른 의료 윤리, '돈'을 탐하지 않는 진실한 '의료인'을 고집한 탓이다. 그는 "의료가 축재의 목적이 되어서는 아니 되며, 개업의가 한 사람 늘면 그만큼 조선에 가난한 사람이 더 생긴다"고 했다. 오한영이 한때 개업의 뜻을 비치자, "서양 사람들은 남의 나라에 와서 청년교육을 위해 일생을 바치는데 항차 우리나라 청년교육을 외면하고 돈을 벌기 위해 개업을 하겠다는 것은 이기적이다"라며 크게 책망하였다. 선교사들이 자기에게 은혜를 베풀었던 것처럼, 그도 '사람' 키우는 것을 더 크게 여기며 자손들에게 신신당부한 것이다.

오긍선은 의학 교육과 선교, 보육, 사회봉사사업에 헌신하였고 사심이 없이 사회환원을 하였다. 얼마든지 '명성'과 '돈'을 다 취할 수 있는 신분과 능력을 지녔으면서도, 늘 그것으로부터 떠나 진실로 하나님 앞에서 바르게 살고 천명을 다해 자신의 사명을 잘 감당하려 애썼으니, 그의 남다른 인생의 발자욱이 오늘 현대 기독교 지도자들에게 도전이 된다.

시대와 상황이 많이 달라진 오늘날, 어떤 목사나 선교사들은 세상 직장인들보다 훨씬 보수도 많고 활동비도 많이 받는다. 존경하며 따르는 사람도 많고 명예도 있어 보인다. 그러나 가진 게 많고 누린 게 많다 보니 허접한 사람의 실력으로 감당하지 못하고 다스리지 못해 실수하고 실패하며 얼룩진 모습으로 교회의 영광을 가리는 일도 숱하게 나오는 시대다. 학위가 뭐 그리 대단한지 거기에 교회 돈을 퍼붓고, 대형교회 당회장에 마음 팔리며 성도들과 불화하고 교회에 분란을 일으키는 이 시대의 지도자들이 참으로 부끄럽다. 오긍선 같은 믿음의 분량이 기억되어지고 선한 본보기로 되새겨야 할 한국 교회다.

네 이웃을 네 몸같이 사랑하라

# 윤치호

——∞——

(1909. 6. 16-?)

1931년을 맞이하여 남장로교 선교회의 마율리 여 선교사가 남녀 전도인을 각각 한 명씩 데리고 왔으며, 성내교회에서 1931년 4월 16일(목)부터 23일까지 부흥사경회를 개최하였다. 부흥사경회에 참석한 사람은 60여 명이었다. 오전은 공부하고, 오후에는 전도와 심방과 낙심한 교인을 찾아 권면하고, 밤이면 전도 강연회로 모였다. 마 부인과 같이 온 21세 되는 전도인 윤치호 씨의 열렬한 강연에 청중이 감동을 받았다.

(기독신보 1931. 5. 20)

1931년 부흥사경회에서 크게 활동한 사람은 젊은 전도인 윤치호였다. 그는 웅변가로서 그리스도의 전도 사역을 특히 강조하였다. 전라도와 제주에서 사역한 미 남장로교 선교사들은 연례행사로 곳곳을 돌며 말씀 사경회를 자주 개최했었다. 제주에서 이 해에 열린 대회에서도 줄리아 마틴 선교사는 성도들을 모아 말씀 집회를 열었다. 특별히 한국인 전도인을 데리고 갔는데, 이 중 이제 겨우 21살밖에 되지 않은 남자 전도사 윤치호로 하여 전도 설교를 하게 하였는데 모여든 성도들이 은혜를 크게 받았다.

윤치호는 1909년 6월 13일 함평 상옥리 옥동부락에서 태어났다. 그의 집안은 소작으로 생계를 유지하는 빈농이었다. 자라면서 제대로 학교 교육을 받지도 못했는데, 그가 불과 12세 되던 1921년 9월 9일 부친이 갑자기 사망하자 어머니와 5남매를 책임져야 하는 소년 가장이 되었다. 자신도 어린 소년이라 도움과 의지가 필요한데, 가정을 책임져야 했기에 참으로 고달프고 힘겨운 시절이었다. 그런 그에게 구원의 손길이 다가왔으니, 1924년 15세에 미국 선교사 줄리아 마틴으로부터 복음을 접했다.

마틴 선교사는 여성 독신 사역자로서 목포와 인근 농어촌 지역에서 교육과 순회전도자로 헌신하고 있었다. 특별히 청소년들을 사랑하여 그들에게 복음을 전하고 가르치며 이모처럼 대해 주었다. 함평 옥동예배당을 찾아와 복음을 전하며 어린 소년들에게 예수님을 전하고 복음 전하였는데, 이때 윤치호에게 구원의 빛이 찾아 왔으며, 그의 인생이 바뀌게 되었다.

마틴을 통해 예수님을 믿는 신앙을 갖게 되고, 생명과 용기를 얻은 윤치호는 전혀 새로운 인생을 펼치기 시작했다. 마틴의 도움으로 윤치호는 서울 피어선 성경학원에서 공부하게 되고, 목포 양동교회 전도사로 활동하게 된다. 그는 복음 전도자로서 교회 사역과 제주 등지의 사경회 강사로도 활동하였을 뿐만 아니라, 무엇보다도 고아들을 위한 사회복지사로 평생을 헌신하였다.

### 함께 더불어 사는 공생원 설립

윤치호가 살아가는 1920년대 목포는 외지로부터 사람들이 더 밀려들고 있었다. 일제는 호남의 곡창 수탈창구로서 목포를 전략적으로 키우고 있었다. 목포에 가야 그래도 먹고살 일자리가 있었기에, 인근 농어촌 지역의 젊은이들이 하루가 다르게 밀려 들고 있던 시절이다. 도시화, 근대화, 상업화가 한꺼번에 이뤄지며 발전과 성장을 거듭한 반면, 이면에는 어둡고 쓸쓸한 그림자도 많았으니 목포 길거리에 가난한 이들, 부랑자들, 고아들이 넘쳤다.

예수님을 알고 예수님의 사랑의 정신을 배운 윤치호는 이들을 위한 공동체 생활을 펼쳤다. 1928년 10월 15일, 자신도 19살의 미성년이요 고아였을 때다. 예수님의 사랑을 배운 자로, 부모 없이 떠돌아다니는 아이들을 지나치지 못해, 7명의 아이들을 모아다가 함께 지내게 된 게 시작이었다. 함께 어울려 더불어 살자는 의미로 이름을 '공생원(共生園)'이라 하고 외국 선교사도 아닌 한국인 미성년자가, 그것도 일제 치하에서 세운 목포 전남 아동복지의 시발점이었다.

양동교회와 마틴 선교사 등의 협력으로 목포 호남동 18번지에서 고아들을 데리고 공동체 생활을 시작했다. 당시 그는 이미 한 해 전, 1927년에 그곳에서 '나사렛 목공소'를 차리고 목수 일을 하고 있었다. 예수님의 사생애 시절처럼, 그는 교회 전도자요 또한 목수로서 지내며 틈틈이 거리의 고아들을 먹이고 챙겨주며 지냈는데, 아예 고아원을 차린 것이다.

그러나 주변 사람들의 시선은 따가웠다. 가난하고 형편없어 보이는 고아와 부랑아들이 동네에 얼씬거리는 것을 좋게 여길 사람은 세상에 거의 없지 않은가? 이웃들의 질시와 야유를 피해, 대성동, 임성리, 용당동 등으로 숱하게 옮겨 다녀야 했다. 1937년 4월, 목포 대반동 473번지에 2천여 평의 부지를 매입하고 시설을 마련하여 평생을 고아들을 위해 헌신하였으니, 윤치호야말로 하나님을 사랑하고 이웃을 사랑한 자 아니겠는가!

"네 마음을 다하고 목숨을 다하고 뜻을 다하여 주 너의 하나님을 사랑하라 하셨으니 이것이 크고 첫째 되는 계명이요, 둘째도 그와 같으니 네 이웃을 네 자신 같이 사랑하라 하셨으니 이 두 계명이 온 율법과 선지자의 강령이니라"(마 22:37-40).

윤치호는 양동교회 전도사로서 또한 설교자요 사역자였다. 1931년 2월 광주 대성경학원을 수료하고, 1933년 3월 서울 피어선 성경학원을 졸업하여 목회자 수업을 받았다. 1930년대엔 일제의 민족 말살과 식민 수탈이 더 가혹했다. 기독교인들에게도 굴욕적인 신사참배를 강요하였으니, 총회와 노회, 그리고 각 교회와 수많은 교회 지도자들이 굴복하며 신앙을 져버리던 시기였다. 윤치호는 이를 거역하며 오직 유일신 하나님을 강단에서 전하였다. 수십 차례 연행당하고 구금과 고문을 감수하며, 투철한 신앙과 민족 정신을 잃지 않았다. 주기철, 손양원 등과 함께 끝까지 신앙의 정절을 지켜냈다.

신자로서 그의 바르고 사랑 많은 인생 행로는, 이 세상에서는 늘 고난과 역경의 연속이었다. 일제 치하가 끝난 후 불과 5년 만에 발생한 6·25 전쟁은 또다시 민족 상잔의 고통과 아픔을 낳았다. 모두가 다 힘들고 어려운 시기였으며, 특히 신자로서 바르게 살려는 사람이나, 윤치호z에게는 더 그러했으리라. 좌우 이념의 양 진영으로부터 오해받으며 피해를 당한 대표적인 사례가 그였다.

북한군이 목포에 왔을 때, 인민군은 윤치호를 인민재판에 걸었다. 이승만 정권 하에서 구장(區長)을 하였고, 아내가 일본인이라는 이유 때문이었다. 그러나 주변 사람들의 생각은 달랐다. 윤치호는 목포 시민들이 사랑하는 거지대장이며, 그 부인은 비록 일본 사람이지만 이 땅의 부모 없는 고아들을 참으로 사랑하며 돌봐온 고마운 분이라 변론하였다. 무죄로 달리 화를 당하지 않았지만, 그대신 공생원을 인민군들의 사무실로 내주고 동네 인민위원장도 강제로 떠맡아야 했다. 이것이 또다른 화근이었다. 원치 않는 부역으로 나중에 인민군이 후퇴하고 국군이 왔을 때 인민군을 도왔다는 명목으로 또 다시 형극의 고난을 당할 뻔했다. 이때도 마을 사람들의 적극적인 구명운동으로 석방되기는 했지만 민족상잔의 비극을 고스란히 겪어야 했다.

윤치호는 1951년 1월 26일 이후, 아이들의 먹을거리를 해결하려 식량구호 요청 차 전남도청을 방문하러 광주에 갔는데 그 이후 행방불명이 되고 말았다. 그의 나이 42세였다. 그날 광주중앙교회에서 수요예배를 드리고 늘 가던 한양여관에 투숙하였는데, 밤중에 청년 세 사람이 데려갔다는 게 마지막 목격자 여관 주인의 말이다. 아이들을 사랑하며 그들의 아버지가 되어 주려 애쓰며 살았던 사랑의 사도, 윤치호. 오랜 수감생활로 몸이 지치고 상해 있었는데도, 곧바로 아이들의 먹을거리를 얻으려고 무리하게 광주까지 출장을 갔는데 그날 밤 그렇게 소리 소문 없이 사라져 버렸다.

**목포의 어머니 목포 사람, 윤학자**

윤치호는 일본인 여자와 결혼하였다. 다우치 치즈코(田內千鶴子, 윤학자)는 1912년 10월 31일 일본 고치(Kochi, 高知)시에서 태어났다. 아버지가 일본 총독부 관리로 1919년 3월 목포에 부임할 때 함께 왔다. 어머니는 조산원이었으며, 그녀는 외동딸이었다. 다우치는 목포 야마테(유달)소학교와 목포여중고등학교를 졸업하고, 1932년 목포정명여고 교사를 지냈다. 음악과 일본어를 가르치던 중, 공생원에서도 자원봉사 활동을 하였다. 봉사활동은 단순히 와서 잠깐동안 아이들에게 음악 지도만 하고 가 버리는 정도가 아니었다. 아이들 코 닦아 주고 세수시켜 주고 이 닦아 주며 밥도 챙겨 주었다. 아이들의 누나 노릇, 엄마 노릇을 마다하지 않았던 처녀 다우치는 윤치호에게 하늘이 내려 준 천사로 보였다.

1938년 10월 15일 두 사람은 결혼하였다. 이미 수많은 양자녀를 두었고, 그들의 축복 속에 더 큰 사랑을 만들기 위한 가정을 이룬 것이다. 일제치하, 한국인 청년과 일본인 처녀의 결혼은 거센 반대와 질시가 이어졌다. 신랑의 어머니는 일본 여자를 파평 윤씨 집안 며느리로 맞을 수 없다며 대성통곡하였지만, 신부 어머니는 두 사람의 결혼을 이해하며 용기를 주고 축복해 주었다.

다우치의 모친 야스오카 하루(1884-1970)는 남편을 목포에서 여의고 조산원으로 일하며, 외동딸을 믿음으로 키운 신실한 기독교인이었다. 다우치의 신앙과 사랑 많은 성품은 어머니에게서 고스란히 배운 것이었다. 그렇게 키운 딸이 전도사요, 고아들을 데려다 돌보는 별 볼일 없는 이국 청년과 결혼한다는데, 기뻐하고 자랑스러워하며 윤치호를 데릴사위로 입적시킬 정도였으니 예사 어머니는 아니다.

일제치하의 식민백성인 윤치호는 일본 사람과 결혼하여 본토 국민의 자격으로 호적이 바뀌었지만, 다우치는 반대로 자신은 한국 사람과 결혼하였으므로 이제부터 한국 사람으로 살기로 했다. 그녀는 기모노 대신 한복을 입었고 이름도 한국식으로 '윤학자'라 개명했으며, 일본 말 대신 한국어를 쓰고 피식민 백성이길 마다하지 않았다. 신랑 윤치호를 따라 그의 나라 고아들을 돌보며 사랑하기로 헌신하였다.

> 저분은 내가 필요하다고 했다. 내가 아무 일도 못하더라도 저분의 구혼을 그대로 받아 들이자. 일본이 범한 수많은 범죄를 조금이라도 속죄하자. 설령 고난의 길이라 해도 공생원 아이들을 내 아이라 믿고 고아들을 키우는 데 내 생애를 바치자. (모리야마 사토시, '진주의 노래')

결혼 생활 13년 만에 남편 윤치호가 행방불명이 되었지만, 윤학자는 남편이 돌아오리라는 희망을 잃지 않았다. 전쟁기 생사를 알 수 없는 가운데 언젠가는 볼 수 있기를 기대하면서, 해가 뜨면 고아원 아이들을 먹이고 돌보느라 평생을 수고하며 애썼다. 일본인이라는 편견과 남편의 생사를 모르는 생과부라는 설움을 견뎌 내며, 친어머니로부터 물려받은 기독교 신앙과 남편이 남겨 놓은 거룩한 사랑의 힘으로 주어진 책임에 자신의 몸과 인생을 드렸다.

1968년 10월 31일, 그녀는 자신의 57번째 생일날 폐암으로 숨을 거뒀다. 목포 사람들은 그녀의 죽음을 안타까워하며 11월 2일 목포 최초 시민장으로 장례를 치렀다. 당시 목포 인구 10만일 때 3만 명의 사람들이 목포역 광장에 모여, 고인의 하늘 가는 길을 배웅했다. 남편의 고향 함평 옥동 시댁 선산에 묻힌 그녀는 진실로 목포 사람으로서 목포의 어머니였다. 윤학자는 1963년 대한민국 훈장을 받았으며, 1965년 목포시민상을 받은 첫 번째 수상자였다.

### 부모 유업 잇는 세계주의자, 윤기

윤치호와 윤학자는 2남 2녀를 두었는데 장녀 윤청미, 장남 윤기, 차녀 윤향미, 차남 윤영화이다. 윤학자는 운명 직전에 장남 윤기에게 아버지의 유업을 당부하였다. 윤기는 26세인 젊은 나이에 부모를 잃고, 부모가 물려준 다른 고아들을 돌봐야 했다. 윤기는 특별히 어머니가 남긴 마지막 한 마디 말이 늘 귀에 울렸다. 평생 한국어만 쓰시던 어머니 입에서 처음 들은 일본 말이었다.

우메보시가 다베타이(매실 장아찌가 먹고 싶구나). (윤기·윤문지, '어머니는 바보야')

공생원 초기, 윤치호와 아이들

사람은 자라면서 타지를 떠돌며 살다가도 늘 고향을 그리워한다. 어릴 때 자란 곳이 그립고 어릴 때 어머니가 해 주시던 음식을 먹고 싶어한다. 한국 청년과 결혼하여 한국 사람이 되기로 하면서 어릴 때부터 익혀 온 모국어인 일본 말을 버리고 한국어만 쓰며 살아왔다. 그런 윤학자도 죽기 직전엔 어릴 적 고향과 어머니가 해 주시던 맛있는 음식이 너무 그리웠을까? 아들 앞에서 처음 일본 말로 그리운 옛 시절을 떠올리며 글썽였다.

윤기에게 어머니의 마지막 모습은 강력하게 남아 그의 인생을 평생 좌우하였다. 그는 상대적으로 일본에 있는 조선인들을 떠올렸다. 자신의 어머니가 조선에서 일본 사람으로서 일본 음식과 고향을 그리워했듯이, 일본에 있는 조선의 노인들은 늙어가면서 얼마나 김치를 먹고 싶으며 고향을 찾을지 생각했다.

윤기는 목포 공생원을 돌보는 것을 뛰어 넘어 일본에서 재일동포들을 위한 노인복지사역에 지금까지 헌신하고 있다. 교토, 오사카, 고베, 사카이 등지에 '고향의 집'이라는 요양소를 지어 수백 명의 교포 노인들이 한국식 음식과 문화 속에서 여생을 보내게 하고 있다. 그는 부모가 그랬던 것처럼, 자신도 일본인 아내를 두었다. 다우치 후미에(윤문지)와의 사이에 난 외동딸 윤록 역시 3대째 기독교 복지사역에 힘쓰고 있다.

윤기는 지금도 한국인으로, 일본인으로 세계주의자의 삶을 살고 있다. 수도 없이 한국과 일본을 오가며 부모로부터 물려받은 기독교 사랑 공동체를 돌보고 확장하며 가난하고 외로운 인생들을 돌보는 일에 기여하고 있다. 목포 공생원은 지금도 윤치호의 자녀들과 손녀에 이르기까지 그 책임과 헌신이 이어지고 있다. 2014년 현재는 윤치호의 장녀 윤청미에게서 난 딸 정애라(외손녀)와 그녀의 남편 오승민(외손사위) 등이 공생원과 여러 부설 복지시설에서 할아버지의 유업을 귀하게 잇고 있다. 하나님 사랑, 이웃 사랑을 실천하며 살다간 윤치호의 귀한 일생이 그 후손들의 충성과 헌신으로 이어지며 지금도 유달산 자락 아래 위치한 공생원은 하늘나라 아름다운 공동체로 빛나고 있다.

천사의 섬, 그 섬의 천사

# 문준경

(1891.2.2-1950.10.5)

천사의 섬, 일천 네 개의 섬들로 모여 있다는 신안. 목포 앞바다, 다도해를 이루는 신안 섬마을 곳곳을 다니며 교회들을 살피다 보면, 중요한 특징을 발견할 수 있다. 개신교 여러 교파들 가운데 유독 '성결교단' 교회들이 거의 주류를 이루고 있으며, 어떤 섬에는 아예 성결교회만 있다.

문준경, 신안 섬마을의 천사(天使)라 불리는 그녀 때문에 성결교회들이 세워졌고, 오늘까지 성장을 거듭하고 있다. 35%를 넘는 신안의 기독교 복음화율, 그중에서도 증도 같은 섬은 90% 이상, 거의 대다수 주민들이 예수님을 믿고 있다.

문준경 전도사의 지칠 줄 모르는 전도 열심과 헌신으로 신안 곳곳의 섬마다 교회가 세워졌다. 그녀를 통해 예수님을 믿은 이가 부지기수요, 그녀의 특심한 영향력은 김준곤 목사, 이만신 목사, 정태기 목사 등 한국 교회 주요 지도자를 배출하는 결과도 낳았다.

내 신앙의 혈액 검사를 하고 원초적 뿌리 찾기를 해 보면, 그분은 내 신앙의 지하실에 예수의 씨앗을 최초로 심어 준 분으로 발견될 것이다. 내가 초등학교 다닐 때 나롯배를 두 번이나 갈아타고 와야 하는 우리집에 그분은 종종 찾아 오셔서, 몹시 외롭게 사시던 우리 어머니와 머물면서 전도 집회를 열곤 하셨다. 수수한 아주머니처럼 고무신을 신고 과자 선물을 듬뿍 가지고 오셔서 껴안고 기도해 주시곤 하셨다.
(김준곤)

문준경은 1891년 2월 2일 신안 암태 수곡리에서 출생했다. 비교적 유복한 가정의 자애로운 부모에게서 3남 4녀 중 3녀로 태어나 사랑을 받으며 자랐다. 아쉬운 것은 어릴 때 제대로 공부할 기회를 갖지는 못했다. 딸에게 공부를 시킨다는 것을 당시로선 상상하기 힘든 사회 통념을 그녀의 아버지도 고집스레 갖고 있던 탓이다. 그 시절 여성과 여자 아이에게 교육이란 부질없는 짓이요, 그저 결혼하면 출가외인이 되어 시댁의 귀신이 되라는 강요를 받는 사회였다.

문준경이 열일곱 살이던 1908년 3월, 증도에 사는 정근택과 결혼하였다. 그러나 신랑은 신혼 때부터 신부를 외면하고 무시하면서 가장으로서의 책임을 소홀히 하고 밖으로만 다녔다. 그나마 시부모는 며느리를 잘 대해 주었다. 특히 친아버지에게선 외면당한 글공부를 시아버지로부터 배울 수 있었던 것은 대단히 좋은 기회였다. 그녀가 성경을 읽고 교회 지도자로 클 수 있었던 은혜였으리라. 그러나 시아버지가 얼마 못 가 돌아가신 뒤부터는 너무도 외롭고 힘겨운 시집살이를 해야 했다.

**한국 교회 부흥사 이성봉 목사와 북교동교회**

1927년 초, 문준경은 20여 년 간의 증도에서의 생과부 생활을 뒤로하고 목포 오빠네 집으로 이사하였다. 북교동에서 셋방을 얻어 삯바느질을 하며 고단한 삶을 이어가던 중 그녀의 삶에 일대 전환이 일어났다. 예수 그리스도가 그녀의 삶에 들어온 것이다.

그해 3월, 그녀의 집에 찾아온 여성 전도인이 그녀에게 복음을 전하고 교회로 인도하였다. 그녀가 나간 곳은 북교동교회로, 성결교회로서는 전남에서 최초로 세워진 교회였다. 문준경은 북교동교회 신자로서 이전과는 전혀 다른 새로운 인생을 접하고 충성된 신자로 살아갔다. 문준경의 새 인생에 더욱 불을 댕겨 준 이는 이성봉 목사였다. 장석초와 김응조에 이어 북교동교회 3대 목사로 부임한 이성봉 목사의 목회력과 삶은 문준경의 신앙과 영성에 큰 도전을 주었다.

이성봉 목사는 한국 교회의 대표적 부흥사였다. 그는 한국 사회와 교회가 가장 질곡의 시련을 보내던 일제치하와 6·25 민족 쟁투의 전란에서 회개와 성결을 촉구하던 시대의 전도자요, 예언자였다.

이성봉 목사는 1900년 7월 4일 평안남도 강동에서 태어났다. 어려서부터 어머니의 특별한 신앙교육 아래 자랐으며, 소학교 시절 김익두 목사의 교회에 출석하면서 김목사로부터 영향을 받아 일찍부터 그를 좇아 부흥사가 되기로 결심하였다. 경성성서신학원(현 서울신학대학교)을 나와 수원에서 목회를 시작하여, 1931년 3월에는 목포 북교동교회 3대 담임 교역자로 부임하였다. 다음 해 목사 안수를 받았으며, 그는 6년 여 동안 북교동교회에서 목포의 부흥과 회개의 역사를 주도하였다. 그의 사역과 집회에서는 많은 기사와 이적이 나타났다. 그는 세상의 영화에 대해서는 무관심과 냉소로 현세 부정적이었으며, 오히려 철저한 회개와 성결, 그리고 청빈한 삶을 강조하고 본을 보였다. 하나님을 첫 번째로 두는 철저한 신자의 삶이 이성봉 목사의 좌우명이었다.

임마누엘 하나님 제일주의, 예수 중심주의,

성결과 사랑, 순간순간 주로 호흡하고

일보일보 주와 동행하라.

필사적이면 필생적이다.

이성봉 목사는 청신(淸信)기도단을 만들어, 새벽마다 청년들과 함께 유달산에 올라가 기도와 찬송으로 목포의 새 하루를 열었다. 하나님 제일주의의 신앙과 열성으로 교회를 이끄니 믿는 자가 더하고 성도들이 날로 증가하였다.

그때의 기도 목적은 예배당 건축이었다.
"죄 있는 장소, 불의한 집, 개인의 집은 좋은 집이 많은데, 주님의 성전이 셋집이라니 웬 말인가?"
사실 예배당이 좁고 좁아서 증축을 세 번씩이나 했으나, 그래도 좁아서 견딜 수가 없었다. 우리는 기도할뿐만 아니라, 모든 물질과 육체를 다 바쳤다. 그랬더니 하나님께서 우리의 기도를 일 년 만에 응답하사, 좋은 기지를 사고 뜻밖에도 미국의 어떤 성도를 통하여 풍성한 물질을 보내 주시어, 석조전 48평, 다락까지 하면 50여 평의 훌륭한 교회를 지을 수 있게 되었다.
청부업자가 유달산에서 돌을 깨뜨려다가 성전을 건축했는데, 알고 보니 그들은 우리 기도단이 올라가서 기도하던 그곳의 돌을 깨뜨려다가 지은 것이었다. 그들은 그 사실을 알지 못하였으나, 나는 알고 있었다. 그때에 나는 기도하면 바윗돌도 깨어진다는 것을 한 번 더 체험했었다.

이성봉 목사는 북교동성결교회에 재임하는 동안 부흥과 성장을 거듭하여 교회 증축도 하였으며, 암태도, 임자도, 증도, 압해도 등 신안 섬 곳곳에 각기 지교회 설립도 하였다. 이후 신의주, 일본 동경, 만주 봉천교회를 거쳐 서울 신촌(성결)교회에서도 담임 사역으로 부흥을 이끌었다. 그는 교회 사역은 물론 전국 각지를 돌며 숱한 부흥회를 통해 많은 신자들과 함께 영적 각성과 체험, 회개와 부흥의 역사를 일으키다 1965년 8월 2일 주님 품으로 돌아갔다.

### 아골 골짝 빈 들에도

문준경은 이성봉 목사가 북교동교회를 담임하던 시절, 그의 지도 아래 영안이 열리고 새로운 인생의 꿈과 소망을 갖게 되었다. 그에게 전도자로서의 새로운 인생이 열렸으니, 고향에 돌아가 부모와 친척에게 예수님을 전하는 것을 시작으로 증도, 임자도, 압해도 등 섬 지역을 발이 닳도록 돌아다니며 복음 전도자로 충성하였다.

그리고 그녀는 드디어 전도자와 사역자로서의 꿈을 더 키우기 위해 신학교에 들어갔다. 1931년 그녀의 나이 41세에 당시 성결교신학교였던 경성성서학원에 입학, 1년 중 절반은 성경과 신학을 배우고, 절반은 다시 신안 섬에 와 전도하며 목회실습을 병행하였다.

방학을 이용한 전도 실습을 임자도로 정했다. 그녀의 남편이 첩을 얻어 살고 있던 그곳이 보통 사람들에겐 껄끄러웠을 테지만, 외려 그곳이 복음과 생명이 필요한 동네인 줄 알아 용기 있게 임자도에 들어가 전도했다. 남편의 방해가 만만찮았음에도 개의치 않고 복음 전하기에만 힘을 기울여 그곳에 진리교회를 개척하였다.

문준경 전도사는 목소리도 좋고 노래를 잘 불렀다. 섬 이곳저곳 가는 곳마다 어린아이와 부녀들을 모아 놓고, 찬양으로 청중의 마음을 얻으며 생명의 복음을 전했다. 첫 교회였던 임자 진리교회를 비롯해서 증도의 증동리교회와 대초리교회 등을 연이어 개척하는 등 그녀는 신안 일대에 여러 교회를 세웠다.

1936년 신학교를 졸업한 이후 문 전도사는 증동리교회를 중심으로 본격적인 전도자의 일생을 보냈다. 그녀는 복음 전도자요 목회자요 의사이며 간호사였고, 때론 산모의 아이를 받아 주는 산파요 유모이기도 했다. 멀리서 보내오는 우편물을 집집마다 전해 주는 우체부 역할도 하고, 심지어는 방치된 사람의 시신도 장례해 주며 처리하는 장례사 등 궂은일까지 하였다. 마을 주민과 교인들을 위해서 무엇이든 수고하고 봉사하며 심부름해 주는 그야말로 총체적 종이었다. 아골 골짝 빈 들까지 생명의 복음을 전하는 구도자의 사명과 충성, 온갖 멸시와 천대를 받아도 이름 없이 빛도 없이 십자가를 지고 가는 전도자의 일생, 문준경의 삶이 그랬다.

> 산을 넘고 강을 건너 복음지고 가는 자야.
> 무안(신안)군도(群島) 십일 면에 십만여 명 귀한 영혼.
> 이 복음을 못 들어서 죄악 중에 헤매이네.
> 달려라, 그 귀한 발걸음. 전하여라, 그 귀한 복음을.
> 압해 지도 도초 안좌 자은 암태
> 임자 하의 비금 팔금 흑산에 전하여라,
> 그 복음을. (김정순, '도서가')

6·25 민족상잔의 전쟁 중 많은 사람들이 죽었으며, 신자들도 희생이 컸다. 특히 9·28 수복 이후 퇴각하던 북한군과 좌익 공산당은 남한의 기독교

인들에게 '십자가 밟기'를 강요했으며, 이를 거부하며 신앙을 지키던 많은 이들이 순교당하였다. 신안 섬들의 교회와 신자도 큰 희생을 당하였다. 문준경은 당시 목포의 안전한 곳에 있었으면서도 굳이 성도들의 안위가 염려되어 섬에 들어가다 화를 당하였다. 주위의 만류에도 불구하고 나룻배를 대절하여 섬으로 건너간 그녀는, 그곳 교인들이 처형되기 직전에 자수하여 그들 대신에 무참히 처형당하였다. 1950년 10월 5일 새벽, 그녀의 나이 60세였다.

    문준경의 장례식은 4개월 후인 1951년 2월 2일, 그녀의 회갑일에 중동리 백사장에서 치러졌다. 그녀의 사랑과 헌신으로 생명의 복음을 얻은 수많은 성도들이 함께 했다. 그녀의 묘소는 시댁 정씨 문중 선산에 있으며, 그해 여름에 순교기념비가 세워졌다. 이 기념비는 2001년에 새롭게 대체되었고, 2013년 8월 문준경 순교기념관이 마련되었다.

목포의 신여성

# 박화성

──∞──

(1903-1988.1.30)

　목포가 낳은 한국 최고의 여류소설가 박화성은 1903년 목포 죽동에서 태어났다. 아버지 박운서와 어머니 김운선의 2남 2녀 중 막내딸이었다. 그녀의 아버지는 서울에서 이주해 온 농사꾼이었다. 어릴 때 이름은 박경순이었으며, 문인으로서 그의 호는 '소영(素影)'이다.

　박화성이 어릴 때 목포는 개항기 직후로, 미국 남장로교 선교부는 선교 거점을 만들고 목포교회를 세우며 복음 전파와 선교사역을 시작하고 있었다. 선교사들로부터 복음을 접하고 신앙을 갖게 된 어머니로 인해, 박화성은 아주 어릴 때부터 기독교 신앙을 갖게 되었다. 목포교회 어린이 신자로서 그녀는 성경을 암송하며 총명하고 믿음 좋은 유년시절을 자라왔다.

　박화성은 어려서부터 총명하였으며 시간나는 대로 유달산 중턱에 앉아 다도해를 바라보며 꿈을 키우고 문학적 소양을 키웠다.

　나는 그처럼 평탄하지 못한 생을 받아 노경에 드는 부모님의 막내둥이로 남쪽 항구에서 태어났다. 그래서 바다는 나의 요람이었다. 망망한 푸른 바다에 점점이 떠 있는 많은 섬들과 그 섬들 사이사이로 미끄러지듯 빠져 다니는 흰 돛단배들, 그 위를 너울대는 갈매기들, 그리고 저쪽 수평선 하늘에 뭉개져 움직이는 구름 송이 송이. 이런 것들은 유달산 중봉 잔디밭에 높직히 앉아 고요히 고요히 그 풍경을 지켜보고 있는 어린 내게 학교의 교과서보다도 더 소중하고 신비로운 것들을 암시해 주고 일깨워 주고 북돋아 주었던 모양이었다.

박화성은 목포 정명여학교를 거쳐 서울 정신여학교에 진학한다. 여기서 만난 김말봉은 부산 출신의 기독교인이며 박화성과 함께 한국 현대 여류소설의 쌍벽을 이룬다. 김말봉은 서울 성남교회 장로로서 우리나라 최초 여성 장로가 된다. 숙명여학교를 나와 일본 여자대학에 유학하였으며, 대학 졸업 후 목포에 와 근우회와 목포청년회 간부로 잠시 일한다. 1932년 중앙일보 신춘문예를 통해 등단했으며, 이후 '찔레꽃', '푸른 날개' 등 수많은 대중 소설을 남겼다. 그녀는 공창폐지운동을 벌이는 등 사회운동에도 적극적이었다.

### 존경할 만한 목사, 기대에 못 미치는 선교사

박화성은 1921년 18살 때 광주 북문밖교회에 출석하며, 낮에는 유치원에서 밤에는 야학에서 교사로 일한다. 잠시동안이지만 교회 담임인 최흥종 목사를 알게 되는데 대체로 사람에 대해 까칠한 편인 박화성도 최 목사의 남다른 인품과 지도력을 존경하였다.

내가 북문밖교회의 사택인 최 목사님 댁의 끝 방 하나에 행장을 풀자 야학 처녀 학생과 새댁들이 제일 기뻐하고 자취도구며 거기에 필요한 모든 것들을 자기네들끼리 다 준비하여 최목사님은 그 호인다운 안면에 온화한 웃음을 가득 담고 "집주인이라도 우리가 도와줄 일은 하나도 없게 되었소. 어쨌거나 박선생은 가나오나 무척 사랑을 받는데 무슨 비결이라도 있소" 하고 대견하다는 듯 내게 농을 걸기도 하였다.

최목사님은 진정으로 나를 자녀처럼 누이처럼 알뜰히도 보살펴 주셨고, 제수되는 김필례 선생과도 남매처럼 의지상통하여 제수로서보다는 서로 존경하고 신뢰하는 畏友사이로 보였다. 그만큼 인자하고 소탈하고 탈속한 전형적인 성직자 최흥종 목사.

그는 전염병인 나병 환자들에도 은혜로운 벗이 되어서 그들을 위해 전력을 다해 헌신하셨다. 그분은 다음에 露領(노령)에도 선교사로 파송되어 국내에서뿐 아니라 멀리 국외에서까지도 그의 성스러운 전도의 직책을 완수하였다. 그분이 설립한 야학교와 유치원의 책임자로서 언제나 그분을 가까이 모시게 되었던 까닭에 나는 그분의 맑고 깨끗한 인격을 존경하였다. 그분이 나의 비교적 성실한 기질과 약간의 재주를 사랑하고 아껴 주셨던 그날들이 이렇게도 그리울 줄 그때에는 미처 몰랐다.

박화성은 어릴 때부터 기독교 가정에서 자랐고, 유아세례를 받았으며 (집례자 : 변요한 선교사) 몸이 아팠을 때 꿈이나마 이기풍 목사의 안수기도에 따른 체험적 신앙도 지닐 정도로 기독교와 관계 깊은 인물이다. 그런 박화성인데 그의 작품을 읽노라면 자신이 어릴 때부터 많은 선교사들과 교회의 사랑을 받고 교육도 받으며 자라왔지만, 그에 대한 부정적 인식이 많았음을 서슴없이 드러내는 것을 볼 수 있다.

자존심이 강할 수도 있고, 조금은 우월한 신여성으로서 더 좋은 대우와 관계에 대한 욕심이 있을텐데 혹 잘하다가도 마음과 배려를 얻지 못하면 신랄하게 비판하고 비난도 해대는 어리석고 불완전한 박화성의 다른 모습을 보게 한다.

미국 선교사들이 우리말을 잘 하지 못하는 것과 우리 문화에 대한 부족한 이해, 그리고 독신 여성선교사에 대한 여성으로서의 편견과 비판도 상당수 표출하고 있어 소설을 읽으면서 또다른 재미와 인간사의 불완전함을 배울 수 있다.

> 내가 잘못한 것이 무엇인가? 서양 부인 제가 모세의 장인을 시아버지라 하여 바르게 가르쳐 주어도 듣지 않고, 또 기도할 때도 시험에 빠지지 말게 해 달라고 하여야 옳을 텐데, 시험에 빠지게 해 달라 하였으니 우리가 웃고야 말 일이 아닌가? 그런데 제가 어학의 재주가 없어서 말의 실수를 해 놓고는 웃었다고 벌을 주니 이런 원통하고 야속한 노릇이 어디 있나…….
> 그 후로 영재는 서양 사람 보기를 원수와 같이 하였다. 선교의 목적을 띠고 와서는 저희는 좋은 집에서 편히 살면서 조선 아이들을 가르칠 때는 저희 마음대로만 후리러 들고 그들에게 알랑거리고 아첨하는 사람만을 도와주고 사랑하면서도 조선 사람은 가축과 같이 알아주는 그 서양 사람들이 끝없이 미웠다. (박화성, '북국의 여명')

'한귀'라는 작품에서는 서양 선교사들이 한국 농민들의 어려운 실정을 잘 이해하지 못한다고 비판한다. 가뭄 때문에 모내기를 하지 못하는 농민들의 기우제 행사를 그저 죄 문제로 지적할 뿐 농민들의 고통을 외면하는 선교사.

'시들은 월계화'에서는 특히 미국 독신 여선교사에 대한 편견이 지나치다. 한국(목포?)에 온 지 30년 지난 50대 독신 여선교사 미스 베인, 그녀는 독신을 자처하며 낯선 나라 가난한 땅에 와서 사랑과 충성을 다하는 그의 여러 면을 생각지 못하고 개인적 내적갈등과 성적 욕망을 벗지 못하는 편협한 인물로만 비쳐 보여 준다.

선교사 역시 세속적 삶으로부터 완전히 자유하지 못하나 그들의 신앙과 열심을 이해하지 못하고 현실 문제로부터 실패하는 무기력하고 무능한 신앙과 허무를 드러내 비판하는 까닭은 결국 작가 박화성 자신의 소심한 사고방식을 엿보게 한다.

자신의 서양 선교사에 대한 관계와 평가를 '눈보라의 운하'라는 작품에서는 이렇게 드러낸다.

> 워낙 성격이 상냥스럽지 못하고 붙임성이 없는 나는 어릴 때부터 누구의 비위를 맞춘다거나 하는 아부성은 머리털만큼도 없는 까닭에, 서양 부인들과는 성경 시간 외에는 접촉이 없어서 선교사들의 사랑이나 도움을 받은 일은 오늘까지 한 번도 없었다. (박화성, '눈보라의 운하')

### 광주에서 만난 김필례

청소년기를 지나고 1920-1930년대 사회주의 사상과 운동에 더 마음을 빼앗기기도 했다. 그가 자라며 가까이 한 미국 선교사들에 대한 부정적 이미지도 강하게 자리한 것을 그의 자전적 소설에서 종종 볼 수 있다.

대표적 장편 가운데 하나인 '북국의 여명'에도 자신의 청소년기와 가족 내력, 자신의 학업과 사랑을 나눈 청춘들의 아슴한 이야기를 고스란히 드러내고 있다. 그중에서도 1921년 18살 때 광주북문밖교회를 다니며 지냈던 이야기와 상대했던 주변인물에 대한 내용들이 나오는데, 그다지 좋은 관계는 아니었던 듯하다. 주인공 영재는 작가 박화성 자신이며 K읍은 광주이다. 민충희라는 여자는 김필례. 박화성은 실제 김필례에게서 영어와 풍금을 배웠다. 박화성이 당시 광주북문밖(중앙)교회에서 낮에는 유치원 보모로 밤에는 야학교사로 지내며 영어 실력에 남다른 진보를 보이자 김필례가 남다른 배려를 할 듯 했으나 정작 자신의 조카인 김함라와 남궁혁을 미국에 유학 보냈다. 박화성이 필례를 신뢰하며 나름 꿈을 지녔을 듯한데 배신을 당한 마음에 소설을 통해서나마 민충희(김필례)에게 그 씁쓰레한 감정을 토해 낸다.

> 그 이듬해 가을에 영재는 시집간 형님이 형부와 둘이서 교원생활을 하는 K읍에 갔다. 형님의 소개로 민충희라는 유명한 여자에게 영어와 피아노를 배우게 되어서 그는 겨우 마음을 안정하야 영어공부에 재미를 붙였다.
> 
> ……
> 
> 낮에는 유치원의 조수 노릇을 하고 밤이면 형님의 바느질 조력도 하며 자기의 의복 가지를 꾸미고 나서야 복습이나 예습을 하게 되니 언제든지 그는 밤이면 새벽 세 시까지는 영어사전을 들고 책과 씨름하지 않을 수 없었다.
> 
> ……
> 
> 민충희는 영재를 가장 사랑하는 척하였다. 그러나 그는 서양인에게 영재를 소개하지 않고 극히 평범한 머리를 가진 자기의 조카를 소개하야 미국 유학을 보내고 말았다. 민충희는 K읍에서 가장 진실한 신자이었고, 교회나 사회에서 제일로 치는 인격자였다. 그러나 그는 말끝마다에서 양반자랑을 하였다. 자기는 민충정공의 후예라 하면서도 외국인에게는 간사를 떨며 아첨하였고 돈에 대한 욕심도 누구보다도 많았다. 영재는 민충희에게 대한 존경과 신임을 걷어 버리고 선배라는 그가 지극히 믿고 공경한다는 하나님에 대한 회의적 태도까지 가져보게 되었다. (박화성, '북국의 여명')

### 나주 광암교회와 '한귀'

그의 수많은 작품 가운데, '한귀'는 나주 광암교회와 금성산을 배경으로 한 1930년대 가뭄과 기우제에 관련한 실제 사건을 다루고 있다.

금성산 상봉에서 불이 일어나자 나주와 영산포의 넓은 들에 둘러 있는……정말 내 일이라도 비가 와야지 어디 쓰겠는가. 모판에 모가 그대로 서 있으니 밤을 꼬박 새워가며 이렇게 물을 품어서 겨우 한 마지기씩이나 심어 놓으면 뭣을 하겠는가?……자 성섭이, 우리도 시작해 보세. (박화성, '한귀')

작품의 주인공 성섭이의 실제 인물은 김재섭이다. 미 남장로교 호남선교 초기인 1903년, 오웬 선교사와 조사 김윤환에 의해 세워진 나주 광암교회는 지역 유지였던 김치헌(김치묵)의 집에서 시작하였다. 김치헌의 아들이 김재섭 집사로서 그의 아내 박희경(박경애)은 목포정명학교 1회 출신으로 박화성의 언니였다. 김재섭과 박희경은 광암교회를 섬기는 집사로서 또 광암학당을 세워 마을 아이들에게 교육봉사를 하였다. 박화성은 형부 김재섭에게서 당시 기우제와 관련한 마을 사람들의 기독교에 대한 인식과 광암교회에서 있었던 실제 일들을 '한귀'라는 짧은 이야기로 잘 극화했다.

한귀(旱鬼)는 '가뭄을 맡은 귀신'이란 뜻이다. 5-6월에 모내기를 해야 하는데 가뭄이 들면 우리 조상들은 줄곧 기우제를 지냈다. 1930년 어느 해 여전히 나주 지역에도 가뭄이 들자 마을 사람들이 금성산에서 기우제를 지낸다. 사람들이 열심히 제사를 지내도 비가 오지 않은 것은 서양 귀신(하나님) 때문이라 교회를 부수려고 쳐들어간다. 당시 실제 광암교회 집사인 김재섭(소설에선 성섭)은 가슴 졸이며 새벽마다 하나님께 비를 달라고 기도하던 중 마을 사람들이 쳐들어오자 불안해 했는데, 마침 상당한 비가 쏟아지고 사람들은 혼비백산 흩어졌다고 한다. 사람들은 서양 귀신을 진짜 신으로 이해하고 이후 오히려 교회가 부흥하는 계기가 되었다고 한다.

성섭이는 안해에게 말은 하면서도 사실 자기 역시 작년 홍수 이래로는 하느님에게 대한 믿음이 훨씬 줄어졌다는 것을 자백하지 않을 수 없었다. 하나님을 믿어라. 믿기만 하면 저 산이라도 능히 옮길 수 있다. 하느님은 악한 사람에게 죄를 주시고 착한 사람에게 복을 주신다. 이런 말은 그가 예배당에서 미국 목사에게 싫도록 듣고 배운 말이요 집사의 직분이랍시고 가지고 있는 자기 역시 몇 명 안되는 교인을 모아 놓고 설교하던 말은 이 말뿐이었다.

그러나 작년에 보니 홍수로 못 살게 되는 사람은 나주 영산포에 사는 우리 농부들이었다. 그렇다면 우리는 악한 사람이란 말인가? 하고 성섭이는 늘 생각해 왔다. 그의 눈에는 제일 착하고 순량한 사람은 농부들인 것같이 보였다. 한 가지라도 하느님의 말씀을 어기는 노릇은 하지 않는 사람은 농부들밖에 없는 것 같았다. (박화성, '한귀')

박화성은 1925년 '추석전야'로 문단에 데뷔하였으며, 1930년대 목포에서 있었던 조선인 노동자에 대한 차별을 고발한 '하수도공사'와 동시대 목포 청년운동을 이야기 한 '헐어진 청년회관' 등 사회고발적 작품과 장편 '백화' 등 수많은 작품들을 남겼다. 그녀는 첫 남편 김국진이 간도로 가 버리자 천독근과 재혼하였는데, 목포에서 낳은 그녀의 세 아들과 충남 아산 출신의 큰며느리도 모두 문인의 길을 잇고 있다. 문학평론가 천승준(1938- ), 소설가 천승세(1939- ), 서울대 영문과 교수이며 번역문학가 천승걸(194- ), 그리고 큰며느리 이규희(1937- ) 역시 소설가로 가히 목포의 문인 가계를 이루고 있다. 박화성은 노년에도 목포에서 왕성한 작품활동을 하였으며, 1988년 1월 30일 소천하였다.

제주의 첫 그리스도인

# 김재원

(1878.10.5-1946.4.25)

김재원 장로, 제주의 첫 그리스도인이다. 이기풍 선교사가 한국의 최초 선교사로서 제주에 갔을 때 이미 그곳에는 예수님을 믿는 신자 김재원이 있었다. 김재원은 1878년 10월 5일(음력) 제주도 이호리의 비교적 부유한 집안에서 3남 2녀 중 장남으로 태어났다. 그는 청소년기에 늑막염으로 크게 고통을 받았다. 용하다는 무당을 자주 불러 굿도 해 보고 좋다는 약도 숱하게 써 보았지만 재산만 낭비했을 뿐, 병세는 호전되기는커녕 더 악화되기만 했다. 낫기는커녕 이러다 죽고 말겠다고 낙망하고 있을 때, 서울에 가면 외국인 의사들이 신식 의약학으로 병을 고칠 수 있으리라는 이야기를 들었다. 아버지 김진철은 어떻게 해서든 아들을 치료하고자 서울 제중원으로 보냈다.

1900년, 당시 그곳에는 에비슨(Oliver R. Avison, 어비신, 1860-1956) 선교사가 있었다. 그는 캐나다 출신으로 미국 북장로교 선교사로 와 제중원 원장으로서 의료 사역을 하고 있었다. 에비슨은 김재원을 4년 간에 걸쳐 7번의 대수술을 하며 치료하였다. 뿐만 아니라 그에게 복음을 전하여 예수 생명까지 얻게 하였다. 에비슨은 당시를 이렇게 회고한다.

1903년경 서울 안의 옛 장소(구리개 제중원)에서 아직 병원을 운영중이었을 때, 한 젊은이가 오른쪽 가슴에 있는 농흉(膿胸)을 치료해 달라며 찾아왔다. 그것은 더러운 냄새가 나며 이미 여러 늑골이 침식된 오래된 만성이었다. 당연히 장기간 치료를 해야 했다. 우측의 모든 늑골을 제거해 흉곽이 함몰되고 가슴 안쪽에 유착되고나서야 회복되었는데, 약 2년이 걸렸다.

치료를 받는 동안 그는 종교에 관심을 갖게 됐다. 제주로 돌아간 그는 친구들에게 기독교 신자가 됐다고 말했다. 그는 기독교가 무엇인지 설명해 주었다. 자신이 신과 그리스도에 관해 배운 모든 것을 말해 주었다. 이 이야기는 사람들 사이에 퍼졌고 상당한 관심을 불러 일으켰다. 결국 한 무리의 신도들이 생겼다. 내가 알기로 그때까지 제주도에서는 개신교의 전도 사업이 이루어지지 않았다. (에비슨. '근대 한국 42년')

이렇게 해서 제주 출신의 첫 신자 김재원이 탄생했다. 그는 1903년 고향 제주로 돌아올 때 쪽복음서를 잔뜩 가져와 사람들에게 전하였다. 자신의 수술 자국을 보여 주며 간증을 곁들여 전도하여 사람들을 모아 예배를 드리기 시작했다. 그러나 전혀 신학적 목회적 훈련을 받지 못한 그로서는 교회로 인도하기에 벅찬 일이었다. 그는 은인 에비슨에게 편지하여 사정을 알리고 교회지도자를 보내 줄 것을 요청하였다.

에비슨은 1907년 조선 최초로 창립한 독노회에 제주도 선교사 파송 건을 헌의하도록 했고, 그 결과 이기풍 목사가 제주에 파송되었다. 이기풍은 한국 교회 최초 7인의 목회자로서, 제주에 가 김재원을 가장 먼저 찾아갔다. 그저 순수한 신앙과 단순한 열정만으로 고향에서 복음사역을 펼치던 김재원에겐 그토록 소원하던 훈련받은 목회자의 제주 도래로 너무 기쁘고 감사했으며, 제주 복음화를 위해 함께 의기투합하였다.

### 제주교회와 학교 세워 전도자와 교육자로

김재원은 이기풍 목사를 도와 제주 복음화에 더 열심을 내었다. 대영성서공회 매서인이 되어 쪽복음 성경과 찬송가 등을 지게에 매고 다니며 이 마을 저 마을로 전도행전을 펼쳤다. 유성기로 찬송가 음반을 틀어주며, 자신의 수술 자국을 드러내고 간증을 펼치며, 예수 그리스도가 생명의 주인이며 참 진리인 것을 고향 도민들에게 전했다.

두 사람이 합심하여 전도한 끝에 김행권, 홍순흥, 김홍련 등의 성도들과 함께 김행권의 집에서 예배를 드린 것이 제주교회의 시작이었다. 김행권(1882-1979)은 이기풍 목사가 제주 선교사로 와 얻은 최초의 신자였으며, 자기 집에서 예배를 드리게 하여 제주교회를 시작하게 하였다. 청빈하고 정직하게 살았으며, 힘이 강하고 의협심이 많은 신자였다. 교회 종 치는 일, 예배당 청소하는 일, 어려운 교인들을 돌보는 일 등 봉사와 섬기는 그리스도인이었다. 홍순흥(1876-1967)은 본디 목포를 오가며 조랑말 사업을 하던 자로, 예수 신자가 되어서는 한약상을 하며 기도와 성경 읽기에 충실하고 교회에 헌신하였다. 1913년 김재원 다음으로 제주의 두 번째 영수가 되었고, 1917년 김재원과 함께 장로가 되었다. 이후 목포로 이사하여 양동교회 장로로 섬겼으며, 중앙교회를 분립 개척하였다. 김홍련은 이기풍의 전도인이 되어 제주교회를 함께 섬겼다.

제주도 성내교회가 성립하다. 먼저 노회에서 파송한 목사 이기풍이 당지에 래(來)하여 산지포에서 전도할 새, 서울에서 세례 받고 돌아온 김재원을 만나 협력 전도한 결과 홍순흥, 김행권 등이 주를 믿으므로 기도회를 시작하였고, 일덕리 중인문 내에 초가집을 매수하여 예배당으로 사용하고 전도인 김홍련, 이선광 등이 전도에 노력하

니라. (조선예수교장로회사기)

김재원은 성내교회뿐만 아니라 조봉호와 이도종을 전도하여 금성리교회를 설립하기도 했다. 금성리교회에는 조봉호(1883-1920) 성도가 있었는데, 그는 어릴 때 서울 경신학교 재학 중 이미 기독교를 접한 적이 있으며 부친 사망으로 학업을 다 마치지 못하고 고향 제주에 내려와 있던 중 다시 이기풍, 김재원으로부터 복음을 접하여 신자가 되었다. 그는 일제에 항거하며 독립운동을 벌이고 상해 임시정부 군자금 모금에 앞장서다 일제에 의해 투옥, 순직하였다.

> 1908년 2월부터 제주교회가 시작되어 점점 흥왕하는 중에, 전라노회에서 제주 서문내교회 당회를 조직하라는 승인을 가지고 1917년 4월 1일에 전라노회 시찰원 윤식명, 남대리, 이기풍 세 사람이 제주서문내 예배당에 새 장로 장립 예식을 거행하고 제주 서문내교회 당회를 조직하였으니, 우리 제주도에 처음으로 설립된 당회가 반석으로 터를 삼고 참 이치로 기둥을 삼아 영원 무궁토록 견고해져서 천국복음 사업에 확장하게 되어 주시기를 삼위일체되신 하나님께 비옵나이다. 아멘. (성내교회 당회록)

김재원은 1917년 4월 1일 장로가 되었다. 홍순흥과 함께 제주 최초로 장로 장립된 것이다. 김재원은 예수님을 믿은 지 15년 째이며, 이기풍이 선교사로서 제주에 복음의 씨를 본격적으로 뿌린 지 근 10년 만의 경사였다. 앞서 3월 20일부터 제주 성내교회는 열흘 간의 대부흥사경회와 전도대회를 열었었다. 제주 최초의 장로 임직을 앞두고 영적으로 먼저 무장하기 위한 훈련으로 군산의 서서평, 광주의 서로득 부인과 순천에서까지 미 남장로회 호남 선교본부가 총력을 다해 집행한 제주의 대부흥집회였다.

전남 제주 서문안교회에서 지나간 삼월 이십일 부인 대사경회 겸 부흥회가 개최되었는데, 선생은 이기풍 목사 부부와 군산 서부인(서서평)과 광주 서(로득)장로 부인과 순천 기부인 제씨요, 오전에는 부인 사경회가 모여 진리를 공부하고, 오후에는 집집마다 다니며 주의 복음을 열심히 전파하였고, 밤마다 이기풍 목사의 인도로 부흥회를 열고 십일 동안 여러 가지로 강연할 새 남녀 400명씩 모여 신령한 전도를 열심히 듣는 중에 연약한 형제 자매는 굳건한 믿음과 오묘한 진리를 많이 배워 새 술에 취한 듯하며, 주의 말씀을 듣지 못하던 동포들이 성신의 감동을 입어 믿기로 작정한 자도 수십 명에 달하였고, 더욱 감사한 것은 본 교회 영수로 있던 홍순흥, 김재원 양 씨를 장로 장립식을 행하였는데, 교우 다 기쁨으로 영광을 하나님께 돌렸다 하였더라. (기독신보, 1917. 6. 6)

성내교회는 4월 5일 창립 7주년 만에 당회를 구성하였다. 당회장 윤식명 목사, 당회원은 김재원, 홍순흥이며 서기는 김재원이 맡았다. 첫 당회는 그 날부터 이틀간 교인 문답을 실시하여 학습 12명, 세례 5명을 합격시켰다.

**믿음의 가계, 유업 잇는 자손들**

김재원은 이후에도 전도와 교회 사역에 열심인 한편, 1922년에 제주 청소년들을 위한 영흥학교를 설립, 육영사업에도 힘썼으며, 1930년에는 전남노회에서 분립한 제주노회 창립노회에서 회계를 맡기도 했다. 1945년 4월, 일제의 신사참배 강요와 탄압을 피해 보성으로 피난했으며, 곧 8·15 해방을 맞아 10월에는 광주 서석동으로 이사하였다가 다음 해 1946년 4월 25일 자택에서 하늘 안식하였다. 방림동 기독교 묘지에 안장되었다가 1987년 망월동 광주공원에 이장하였다.

김재원과 가족

　김재원은 1893년 16세 되던 해 윤도원과 결혼하였다. 그들의 자녀는 두 딸 김은혜, 김은조와 아들 김은식이었다. 아들 김은식은 평생을 교직에서 봉사했으며, 목포제일교회 장로로 오랫동안 섬겼다. 김은식 장로는 아내 김원영과의 사이에 김순민, 김훈경, 김정민, 김성민, 김강민 4남 1녀를 두었다. 장남 김순민은 현대건설 해외사업부를 통해 오랫동안 외국에서 기술자로 일했으며, 차남 김정민(1952.6.30- )은 목포대학교 교수로서 이 지역 발전과 개발에 관한 연구를 하고 있다. 특히 1980년대 암울한 시기에 목포 한사랑선교회를 설립하여 지역 대학생과 젊은이들에게 복음을 전하고 세계 비전을 심는 운동을 펼쳤었다. 그는 아내 강숙 교수와 결혼하여 4녀를 두었는데, 목포 최초 기독 홈스쿨 교육을 하였으며, 네 딸 모두 훌륭한 재원으로 키웠다. 3남 김성민(1954- )은 빛과소금교회에 출석하며 현재 목포요양병원 원장으로 노인들을 섬기고 있으며, 4남 김강민은 대덕연구단지에서 연구원으로 있다.

　김재원의 동생 김재선은 홍순흥 장로의 장녀 홍마대와 결혼, 믿음의 가문을 형성하기도 했다. 김재선은 1893년 제주에서 출생하였으며, 목포영흥학교와 평양숭실학교를 거쳐 1928년 평양신학교를 졸업하고 목사가 되었다. 고향 제주의 삼양교회 목회를 시작으로 해방 이후엔 목포형무소 형목으로 재직하였는데, 6·25 전쟁 중 순교하였다.

　김재선 목사의 아들 김은석 장로는 목포사범을 나와 광주교육대학에서 교수로, 음악작곡가로 활동하였는 바, 찬송가 "감사하세 찬양하세"를 비롯하여 합창곡 '주기도문' 등 주옥같은 성가를 지었다.

한국 교회의 첫 선교사

# 이기풍

(1868.11.28-1942.6.20)

1907년 9월 17일 평양 장대현교회에서 우리나라 최초의 '조선예수교장로회독노회'가 탄생했다. 목사는 레이놀즈를 포함 33명 모두 외국인 선교사였고, 장로는 한국인들로 목포 교회 임성옥을 포함 36명으로 모두 69명이 모여 개회했다. 뒤늦게 참석한 이를 포함하면 목사(선교사)회원 38명, 장로 40명이 19일까지 2박 3일간 회의하였다. 회장 마포삼열, 부회장 방기창, 서기 한석진 등으로 임원진을 꾸렸으며, 주요 헌의안은 평양신학교를 3개월 전인 6월에 졸업한 7명에 대한 목사 장립과, 제주도 선교사 파송이었다.

이날 레이놀즈, 전킨, 게일 등으로 구성된 고시부 위원들이 7명 전원 합격을 보고하자, 새뮤얼 모펫(Samuel Austin Moffet, 마포삼열, 1864-1939) 의장이 7시 30분 목사 장립을 공포했다.

> 회장 마(포)삼열씨는 기도하시며, 노회 회원들은 일제히 신학사 서경조, 한석진, 송린서, 양전백, 방기창, 길선주, 리기풍 칠 인에게 안수한 후에, 우수로 집수례를 행하여 장립하니라. (조선예수교장로회 1회독노회)

조선예수교장로회 독노회는 또한 한국 교회 첫 목사가 된 이들에게 각각 사역 임지를 맡겼으며, 이기풍에게는 헌의안대로 제주 선교사 파송을 정했다. 한국 교회 역사에 참으로 의미 깊은 날이면서, 동시에 이기풍 목사로서도 참으로 감개무량한 일이었을 것이다. 예수님을 모르고 방자히 행하던 젊은 날, 모펫 목사에게 돌을 던지며 행패부리던 자가 지금에 와서 그로부터 목사로 안수받고 제주 선교 사명까지 부여받으니, 이 어찌 가슴 벅차지 아니하며 개과천선한 하늘 은혜 도탑지 아니할까.

> 16년 전 그는 평양 거리에서 나에게 돌을 던졌지만, 지금은 첫 번째 한국인 선교사가 되어 떠나려 하고 있다. (마포삼열)

이기풍은 1868년 11월 21일 평양에서 출생하였다. 그는 9세에 서당에 입학, 7년간 전통 한학을 공부했다. 어릴 때부터 동네에서 돌싸움(石戰)을 잘하기로 유명했던 자였는데, 마포삼열 선교사에게 돌을 던져 그의 턱을 다치게 하였다. 이기풍은 청일전쟁 난을 피해 원산으로 갔다가, 거기서 스왈렌(W. L. Swallen, 소안론, 1859-1954) 선교사를 통해 예수님을 믿게 되었다.

1901년 평양 장대현교회 장로 임직. 1902년 평양신학교 입학. 신학공부와 선교사들의 조사 역할을 함께하였으니, 이를테면 오늘날 신학생으로서 신학 공부와 동시에 교회 교육전도사로서 목회실습을 병행한 것이다. 1907년 평양신학교를 1회 졸업함과 동시에 목사가 되었고, 제주에 선교사로 파송받았다.

### 목포 부흥사경회 인도

이기풍은 평양에서 가족과 조사 한 사람을 대동하고 1908년 1월 17일 기차로 출발하여 당일에 서울에 도착, 그곳에서 1주일을 체류하였다. 1월 24일, 서울에서 제물포로 가 배를 타고 목포까지 갔다.

목포에서는 프레스톤과 포사이드 선교사 그리고 남궁혁 선생 등 목포 교회 교인들의 환영을 받았다. 그때는 한겨울이어서 배가 출항하기 쉽지 않았고, 농한기를 맞아 교회에서는 겨울성경학교가 열렸다. 이기풍은 봄까지 목포에서 기다리면서 목포 교회와 광주선교부가 합동으로 진행하던 부흥회를 인도하거나 성경공부를 지도하였다.

이기풍은 목포와 광주의 부흥회와 성경공부를 지도하고, 2월 20일경 제주로 가는 배를 탔다. 아내와 자녀는 목포에 남겨 둔 채 홀로 먼저 제주로 향했는데, 그만 풍랑을 만나는 바람에 추자도에 잠시 머물다가 제주도에 건너갔다. 1908년 3, 4월쯤, 제주도에 처음 기독교 복음을 가지고 선교사가 도착한 것이다.

### 제주에 10여 교회를 개척하며 충성

이기풍 선교사가 제주에 왔을 때 김재원의 환영을 받았다. 그는 이미 제주도의 첫 기독교 신자였다. 김재원은 이전에 병을 치료하러 서울 제중원에 있을 때 에비슨을 통해 신자가 되었고, 고향 제주로 돌아와 홀로 전도자의 삶을 살던 중 교회 지도자를 보내 주길 에비슨에게 요청했었고, 그 결과로 이기풍이 마침내 제주에 온 것이다.

이기풍이 김재원과 함께 제주 선교에 힘쓰니, 믿는 이가 더해지고 교회도 세워졌다. 그가 제주에 와 처음 전도하며 거둔 열매가 홍순흥이었다. 홍순흥은 1909년 이기풍이 제주에 온 지 2년 만에 처음 세례 베푼 자였으며, 1917년 김재원과 함께 제주 최초 장로가 되었다. 홍순흥 장로는 이후 목포로 이사하여 양동교회에 출석하면서 영흥학교장을 하였다. 홍 장로의 장녀 홍마대는 김재원 장로의 동생 김재선 목사와 결혼하였다.

이기풍 목사의 제주 선교에는 김재원, 홍순흥 장로, 김홍련 전도인, 김행권, 그리고 나중에 목포에서 온 김영진과 그의 딸 김세라 등 훌륭하고 선한 돕는 자들이 있었다. 이들과 함께 제주교회가 성장한 것이다. 이기풍은 이들을 중심으로 성내교회를 세우고, 조봉호, 이도종을 복음으로 무장하여 금성리교회를, 천아나를 통해 조천리교회를 각기 설립했다.

1910년 4월에서 6월에는 목포에서 프레스톤과 포사이드, 목포진료소 수련과정 학생들이 와서 의료 봉사를 하는 등 외부의 여러 도움도 더하였다. 또한 1911년에는 목포 선교부 일꾼들이 제주에 와 전도대회도 열었다.

1911년 이기풍이 제주에서 3년째 사역할 때 제주 신자는 160명으로 늘었다. 교회는 성내, 금성, 조천교회 세 개와 모슬포와 성읍리의 두 개 기도처소가 있었다. 그를 도운 일꾼으로는 김재원 영수 외에도 전도인 김홍년과 이선광, 김창문, 김형제, 강병담 등의 신실한 자들이 함께했다.

1913년 4월경 심신이 허약해진 이기풍은 잠시 요양차 가족을 데리고 고향 평양에 왔다. 그러나 그는 휴식을 취하면서도 제주교회에 대한 선교 보고와 협력을 부지런히 구했다. 1913년 9월 총회 보고에, 그는 제주도에 있는 세 교회, 즉 성내, 대정읍(모슬포), 조천관(조천)교회에 400명의 출석 신자가 있음을 알렸고, 동 총회에서는 제주 선교를 전라노회로 이관하였다.

그의 건강이 더 악화되었다. 결국 8년간의 제주 선교를 마치고 1915년 휴직, 광주에서 요양했다. 그는 다시 힘을 내어 1916년에 광주 북문안교회, 1920년에 순천읍교회 담임으로 각각 부임하여 섬겼는 바, 계속 건강이 좋지 않아 중간 중간에 휴직을 해야 했다. 1920년 전남노회장을 지냈고, 1921년 대한예수교장로회총회장을 지냈다. 그는 이후에도 고흥읍교회, 제주성내교회, 벌교읍교회, 여천우학리교회 등을 차례로 목회하였다.

일제 말기에 이르러 신사참배를 강요할 때 거부하며 교인들에게 절대로 신사참배를 해서는 안 된다고 가르쳤다. 일본 경찰이 그를 투옥시켜 온갖 고문을 가하며 회심을 강요했으나, 신앙의 절개를 끝까지 지키다 광주형무소로 옮겨 가는 도중에 기력이 쇠하여 쓰러지고 말았다. 1942년 6월 20일, 75세를 일기로 하늘 안식하였다.

### 이기풍의 가족

이기풍의 첫 부인은 1902년 첫아들(이사은)을 낳고 그만 사망하고 말았다. 1903년 두 번째 부인 윤함애와 결혼하였는데 윤함애는 황해도 안악의 윤진사 딸로 어려서 알 수 없는 병으로 고생하다, 언더우드 목사의 기도로 기적적으로 병이 낫게 되었다. 그러나 이 일로 서양 귀신이 들렸다는 주변의 헛소문에 시달려 결국 20세에 집을 나와 평양 선교사를 찾아갔고, 마포삼열은 그녀를 이길함(Graham Lee) 선교사의 수양딸로 보냈다. 이길함의 도움으로 평양숭의여학교 1회 졸업하게 되었으며, 산파술과 아기 양육, 위생 등 약간의 의술도 익혔다.

윤함애 사모는 25세 때 이기풍과 결혼하였고, 1907년 이기풍이 제주 선교에 대해 고민할 때, "우리가 가지 않으면 누가 그 불쌍한 (제주) 영혼을 구하겠느냐"며 강권하면서 용기를 주었다. 이기풍의 결단과 헌신을 함께 이끌었던 것이다. 윤 사모는 제주에서 이 목사가 밖에서 전도하며 목회에 힘

쓸 때, 안에서 제주 산모들이 아기 낳는 것을 돕거나 여성들을 모아 글을 가르치며 사모로서의 역할을 훌륭히 해내었다.

이기풍의 장남 이사은 집사는 순천공고 등에서 교사로 봉직하며 벌교읍교회 안수집사로 섬기다 1962년 사망하였다. 이사은 집사는 이종근, 이영근, 이성근 등의 자녀를 두었는데, 막내 이성근은 목사가 되었다. 이종근의 자녀 이준호도 광주에서 목회자로 봉직하고 있다. 이기풍의 막내딸 이사례(1923- )는 책을 펴내 아버지 이기풍 목사의 사역을 전하고 있다.

3부

# 목포 기독교

# 목포교회

유진 벨에 의해 세워진 목포교회의 설립일은 언제일까? 실로 어려운 문제다. 기독교 교회 역사 2천년 동안 세계 곳곳에 세워진 교회들마다 시작한 날이 분명 있기는 한데, 그 날짜를 정하는 기준은 쉽지 않다. 단순히 몇 사람이 모여 예배드리기 시작한 날이거나, 노회 같은 상위 연합치리회로부터 인준을 받은 날이거나, 아니면 성례를 치러야 비로소 교회 설립일로 보는 등 각기 기준이 다르기 때문이다.

그럼에도 기독교 불모지에 처음 선교사가 가서 그가 중심이 되어 사람들을 모으고 예배드린 날이 중요한 기준일 터이다. 따라서 무엇보다 선교사가 남긴 기록이 가장 교회 설립의 근거가 될 것인데, 유진 벨은 목포에서 다른 사람들과 함께 예배를 드린 기록을 1898년 5월 15일자에 비치고 있다.

> 저희들의 집이 완성되면 이 집은 하나의 예배실로 바뀌어질 것입니다. 침실은 남자들이, 식당은 여자들이 들어갈 공간이 될 것입니다. 오늘 아침 많은 여자들을 포함해 큰 회중이 모여 저는 대단히 고무되었습니다. (유진 벨, 1898. 5. 15)

일부 연구자들은 이날을 목포교회 설립일로 여기고 있다. 그러나 지금까지 목포교회는 1년 이른 1897년 3월 5일로 정하여 오고 있다. 목포부사 등을 근거로 했는데, 아쉽게도 이 자료는 상당히 문제가 많다. '목포부사(木浦府史)'는 일본강점기인 1930년대 일본 식민 관리들이 편찬한 것으로, 기독교에 대한 이해도가 낮은 상태에서 수십 년 전의 일을 수소문하여 기록하다 보니 정작 동일한 책에서도 상이한 기록을 남기고 있어 신뢰성이 없다.

첫 선교사 유진 벨의 기록과 조선예수교장로회총회의 기록을 더 중요하게 여겨 목포교회의 시작을 수정하는 것이 바를 것이다. 목포 선교는 1897년 10월 하순에 결정되었고, 유진 벨은 1898년 3월 즈음부터 목포 선교부 조성을 본격적으로 시작했다. 5월 8일자 편지에는 임시 주택이 완성되었다고 하였고, 5월 15일자에는 그 집에서 예배하였다는 기록이 있다. 따라서 그동안 서울과 목포를 들쭉날쭉 오가며 선교 캠프 조성에만 힘써 오다, 임시 사택을 만들고 그곳에서 변창연 조사 등 몇 사람과 함께 예배드린 그때를 목포교회의 시작으로 해야 할 것이다.

1898년 5월 15일 만복동(양동 86번지)에서 유진 벨의 인도와 설교로 시작한 목포교회는 그해 말 의사 오웬이 진료소를 개설하고, 다음 해 초 스트래퍼 여성 사역자가 합류하여 1899년 3월부터는 주일학교를 시작하였다. 1900년 목포선교부 대리당회 설립이 허가되어, 당회장 유진 벨, 서기 오웬으로 목포교회 첫 당회를 구성하고 첫 성례전도 치렀다.

당회로서의 기능을 갖춘 목포교회는 1900년 여름에는 교인들에게 세례를 베풀 수 있었고, 첫 세례자들은 교회의 지도자로 부상, 광주 등지에서 전도하며 평신도 선교사로 역할하였으니 지원근 마서규 등이 그랬으며, 그 외 주요 성도로는 유성기를 짊어지고 도서지방 전도인이었던 노학주, 김만실, 김현수, 임성옥, 김치도, 그리고 김윤수 등이 있었다.

목포교회는 1903년 초 양옥식 예배당을 지어 6월 28일 헌당예배를 드렸다. 유달산에서 벽돌을 날라 사방 벽을 쌓았으며, 해남 두륜산 낙락장송을 베어 와 대들보를 쌓고 지붕은 기와로 덮었다. 내부는 높은 천장에 아름다운 등이 걸려 있고 회중이 앉을 긴 의자와 큰 오르간도 구비하였으며, 예배당 이름을 '로티 위더스푼 벨 기념교회당'이라 하였다.

이때 세례 교인은 27명, 평균 출석 교인 60-70명, 그리고 무안, 나주, 영광, 광주, 장성 등지에 각기 10-20명 출석하는 예배 처소가 있었다. 이해 가을 남녀학교를 세워 목포 전남 최초 서양식 근대 교육을 실시하기 시작했다.

### 목포 최초 장로, 임성옥

목포교회가 설립된 지 8년 만인 1906년 4월 10일 교인 200여 명이던 때, 처음으로 장로 장립식이 있었다. 임성옥은 목포 최초 장로가 되었으며, 프레스톤 목사가 집례하였다. 임성옥은 이미 교회 초창기 때부터 유진 벨을 도와 교회를 이끌었으며, 기독교학교 설립 등 초기 목포교회 형성에 크게 기여하였다. 임성옥 장로는 1907년 조선예수교장로회독노회 창립총회에 목포교회를 대표하여 참여하였으며, 또한 1913년 평양신학교를 졸업하고 목사로서 헌신하였다.

1907년 목포교회는 두 번째 장로로 유내춘을 장립하였다. 그는 1856년 황해도 해주 출신으로 1897년 목포 개항시 총순으로 부임, 김윤수의 전도로 신자가 되었다. 목포남학교 교사를 지내며 장로가 되었는데, 그도 이후에 평양신학교에서 수학한 후, 1917년 전남노회가 처음 분리 창립할 때 목사 안수를 받았다. 그는 순천중앙교회와 나주 3개처 교회, 곧 송정리교회, 향사리교회, 광주내방리교회 등에서 목회하였다.

양동교회 좌측문, 대한 융희 연호

양동교회 우측문, 주강생 연호

　1909년 9월 15일 목포교회에 한국인 목사 윤식명이 당회장에 취임하였다. 유진 벨(1,3대), 레이놀즈(2대), 프레스톤(4대), 해리슨(5대)에 이은 6대 목사로서 이후부터는 한국인 목사들에 의해 교회 지도력이 형성되었다. 교인 수는 550여 명으로 부흥했으며, 한꺼번에 예배드리지 못해 남자는 본당에서 여자는 영흥학교 건물에서 따로 예배를 드릴 정도였다. 350여 명의 아동부는 13개 반으로 나누어 운영하였다.

　1910년 교회가 부흥하여 더 큰 예배당을 짓기로 했다. 양동 127번지 864평 대지 위에 106평짜리 600명 수용 가능한 정방형 건물을 지었다. 유달산의 돌을 날라 석조 건물로 지었으며 7,100원이 소요되었다. 예배당 좌우측 출입구 상부 아치에 음각체 글씨도 각각 새겼다. 왼쪽에는 '대한융희 4년(大韓隆熙四年)'이라는 대한제국 연호와 태극기 문양이 그려져 있고, 오른쪽에는 '주강생일천구백십년'이라 하였으니 교회문화사적으로 매우 뜻 깊은 현판으로 남아 있다.

### 3·1운동을 주도한 목포 양동교회

1919년 전국적으로 3·1 독립만세운동이 일어났다. 목포에서도 목포교회와 정명, 영흥학교 등을 중심으로 항일운동이 일어났는데, 이경필 목사와 곽우영 장로 등이 주도하였다. 곽우영은 1915년에 목포교회 세 번째 장로가 되었던 사람으로 정명학교 교사로도 봉직하고 있었는데, 학생들에게 태극기를 제작하게 하는 등 열성적으로 운동을 이끌었다. 그도 1922년 평양신학교를 졸업하고 목사가 되어 순천중앙교회 담임사역을 하였다.

1926년 박연세 목사가 10대 목사로 부임하였는데, 목포교회는 이즈음 이름을 '양동교회'라 개칭하고, 지역별로 교인들을 나누어 교회를 분립하기 시작했다. 이미 1911년에 목포교회에 출석하던 신자 일부가 멀리 무안 구정리에 따로 모여 분리 개척한 적이 있었고, 1927년 죽교리교회, 1929년 연동교회, 1933년 중앙교회를 차례대로 세웠다. 그러나 박연세 목사와 목포교회들은 일제의 신사참배 강요에 굴복하는 실수와 아픔도 겪어야 했으니 1938년 5월 뼈아픈 배교 행위를 저지르고 말았다.

목포 부내(시내)에 산재한 양동교회 중앙교회 성결교회 신(神)의교회 각 기독교회에 대하여 당국에서 신사참배를 권유한 바 있었으나, 기독교회에서는 기독 이외 이신(二神)을 섬길 수 없고 신사참배는 국가적 종교임으로 의식을 존중히 하지 않는 바 아니나 교의에 위배된다 하여 완강히 반대하여 왔으나 도당국의 지시에 의하여 목포서 고등계에서는 재삼 신사참배에 권세한 바 있어 결국 지난 13일 각 교회가 회합하여 협의한 결과 국민의 의무로 보아서는 신사참배를 아니할 수 없다 하여 지난 14일 각교회 대표자들은 신사참배의 서약서와 성명서를 목포서에 제출하고 이에 순응하기로 하였다 한다. (동아일보, 1938.5.15)

총회와 노회에서도 신사참배를 가결하는 등 연이은 실책을 저지른 박연세 목사는 이후 뉘우치며 일제 황민화 정책에 반기를 들었다. 일제는 박연세 목사를 부당하게 장기간 구속하여 그만 옥중사하니, 담임목사를 잃어버린 교회는 참으로 목자 잃은 양들만 남게 되었다.

일제는 더욱 신사참배를 강요하며 훼방을 놓다가 1942년에는 아예 내선일체(內鮮一體)를 명분으로 내세워 조국 교회들을 일본 교회에 예속시켰다. 교회 강제 통폐합을 일삼으니, 목포 역시 여러 교회들을 양동교회 하나로 다시 합치도록 하였다. 그리고 양동교회 목회자로 중앙교회를 시무하던 이순영 목사가 취임하였다.

이순영 목사 뒤를 이어 1944년부터 해방까지 1년 남짓 조승제 목사가 양동교회를 맡았다. 조승제 목사는 경남 사천 출신으로 일본 아오야마(청산)학원 신학부를 졸업하고 함북 웅기교회에서 첫 목회를 하였다. 일제 말기 친일 노선으로 기울어 전남노회를 정치적으로 장악, 전남 교구장으로 있으면서 목포 여타 교회들을 매각 처분하는 큰 실수를 범하였고, 자신은 목포교회 담임까지 취하였다. 해방 후 조 목사는 자신의 과오를 뉘우치고 1945년 9월 남부교회를 설립, 목회하였다.

해방 후 양동교회와 목포 여타 교회들은 이남규 목사에 의해 회복 재건되었다. 박연세 목사의 동지요 후배였던 이 목사가 양동교회 담임으로 부임하자 일제 하에서 실망하고 흩어졌던 교인들이 다시 교회로 돌아왔다. 이 목사는 전남 무안 복길 출신으로 맹현리 선교사의 조사를 지내다 1938

년 목사 안수를 받고 연동교회를 목회하였다. 그는 해방 후 목포 지역 교회는 물론 전남노회와 산하 교회들을 재건하는 일에 힘썼다. 1947년에는 전남노회로부터 목포노회를 분립하고 초대 노회장에 피선되었다. 그는 또한 교회 외적으로는 지역 정계와 사회에서도 지도자의 역할을 하였다.

### 찢기고 할퀸 교회, 막힌 담 헐고 하나 되기 힘쓰라

한국 교회 130여 년의 성장과 부흥에는 상대적으로 분열과 반목의 상처들도 참 많다. 현대사의 고비 때마다 교회도 어김없이 다툼과 분란, 교권욕으로 얼룩진 게 조국 교회의 가슴 아픈 역사다. 단일했던 한국의 장로교회는 1953년 38회 총회에서 갈라지고 말았다. 기독교장로회와 예수교장로회로 나뉜 한국 장로교회는 각 지역 지교회마다 예외 없이 갈라서길 앞다투니, 목포의 교회들도 예외가 아니었다.

목포 양동교회는 1953년 8월 16일, 이남규 목사가 시무할 때 기장의 양동교회와 예장의 양동교회로 분열하였다. 예장 양동교회는 정명여학교에서 임시로 모였으며, 1961년 호남동 6번지에 예배당을 짓고 교회 이름을 양동제일교회라 하였다. 그리고 1959년 예수교장로회 44회 대전총회에서는 통합측과 합동측으로 분열하였으니, 양동제일교회에서 예장합동 연동교회로 떨어져 나갔다가 이후 새한교회로 개명하였다. 새한교회는 구도심 양동 지역에 있다 현 대양동으로 이전하였다.

기장 양동, 예장통합 양동제일, 예장합동 새한교회는 1898년 시작한 목포교회의 한 뿌리이다. 신학이 무엇이고 교권 이해가 무엇이길래 한 가정에서 자란 형제들끼리 다투고 갈라서다 못해 적대적인 말과 행위까지 서슴지 않고 있는 걸까? 목포교회의 최초 장자 교회라면 또한 마땅히 세속적

명예와 권위에 집착하지 말고, 성경의 가르침을 따라 오히려 더 겸손히 섬기고 낮은 자 되기에 열심 내야 할 것이다.

"누구든지 첫째가 되고자 하면 뭇 사람의 끝이 되며 뭇 사람을 섬기는 자가 되어야 하리라"(막 9:35).

## 목포 기독교 초기 교회들

1894년 4월 18일, 레이놀즈와 드류 선교사가 전라도 선교 정탐차 처음 목포에 찾아왔다. 예수 십자가 복음을 들고 찾아온 첫 외국인 선교사였다. 미 남장로교 선교부는 한국에서 전라도와 충청 이남 일부 지역을 선교지로 사역하였다. 전주, 군산에 이어 목포에 세 번째 선교기지를 세우고 목포 전남 선교를 본격적으로 시작한 게 1898년이다. 유진 벨, 오웬, 스트래퍼 등이 그즈음 목포에 와 사역을 벌이며 교회를 세워 복음을 전하고 진료소를 차려 치료하고, 학교를 세워 어린 세대들에게 교육을 하였다.

1898년 5월 15일 기록으로 드러난 목포교회의 첫 예배를 시작으로 이 교회의 성장과 부흥에 따라 1920년대에 이르러서는 지역별로 교회를 분립하여 곳곳에 교회와 기도처를 여럿 지었다. 목포교회는 북쪽으로는 영광이나 광주, 동쪽으로는 순천이나 광양, 그리고 남쪽으로는 신안과 진도 곳곳에 전도자를 파송하여 교회를 세웠다. 여기서는 목포 시내권으로 한정하여 해방 이전에 세워졌던 교회들을 더듬어 본다.

뉴랜드 선교사 글에 나오는 수정동(온금동)교회 성도 사진

### 온금동교회

온금동교회는 1914년에 시작되었다. 양동교회에 이어 목포에서는 두 번째 교회인 셈이다. 당시 일본강점기 하에서 그 지역은 '수정'이라 불렸기에 초기에는 수정동교회라 불렸다. 제법 성장하여 한때는 100명이 넘는 성도가 있었지만, 교회 지도력 부재 등으로 잘 자라기엔 어려움이 많아 지속성을 갖지 못했다.

1927년 9월 9일 조선예수교장로회 제16회 총회에 보고한 전남노회 교회 명단에 목포 교회는 단 두 개였는데 양동교회와 온금동교회(미조직)이다.

1929년에 미 남장로교 선교부는 온금동교회를 재차 설립하였다. 온금동교회 초기엔 이장호 전도사와 김민숙 장로 등이 교회를 이끌었다. 일제 말기 양동교회로 통폐합되었으며, 해방 후 채길용 전도사가 교역자로 활동하며 교회를 다시 열었다. 이중호 목사가 담임할 때 교회 이름을 항도교회로 개명하였다.

1970년대 말 이한철 목사가 담임할 때 경동 4-1번지에 예배당을 짓고 경동교회라 다시 이름을 바꿨다. 김동발 목사가 재임하던 2001년 영암 삼호면 삼호리로 이전하여 오늘에 이르고 있다.

### 중앙교회

1923년 4월 10일 남교동 76번지에 양동교인들과 선교사 줄리아 마틴이 개척, 주변의 집들을 2,500원에 매입하여 1,000원을 들여서 수리하고 기도처로 사용하기 시작하였다. 1933년 전남 임시노회에서 분립을 의결하여 목포중앙교회가 정식으로 설립하였으며, 박연세 목사가 임시 당회장을 맡았다. 1935년 8월 죽동 114번지에 40평 되는 석조 예배당을 건립하고 박용희 목사를 초대 위임목사로 세웠으며, 10월 20일 헌당예배를 드렸다.

> 목포의 장로교 기독교도가 날로 증가함을 따라 현재 부내(시내) 양동교회가 있음에도 불구하고 목포중앙교회를 총 공비 오천 원으로 석조 양식으로 지난 8월 중부터 건축하기 시작하여 지난 십오일에 준공을 마치고 이십일 오전 11시 낙성식을 목사 박용희씨의 사회로 개회하고 총 공비에 대한 보고가 있은 후 내빈 축사와 성대한 낙성기념식이 있은 후 동 오후 1시에 무사 폐회하였다 한다. (동아일보, 1935.10.23)

박용희 목사는 1883년 서울 동대문에서 출생하였으며, 1902년 서용신과 결혼하였다. 1908년 가족 모두가 서울연동교회의 게일 목사로부터 세례를 받았다. 평양신학교와 일본 동경성서학원을 다녔으며, 서울 경기 지역에서 목회하며 독립운동에 힘써오던 중 승동교회에 이어 목포중앙교회에 부임, 사역하였으며 1959년 하나님의 부름을 받았다.

일본강점기에는 일본 동본원사, 1957년 이후엔 중앙교회, 그리고 현재는 오거리문화센터로 사용 중

1940년 1월 5일 2대 목사로 이순영 목사가 부임하였다. 전남 해남 출신인 그는 서울 협성신학교를 졸업하였고, 전남노회에서 목사 안수를 받고 중앙교회를 맡았다. 안타깝게도 그의 재임 중인 1942년에 일제 강압에 의해 목포 시내 교회들이 양동교회로 강제 통폐합되면서, 중앙교회가 폐쇄되었다. 이순영 목사는 통합된 양동교회로 옮겨 시무하였다. 폐쇄되기 전까지 중앙교회 장로로는 조병선, 서화일, 서인호, 김균희, 제주에서 온 홍순흥과 주남득 등이 함께 시무했다.

광복 후 옛 중앙교회 교인들은 다시 모여 일제에 의해 닫았던 교회를 다시 열고 1946년 4월 11일 3대 목사 정희열 목사를 청빙하였다. 새롭게 회복하고 재건된 교회는 50년대 이후에도 꾸준히 성장하고 교인이 급증하였다. 교회는 기존의 건물을 죽교리교회에 매도하고, 1957년 5월 3일 무안동 2-4, 목포의 옛 중심지 오거리에 있는 구 동본원사(1930년대 지어진 이 지역 최초 일본 불교사원)를 매입, 7월 1일부터 그곳으로 이전하였다. 중앙교회는 2007년 11월 목포시 옥암동 141-1번지로 옮겼으며, 다음 해 예배당을 새로 짓고 헌당예배를 드리며 새로운 남악 시대를 열고 있다.

## 죽교리교회

양동교회의 박대현 집사는 자신이 살던 죽교리에 1927년 7월 기도처를 개척했다. 당시 유달산 밑 죽교리에 거주하던 양동교회 교인들은 교통의 불편함이 있었다. 남교동 파출소 일대는 갯벌과 갈대가 무성한 지역이었다. 죽교리 주민들은 양동에 있는 교회를 오가기 위해서 밀물 때는 작은 배나 뗏목을 이용해 건너야만 했다. 특히 밤 예배 때 오가는 데 문제가 많아 죽교리에 또다른 예배 처소를 세운 것이다.

목포 유달산 달동네 교회인 죽교리교회 터는 북교동의 지주 최여장이 성도들의 청을 받아들여 39평 대지를 기부하여 마련되었다. 거기에 10평 남짓 기와 예배당을 지었다. 건축에 필요한 자재는 미국선교회로부터 기증받은 것으로 전해지는데, 광주 유화례 선교사일 것으로 추정한다.

> 대지 39평은 북교동 최문장으로부터 기증받았고, 건축 재료는 미국선교회로부터 기증받았다. 공사비는 200원 들었는데, 교회가 부담하였다. 와가 10평 1동을 기도소로 건축하였다. (박필주)

1929년 6월 5일에 노회의 승인을 얻어 죽교리교회로 설립되었다. 박연세 목사가 설립예배를 인도했으며, 당시 주요 성도로는 박대현, 정경춘, 김상련, 박문규, 추성렬, 정태원, 권태균, 윤순덕, 박명촌 등 출석 성도는 60여 명이었다.

1934년 1월 윤남하 전도사가 부임했다. 윤남하는 당시 신학교는 물론 성경학교도 다녀 본 적이 없는 무명의 평신도였다. 뜨거운 신앙 열심에 스스로 자원하여 여기저기 교회를 다니며 전도인으로 지내다 22세에 정식으

죽교리교회 창립 10주년

로 교회의 청빙을 받고 전도사가 되었다. 그는 이후 일본에서 신학원을 마치고 정식으로 목사가 되었으며, 전북과 서울 등지에서 목회하였다.

> 나는 그당시 양동교회 무명의 평신도로 성경학교(일년 중 겨울에 한 달씩, 5년이면 졸업하는 제도)도 다녀 본 적이 없었고, 집사 경력도 없었다. 다만 19세 되는 1931년 12월 4일부터 전국 교회를 부흥시켜 보겠다는 엉터리 꿈을 갖고서 알지도 못하는 교회를 누구의 소개도 없이 찾아다녔다. 배척도 당하고 환영도 받아 소위 자유스런 소년 부흥사 노릇을 한 경력밖에는 없었다. 그때만 해도 교회는 단일했고 교역자를 두지 못하는 곳도 많아 그 일이 가능했으나, 지금으로서는 상상도 못할 일이다. 집에 돌아오면 쉬지 않고 "내게 일터를 주시옵소서"라고 뜨겁게 기도하면서 주의 인도를 기다렸을 뿐인데, 아마도 이 소문을 듣고 찾아온 모양이다. 놀라운 기도 응답이었다. 나는 아무것도 묻지 않고 이에 순종했다. (윤남하)

윤남하 전도사 뒤를 이어 전병진 전도사, 정관진 장로, 그리고 1942년에는 배영석 목사가 차례로 부임하여 교회를 이끌었다. 그러나 일제 강압

죽교리(죽동)교회

에 의해 목포 시내 교회들이 강제 통폐합되어 죽교리교회가 폐쇄되었고, 교역자 배영석은 양동교회 조사로 들어갔다.

해방 이후 매각해 버렸던 교회들을 이남규 목사가 다시 복원하려는데 자금이 필요했다. 죽교리교회의 주용진 집사(후에 새밭교회 장로)가 현금 2천 원 기부하여 팔렸던 교회들을 다시 되찾았다. 전남 무안 출신인 주용진은 17살이던 1939년부터 죽교리교회에 출석했으며, 해산물 사업으로 번성하여 상당한 재산을 모았는데, 돈을 버는 대로 교회에 헌금을 잘하였다. 조승제 목사의 실수로 팔려 나갔던 목포의 교회들을 다시 되찾는데 아낌없이 헌신하였고, 조 목사의 불명예도 대신 씻겨 주었으니 목포 교회사에 참 아름다운 회개와 회복의 열매였다.

복원된 죽교리교회는 함찬근 목사 재직시 1953년 희성교회를 분립하였으며, 1954년 부임한 정원모 목사 재임 중에는 교회를 새로 옮겼다. 죽동 114번지, 당시 중앙교회가 1938년부터 지어 쓰고 있었는데 다른 곳으로 옮기려 매각하던 것을 인수한 것이다. 건평 40평에 연건평 60평, 사택 12평이었다. 1957년 죽동 114번지 옛 중앙교회 건물을 매입하여 옮겼다. 1957

년의 일로 이때 교회 이름도 죽동교회로 바꿨다. 지금은 석현동으로 이전하여 우리예닮교회로 개명하였다.

### 연동교회

양동교회 김규언 장로와 일부 성도들로 1928년 4월 7일, 연동 154-9에 따로 기도 처소를 마련하고 연동교회를 설립하였다. 선교사 하퍼 300원, 간호사 휴손(허우선) 양이 200원을 각각 보조하고 교회에서 300원을 더해 총 800원으로 부지 200평을 사 예배당과 사택을 지었으며 초대 사역자는 하퍼 선교사가 임시로 맡았다.

초기 10여 년 간 양동교회 전도사 등이 순회하며 교회를 도왔으나 제대로 된 목회 지도자가 부재하였다. 1938년이 되어서야 이남규 목사가 부임, 교회를 원활하게 이끌 수 있었다. 이남규 목사는 강진읍교회 전도사로 있던 중, 평양신학교를 졸업하고 목사가 되어 목포 연동교회에 부임하였다.

1942년 신사참배와 교회 통폐합을 강요하는 일제에 저항하여 반대운동을 벌이다 이남규 목사와 김규언, 최강순, 김창옥 장로가 투옥되었다. 김창옥 장로는 일경의 가혹한 고문에 그만 33세의 젊은 나이에 숨지고 말았다. 양동교회에 흡수되어 연동교회는 없어지고 말았고, 이남규 목사는 낙향하였다. 해방이 되자 다시 김규언 장로 등과 함께 연동교회를 재건하였으며, 이남규 목사는 양동교회에 부임하였다.

연동교회는 최명길 목사가 부임하였는데, 최 목사는 해방 직후와 6·25 전쟁의 혼란기 가운데 교회를 회복시키고 이끌다가 김계수 장로와 함께 순교당하였다.

연동교회는 총회의 교단이 갈라서는 때에 기독교장로회 소속으로 이어오고 있다. 7, 80년대 한국의 민주화운동 시기에 함께 참여하느라 교회와 성도들의 고난이 많았으나, 인내와 신앙으로 견디며 목포 지역의 든든한 중견 교회로 성장하였다. 연동교회는 산정 2동 65-2에 소재하였다가 지난 1995년 하당 신도심으로 옮겼다. 상동 837번지에 대지 550평을 마련하고 예배당을 새로 지어 이전, 오늘에 이르고 있다.

### 서부교회

1934년 양동교회 박연세 목사는 교인 일부를 나누어 하죽교리에 따로 예배하게 하여 서부교회를 설립했다. 일제 말기 탄압으로 제대로 교회로서의 존재감과 예배를 드리지 못했고, 해방 후 1949년 1월 16일 30여 명의 성도들로 재차 설립예배를 드렸다. 기독교장로회 교단 소속이 되었고, 1994년 3월 새서부교회로 이름을 바꿔 지금에 이르고 있다.

### 북교동교회

장로교가 아닌 교단 가운데 성결교회가 또한 일찍 목포에서 시작되었다. 북교동성결교회가 1925년 5월 2일 장석초 전도사를 담임으로 죽동 132번지에서 설립되었다.

1928년 3월 교회를 목포시 북교동 191번지 이전하고 김응조, 이성봉 목사가 차례로 담임하였으며, 1935년 12월 목포북교동교회로 개명하였다. 1936년 4월 제4대 곽재근 목사가 부임하였는데, 그해 성결 교단 분열 사건인 하나님의 교회 사건으로 곽재근 목사와 추종 신자 다수가 나가 측후동교회를 설립하였다.

북교동교회 설립 10주년

이후 김태일, 이우영 전도사가 교회를 이끌었으며, 1943년 12월 일제에 의해 강제 해산되었다. 해방 후 1945년 10월 김신근 전도사가 7대 교역자로 교회에 부임하고 교회를 다시 일으켰다.

북교동교회는 1955년 북교동 160번지에 석조 240평 건물을 짓고 오늘까지 이 지역 성결교단의 모교회로서 성장 발전하고 있다.

### 일본인 목포교회

일본강점기에 일본인들만 다니던 교회가 목포에 있었다. 1912년 8월 일본 기독교 전도국에서 다케우치(竹内虎也) 목사를 파송, 일본인들이 모여 사는 항정(港町)에 설립하였다. 목포 주재 일본인들로 교인을 구성하였으며, 일요일 오전에는 일요학교와 예배를 하고, 저녁에는 전도 설교회를 열어 명사 초청 강연회 중심으로 운영했다. 교세가 늘어가자 1914년 7월 더 넓은 장소로 집회소를 옮겼으며, 광주까지 순회 전도활동도 하여 회원이 40명을 넘었다. 그러나 1918년 이후 관리와 상인들 위주의 성도들이 잦은 출타와 이전으로 교세가 줄자 1919년 일본 전도국에서는 재정상의 이유로 다케우

일본강점기 일본인들이 다니던 교회

해방 이후 2층은 해체되고, 지붕 글씨 "목포일본기독교회"중 "일본" 글자는 지워진 채, 2016년 현재 개인 창고로 쓰이고 있다.

치 목사를 소환하였다. 남은 신도들끼리 모였고, 1921년 전도국은 다시 목회자를 파송했다.

1922년 9월 28평의 양옥교회당과 13평 일본식 2층 건물의 목사 사택을 건립하였고, 청년회와 부인회가 있었다. 1929년경 주일학교 학생 50여 명, 대예배 25명, 밤 예배 10여 명 출석하였으며, 해방이 되자 일본인들이 모두 귀국하여 교회가 자연 폐쇄되었다.

### 용당리교회, 상리교회, 측후동교회

무안군 이로면 용당리에 세워진 용당리교회는 1920년대 말 기도처로 시작하였다. 해방 이후 이 교회로부터 산정교회, 동부교회, 동문교회, 그리고 용당교회 등으로 분열 혹은 분립하여 각기 현재에 이르고 있다. 상리교회는 1932년 5월 설립하여 한 자리를 고수하며 지금까지 이어오고 있다.

측후동하나님의교회는 1936년 3월 북교동교회 목사 곽재근이 일부 성도들과 함께 교단을 이탈하여 측후동에 하나님의교회 소속 교회를 설립하여 오늘에 이르렀다.

# 목포 기독교학교

한국 근대 교육의 출발은 19세기 말, 조선에 온 외국 선교사들에 의해 시작되었다. 정부 주도의 근대 학교가 약간 있었을 뿐, 실제 대부분의 기독교 학교들이 이전의 봉건시대와는 확연히 다른 학교 운영과 교육과정으로 우리나라의 새로운 교육을 양적, 질적으로 주도하였다.

기독교 계통의 학교는 지난 시대의 출세와 벼슬을 위한 특정 계층의 과거 중심의 교육에서 만인 평등의 전인 교육으로, 학교교육의 목적과 방향을 지었다. 이는 옛 반상 차별의 신분제로 양반들 중심으로만 교육의 혜택이 주어진 것에서 모든 사람들에게 기회를 균등하게 줌으로써, 자연스레 신분 철폐와 보통 사람의 시민 사회를 형성해 가는 근대 사회의 기틀을 마련하게 하였다. 한문을 숭상하는 교육에서 한글을 회복하고, 서구 과학기술 문명을 수용하여 근대화를 촉진시켰다. 또한 기독교 사상에 따른 남녀평등사상과 함께 민족정신을 배양하는 등 실로 우리 교육사에 지대한 영향과 결과를 현재까지 이어오고 있다.

조선 호남에 뿌리를 내리고 선교하던 미 남장로교 선교부도 이와 같은 시대적 요청과 선교 사업 속에 각 거점마다 교회와 병원을 짓고 이어서 어김없이 남녀학교를 세워 나갔다. 목포에 선교부를 설치하고 교회와 병원 사역으로 일을 벌이던 목포 팀도 유진 벨의 주도 하에 1903년, 드디어 남녀학교를 세웠다.

### 목포여학교

목포여학교는 1903년 9월 15일, 스트래퍼 선교사가 초대 교장을 맡아 조긍선 교사와 함께 학생 수 명을 데리고 시작하였다. 목포에 온 최초의 여성 선교사 스트래퍼는 1899년 초부터 목포교회의 여성과 아이들을 주로 책임 맡고 있었다. 그러나 그만 이듬해 봄 학교가 중단되고 말았다.

목포여학교는 1대 스트래퍼를 포함하여, 4대 마율리, 6대 맥머피, 9대 하퍼 등 4명의 역대 교장들은 독신 여선교사로서 학교를 책임 맡았다. 5대 교장 유애나는 최초 전문 교육선교사였다. 7대 교장 김아각은 그동안 여성들이 교장을 맡아 왔는데, 처음으로 남자 목사로서 교장을 맡았다.

최초의 근대식 서양교육기관인 목포여학교의 출발과 운영은 그렇게 순탄치만은 않았다. 1대 교장 서여사가 불과 6개월여 만에 학교를 떠나게 되어 학교가 2년 동안 휴교상태가 되었다. 변부인(Mrs. Preston)이 다시 학교 문을 열고 하부인(Mrs. Harrison)이 이어서 학교를 맡았으며, 마율리(줄리아 마틴)가 4대 교장을 하면서 보다 진전 있는 학교 운영이 이뤄지기 시작했다.

목포여학교는 1910년 6월 보통과 첫 졸업생을 배출하였는데 박애순, 최자혜, 박경애, 김세라 4명이었다. 박애순과 최자혜는 상급학교에 진학하여 교사가 되었다. 박애순은 광주수피아여학교 고등과를 또한 1회 졸업, 수피아여학교 교사를 지냈다. 최자혜는 미국 유학을 하여 대학교 학사 학위를 받고 1928년부터 모교인 정명여학교 교사를 했다. 박경애는 박화성

맥컬리 기념 여학교

(고등과 2회 졸업)의 친언니였고, 김세라는 졸업 직전 일찍 결혼하였다.

미 남장로교의 예산 900달러로 1909년 여학교 교사를 신축하였다. 해리슨 목사 주도로 공사하여 1912년 유애나 교장 때에 105평의 2층 석조건물을 완성하였다(현재 이 건물은 소멸되었다). 여학교는 2년제 중등과정을 신설하였고, 78명의 여학생들이 등록하여 남학교 중등과정생 25명보다 훨씬 많았다.

목포여학교는 1914년 3월 중등과정 첫 졸업식을 하였으며, 학교 이름을 정명여학교로 개명하고 학제를 개편, 4년제 보통과와 4년제 고등과로 보다 진전 있는 학교 체계를 갖췄다.

### 목포 항일 독립만세운동 주도

정명여학교는 1919년 목포 독립운동의 시발점이기도 하다. 4월 8일, 교직원과 학생들이 주도한 항일 독립만세운동을 벌였다. 이때 벌인 운동의 귀한 사료들이 현재 정명여학교 100주년 기념관으로 사용하고 있는 선교사 사택에서 발견되었다. 1983년 2월 14일 건물의 천장을 뜯어내던 중 2층 문설주 위 천장 귀퉁이에서 문서더미가 발견된 것이다.

문서더미는 붓으로 적은 김목사전(金牧師殿)이다. 3·1운동 당시 사용했던 3·1운동 선언서의 우송봉투였다. 이것이 현재 천안 독립기념관에 보관되어 있는 5종의 문서다. 5종의 문서는 3·1운동 당시 민족대표 33인이 작성한 '독립선언서' 인쇄본 1통, 동경유학생들이 조선청년독립단 명의의 '2·8독립선언서' 인쇄본 1통, '조선독립광주신문'이라는 제하의 인쇄물(지하신문) 1본, "경고아이천만동포"(2000만 동포에게 고하는 글)로 시작하는 격문 1매, 거칠게 손으로 적은 듯이 보이는 독립가 사본 1매다.

1919년 4월 8일 일본 경찰의 삼엄한 경계에도 불구하고 기독교인들과 영흥학교, 정명여학교 학생 등을 포함한 150여 명이 거리로 뛰어 나와 대한독립만세를 외쳤다. 당시 목포공립보통학교(현 북교초등학교)는 일본인 교장에 의해 민족운동이 억압된 반면 선교사들에 의해 운영된 정명여학교와 영흥학교의 경우는 일본의 간섭이 적어 만세운동의 주체가 될 수 있었던 것으로 보인다.

정명여학교의 박금엽 동문은 3·1운동 당시 고등과 2년이었으나 만세운동으로 학교가 휴교돼 졸업장을 받지 못했고, 남편 양병진 씨는 3·1운동 당시 독립자금을 마련하기 위해 상해로 갔으나 약혼자가 독립운동을 하고 있다는 이유로 투옥돼 심한 고문을 받았다고 전해진다.

### 학교의 발전, 그러나 신사참배 반대로 폐교

1920년대 이후 커밍과 하퍼는 폐교될 때까지 학교를 이끌었다. 1920년 학생 수가 290명으로 크게 늘었다. 교실이 더 필요했다. 선교부는 미국 교회에 지원을 요청했고, 1923년 1월에 석조 3층 240평 새 교실을 지었다. 맥컬리 부인(Miss. Green McCallie)이 10,000달러를 기부하여 건립하여서 이때는 '맥컬리 기념 여학교'라 하였다. 선교부는 별도로 2,500달러를 지원하여 70명을 수용하는 기숙사를 건립하고 1천평의 운동장도 만들었다. 안타깝게도 이 건물들은 현재 사라지고 없다.

1924년 6월 보통과 6년, 고등과 4년으로 학제를 변경하였다.

1930년대 일제는 만주사변을 일으키는 등 노골적으로 아시아 전역을 침략하면서 조선에 신사참배를 강요하기 시작했다. 신사는 일본 민간종교 신도(神道, Shintoism) 사원으로, 일본 왕실의 조상신이나 국가 공로자를 모셔 놓은 사당이다. 일제는 서울에 조선신궁을 세우고, 각 지방마다 신사를 세웠다. 일제는 조선의 민족말살 정책으로 조선인으로 하여금 신사에 절하며 참배하도록 강요했다. 우선 각급 학교 학생들에게 신사참배를 강요했는데, 기독교계 학교 등에서는 이를 거부했고 폐교를 마다하지 않았다.

호남에서 사역하던 미 남장로교 선교부는 학교가 폐교될지언정 신사참배를 할 수는 없다고 생각했다. 1936년 11월 전주에서 열린 선교부 연례회의는 미 선교본부 책임자 풀턴이 내한하여 중요하게 결정해줄 것을 요청했다. 풀턴(C. Darby Fulton)은 일본에서 출생한 2세 선교사로서, 일본의 신도가 단순한 정치적 문제가 아니라 신앙의 문제인 것을 잘 알고 있었다.

> 신사참배는 사소한 문제가 아니라 기독교 신앙의 근본 문제와 관계가 됩니다. 즉, 유일신론이냐 다신론이냐를 결정하는 중요한 문제입니다. 일반 기독교 신자이거나 교파의 지도적인 인물을 막론하고 정부가 신도에 대하여 말하는 것을 그대로 받아들일 수는 없습니다. 왜냐하면 신사참배 의식이 기도라든지 신령을 부르는 것 등의 종

조마구례(마가렛 하퍼)의 묘 (노스캐롤라이나 길포드공원묘지)

교적 요소를 다분히 내포하고 있으며, 누가 보더라도 종교적인 성질을 띠고 있다는 인상을 씻을 수가 없기 때문입니다. (풀턴)

풀턴은 1937년 2월 호남에 찾아와 이른바 13개 항으로 된 '풀턴 선언(한국 학교에 대한 정책)'을 통해, 신사참배를 거부하고 학교를 폐쇄한다고 천명했다. 이에 호남 5개 선교부에 있던 10개 기독교학교는 그해 가을 일제 당국에 폐교를 신청하고 학교 문을 닫았다. 목포의 정명학교와 영흥학교는 9월 6일에 폐교하였다. 그럼에도 이날 일부 교사와 학생들이 학교 밖을 나가 신사참배를 하는 일이 있었으며, 학교장 커밍과 마가렛 하퍼는 돌아오는 이들을 교문을 폐쇄하고 받아들이지 않았다.

정명여학교는 이후 일제에 의해 목포여자상업학교로 쓰였다.

1947년 9월 23일 목포정명여자중학교로 복교(재개교)하여 보육과를 병설하고 10대 교장 최섭이 취임하였다. 기존의 목포여상은 항도여중이라고 개명하여 목포역 앞으로 나갔다. 1962년 12월 고등학교를 설립하였고, 1964년 3월 31일 호남기독학원을 설립하였다. 해방 이후 60년대 초 이사회는 미 남장로교 선교부의 조마구례, 유화례 선교사 등이 계속 책임 맡았 었다.

### 목포 남학교

1903년 9월 9일 유진 벨, 임성옥, 유내춘 등이 학교를 세우기로 발기하였고, 9월 15일에 목포 남녀 학교를 동시에 개교하였다. 1906년에는 프레스톤 목사, 유내춘, 남궁혁이 교사로 학교를 이끌었다.

1907년 10월 10일 중학부 과정을 신설하였으며, 교과과정은 초등 1학년: 성경, 국문, 한문, 습자, 2학년: 산학, 3-4학년: 산학, 지리. 중등과정: 성경, 역사, 과학, 기독교서적, 국문(한문), 작문, 음악과 미술 등이었고, 남학생은 근로사역에 여학생은 다림질과 바느질 등의 교과외 활동에 참여했다. 학생들은 주일 교회출석이 의무였고, 주일 오후엔 거리 전도활동이 필수였다.

중등과정 15명 포함 80여 명 학생들이 1908년 가을부터 새 학교 건물에서 공부를 시작하였다. 그해 10월 10일 학교를 신축하였는데, 프레스톤 교장은 자기 아버지가 목회하였던 사우스캐롤라이나 주 스파탄버그제일교회와 담임 존 왓킨스 목사의 후원을 받았다. 기부금 2천 달러로 강당과 교실 2칸을 겸한 40×42자 규모의 석조 건물, 호남의 최초 근대식 학교 건물이었다. 학교 이름을 기부자를 기려 존 왓킨스 아카데미(The John Watkins Academy)라 하였다. 이때 미국에서 교사하던 배너블(W. A. Venable, 우위렴)을 전임교사로 청빙하였다.

1911년 3월, 중등과정 첫 졸업생을 배출했다.

1914년 니스벳 교장 시절에 목포영흥학교로 개명, 4년제 초등과와 2년

목포 남학교 근로학생

제 중등과에서 4년제 보통과와 4년제 고등과로 학제 개편하였다.

1928년 2월 미국 한 교회가 후원한 10,000원을 포함하여 20,000원으로 석조 2층 174평짜리 교실을 건축하고, 3,000원을 들여 운동장을 조성하였다. 그러나 며칠 만에 그만 화재가 나 기숙사가 전소되었다. 이에 미국 스파탄버그제일교회(1908년 신축 후원교회)와 라베넬(Mrs. H. E. Ravenel) 씨가 기숙사 재건비용 3,000달러를 보내 2층 52평의 건물을 1929년 가을, 완공하였다.

일제의 신사참배에 반대하다 다른 기독교학교와 마찬가지로 자진 폐교하였으며, 문태학교가 대신 사용하였었다. 1952년 문태중고는 용당동으로 이전하고 영흥학교는 복교하였으며, 현재는 상동으로 이전하여 지금에 이르렀다.

## 목포 기독교병원

미국 남장로교회가 호남에서 사역한 1892년부터 1983년까지 약 288명의 선교사들이 다녀갔다. 그 가운데 의사 선교사는 약 80여 명이었다. 1894년 드루가 군산에서 처음 시작한 것을 필두로, 목포에는 1898년에 오웬이 처음 사역을 펼쳤다. 목포는 그후 포사이드, 놀란, 버드만, 하딩, 리딩햄, 길머, 그리고 할리스터까지 8명의 의사가 찾아왔다. 간호사는 릴리 라스롭, 메리 베인, 에스더 매수스, 조지아나 휴슨 등의 미혼 여성과 목사 사모를 겸했던 에밀리 코델(Mrs. MaCallie), 마가렛 에드먼즈(Mrs. Harrison), 버지니아 커밍(Mrs. Cumming) 등이 있었다. 1910년엔 미국 유학을 다녀온 한국인 의사 오긍선이 잠깐이나마 목포의 환자들을 진료, 근무하기도 했다.

리딩햄이 병원장으로 근무하던 1914년, 목포 진료소 화재 사건이 있었다. 병원 전체가 전소되었으며 한국인 조수 윤병호가 안타깝게도 순직하고 말았다. 윤병호는 경기도 파주 출신으로 목포까지 내려와서 의사 선교사의 조수로 일하며 서양 신식 의료기술을 배우던 청년이었는데, 안타깝게도 20살 약관에 아내 김세라와 유복자 윤원중을 남기고 하늘나라로 가 버렸다.

미 남장로교 선교부는 당시까지만 해도 의료선교에 의사를 파송하고 의료장비 지원은 했으나, 병원 건물을 돈 들여 짓는 일에는 소극적이었다. 해외선교부 총무였던 체스터(Samuel H. Chester)의 의료 사역에 대한 정책이었다.

> 최선으로 진행되고 있는 의료사역에 많은 일들이 의존하고 있기 때문에 우리 교육기관들이 제공하는 최고 훈련을 받고, 일정 기간 병원 근무를 한 경험이 있는 사람만을 의료선교사로 파송해야 한다. 의료 장비들은 충족되어야 하겠지만 해외 선교자금을 큰 병원 건립에 투자하는 것은 위원회의 정책도 아니고 선교회들의 정책도 아니다. (체스터)

### 프렌치병원, 어디로 가버렸나!

화재로 진료소를 잃은 목포 선교부는 새로 병원을 세우는 게 급선무였는데, 선교부 차원에서는 어려운 일이었다. 감사하게도 이 소식을 들은 미국의 미주리 주 프렌치(Charles W. French)의 유산과 St. Joseph교회의 성도들이 헌금을 모아서 보내줘 병원을 신축하게 하였다. 1916년에 병원을 완공하여 프렌치메모리얼병원(French Memorial Hospital)이라 하였다. 리딩햄은 11년간 의료 선교하다 1923년 귀국하였다.

1927년에는 중국 선교부에서 일하다 온 의사 제임스(James B. Woods Jr.)와 프라이스(Philip B. Price)가 잠시나마 목포에서 의료 활동을 하였다. 같이 돕던 프라이스(Octavia Price) 간호사는 당시의 목포 진료 상황을 기록으로 남겼다.

목포 프렌치병원

필(Phil)이 그 병원에서 일하는 것은 쉽지 않았다……그곳에는 진찰을 받고 있는 한 명의 미국인 간호사가 있었다. 필은 즉시 그녀를 서울로 보내 복부 수술을 받도록 했다. 유일한 통역자는 영어를 조금 밖에 모르는 젊은 한국인 기술자였다……목포병원에 있는 환자들은 미국식 병상을 거들떠보지도 않았고, 바닥의 매트에서 지냈다. 그로 인해 치료가 어려웠다. 그들은 또한 동반자들을 데려왔는데, 때로는 온 가족을 불러들였다. 의료 장비는 부족했다. (크레인, '기억해야 할 유산')

미 남장로교 선교부는 프렌치병원에 1931년까지 의사를 파송하여 진료하고 치료하게 했다. 그러나 그 이후엔 의사 선교사를 보내지 않았으며 한국인 의사들로 병원을 운영했으나, 일제 치하에서 인력과 재정의 부족으로 어려움을 겪었다. 1940년까지 지속되긴 했는데, 일제치하와 해방을 지나면서 제대로 관리하지 못하고 병원 건물이 소리 소문 없이 소멸되었다. 미 남장로교 호남 선교부의 기독병원들이 지금까지도 한국 사회에서 크게 기여하며 온전히 전통과 역사를 이어오고 있는데, 5개 선교부 가운데 유일하게 우리 목포의 기독교 프렌치병원의 명맥만 끊어져 버린 것은 참으로 아쉬운 일이다.

**부록 1**

# 목포교회 설립은 1898년 5월 15일이다

김양호

(목포기독교역사연구소 대표)

목포교회가 시작된 지 어느덧 120여 년이 되어 가고 있다. 그런데 지금까지 목포교회는 설립일자를 잘못 지켜오고 있다. 1897년 3월 5일은 역사적 사실이 아니다. 1930년 일제가 펴낸 '목포부사'의 기록에 근거하여 지금까지 이날을 목포교회의 시작으로 여기고, 지난 1997년에는 100주년 행사도 하고 기념비도 세웠지만, '목포부사'의 기록이 틀린 사실이기에 이제라도 바로잡아야 한다.

## 1. 왜 1897년 3월 5일이 틀린가

**설립자 '유진 벨'은 당일 목포에 없었다**

목포교회는 미국 남장로교 한국선교부와 유진 벨 선교사에 의해 시작되었다. 그런데 이때만 해도 이들은 목포교회의 설립은 전혀 고려하지 않을 때이고, 전남 지역에서 나주에 최초로 개설하려고 했을 시기이다. 유진 벨은 1897년 2월 28일 서울에서 쓴 편지를 통해 그가 곧 나주를 방문하고 개척을 시도할 것이라고 밝히고 있다.

저는 나주로 가기 위해 오랫동안 목포로 가는 증기선의 소리를 듣기를 희망했으나 수포로 돌아갔습니다……저는 증기선의 가능성을 아예 포기하고, 육로를 통해 나주로 향할 것입니다. 그 거리는 대략 이곳(서울)에서부터 이백 내지 이백오십마일 가량이며, 해가 떠 있는 시간에 조랑말을 타고 여행하면 적어도 팔일 걸릴 것입니다. 저는 삼월 팔일 주의 월요일 출발 예정으로 한 달 내지 여섯 주 정도의 여정이 될 것입니다. (유진 벨, 1897년 2월 28일, 서울, 일요일)

미 남장로교 선교부는 예양협정에 의해 전라남북도와 제주, 충청 일부 지역을 담당받았다. 그들은 먼저 전라북도 군산과 전주에서 선교부를 설치하고 사역을 시작하였고, 1897년 들어서 전라남도에서도 사역을 펼치기로 하고 그 첫 베이스캠프를 나주에 설치하려 했었고 그 책임은 유진 벨에게 맡겨졌다. 그래서 유진 벨도 이때는 나주를 사역의 목표로 정하고, 나주에 가려 했다. 제물포에서 배를 타고 나주로 가려는데, 목포는 그저 거쳐가는 곳이었을 뿐이었다. 배를 이용하여 가려던 유진 벨이 사정이 생겨 배를 놓치게 되자 육로를 이용해서라도 가면 서울에서 나주까지 8일 후엔 도착할 수 있다고 쓰고 있다. 이처럼 1897년 봄이 시작되면서 유진 벨은 나주만을 생각할 뿐, 목포는 전혀 고려하지 않고 있음을 엿볼 수 있다.

그런데 생각지 않게 갑자기 제물포에서 남쪽으로 내려가는 배편이 생기자, 유진 벨은 이를 이용하고자 서울에서 제물포로 가게 된다. 그날이 3월 5일이다.

내가 먼저 쓴 글(3월 4일)을 쓰는 동안, 나는 일이 생겨 쓰는 것을 중지해야만 했고,

그 이후로 쓸 시간이 없었다. 그것은 한 증기선이 목포를 향해 며칠 내로 떠날 거라는 말을 유진 벨이 들었고, 그 배를 타기 위해 그가 서둘러야 했기 때문이다. 목요일 밤 아마와 나는 12시 30분까지 그의 가방과 다른 것을 위해 바느질을 했고, 금요일(3월 5일) 아침에는 벨이 짐을 싸는 것을 도와주었고 12시 30분에 그들은 출발했다. 그것은 제물포까지 여덟 시간 걸리는 여정이었고, 금요일 내내 걸렸으며, 배는 어제 출발하였다. (로티 벨, 1897년 3월 7일, 서울, 일요일)

유진 벨의 아내 로티 위더스푼의 편지에 따르면 유진 벨은 배를 타기 위해 3월 5일 낮에 서울을 떠나 제물포로 갔고, 거기서 하룻밤을 지낸 다음 3월 6일 토요일에 배를 타고 목포로 가는 배를 타려 했다는 것이다. 그리고 목포에서 지체없이 나주로 바로 가려 했을 것이다. 그의 목적지는 목포가 아니라 나주였기 때문이다.

이처럼 유진 벨이 목포교회를 시작했다는 3월 5일에 정작 설립자 유진 벨은 목포에 있지 않았으니, 그날에 예배드리며 교회가 시작되었다는 것은 이치에 맞지 않다.

### 3월 5일은 일요일이 아니다

이날은 주일(일요일)이 아니었다. 기독교에서 공식 예배는 보통 일요일 아침에 한다. 미국 교회에서 자라고 신학수업을 거쳐 목사로서 선교사로서 처음 선교지에 온 유진 벨로서는 당연히 일요일 아침에 주변의 신자들을 모아 예배를 드리고 이날을 설립일로 기념하였을 것이다.

그런데 목포교회가 설립일로 지켜오고 있는 1897년 3월 5일은 일요일이 아니라 금요일이었다. 요즘에야 평일에 모여 설립기념예배를 드리는 교회가 있기는 하지만, 120여 년 전 선교 초창기의 현실에서는 거의 없었던 일이다.

### '목포부사'의 부실한 기록과 그릇된 독해

지금까지 목포교회 설립일은 '목포부사' 기록에 근거하여 왔다. 그런데 1930년에 일제에 의해 조사되고 기록한 이 사실은 신뢰할 수 없다. 이 책의 본문에서는 1897년 3월 5일을 말하지만, 부록의 연표에서는 1898년을 말하고 있다. 동일한 사안을 두고 한 책에서 서로 다른 사실을 공표하고 있는 것이다.

> 명치30년(1897) (개국 506년 광무원년)
> - 봄 남장로파 선교사 배유지(Eugene Bell) 목포에 오다. 다음 해 가을 양동에 포교소를 열다. (목포문화원, 완역 목포부사, 879쪽)

위의 다음 해는 1898년이다. '가을'이라는 더 구체적인 시기는 또다른 논의가 될 수 있지만, 하여튼 목포교회 시작 연도를 이곳에선 1898년으로 기록하였다. 또한 1897년을 주장하는 본문의 기록에 대해서도 불신이 드는 것은, 표기 방식도 그렇고 여러 곳에서 틀린 사실이 연이어지고 있다.

선교사가 목포에 들어와 선교활동을 시작한 것은 꽤 오랜 일이며, 현 무안군 이로면에 천주교회가 창립된 명치31년(1898)의 전년 봄으로, 동년 가을 개항보다 약 반년 앞선다.

미국 남장로파선교회 소속의 선교사 고 배유지(Eugene Bell)는 조선인 변창연을 데리고 파견되어, 경성에서 목포로 와서 처음으로 포교에 종사하였다. 배 선교사는 목포에 온 이래 벽지에서의 고통을 참고 정령 구제의 한마음으로 맡은 일을 다 하고자 조금도 지친 바 없이 다음 31년(1898) 가을, 마침내 만복동(현재 양동 86번지)을 택하여 새로이 포교소(현재 선교사 류서백의 거택)겸 선교사 주택을 건축하였다.

때에 신도 20여 명, 수세례자 7명이었으나, 선교사는 개항 초기 아직 인구도 적고 경제력도 미약한 시기에 한 두 해의 선교의 성적을 볼 때, 스스로 나서서 의약 치료의 설비를 베풀고 영육을 함께 구제하는 것이 유리하고 첩경임을 깨달아, 본부에 그 의견을 건의한 바, 32년(1899) 봄, 의사 오기면을 보내서 여기에 병원을 개설하여 기독교 박애의 정신을 여실히 철저하게 펼 수 있게 되었다. (목포문화원, 완역 목포부사, 381-382쪽)

위 기록에서 보듯, 목포 선교의 시작을 '명치31년(1898)의 전년 봄'이라 하고 있다. 참 상식을 벗어난 독특하고 기이한 표현이다. '명치30년(1897) 봄'이라 해야 하지 않는가? 그런데 굳이 천주교를 거론하면서 그걸 기준으로 그 한 해 전이라고 어렵게 쓰고 있는 걸까? 역사적 사실에 대해 의문스럽게 한다. 이에 더하여 계속 이어지는 기록들이 실제 역사와 틀리기 때문에 더욱 그렇다.

### '선교'의 시작과 '교회'의 시작은 다르다

여기서 주목할 점은 '교회'의 시작이 아니라, '선교'의 시작을 말하고 있다는 점이다. 유진 벨은 이때 나주에서 활동하는 것을 목표로 하였기에 자연스레 목포를 찾기도 했을 것이며, 이미 그 이전 1896년에도 목포를 찾은 적이 있다. 이런 사실을 '교회' 시작과 구분하여 목포부사가 '선교'의 시작이라 하고, '교회'의 시작은 그 다음 해인 1898년이라 하였다면 틀리진 않는 얘기다.

결국은 그동안 독해를 잘못해 온 우리의 탓인 셈이다. 즉, 목포부사에 기록된 1897년 3월 5일은 교회의 시작을 말하지 않고 선교의 시작 시점을 말하고 있다는 사실이다. 또한 1898년 포교소(교회 겸 사택) 건립이 '가을'이란 것도 틀렸다. '배리 하우스'로 불리는 목포 초기 제대로 된 선교사 사택과 예배실은 실제로는 그해 '12월'에 완성되었기 때문이다.

'이때 수세례자 7명'도 잘못된 기록이다. 목포교회 최초 세례는 1900년 8월 26일의 일이며, 세례 받은 사람의 숫자는 성인 6명과 유아세례 2명, 혹은 성인 8명 등이 맞기 때문이다.

## 2. 1898년 5월 15일로 정해야 하는 이유

### 유진 벨의 선교 초기 행적

유진 벨은 미국 남장로교 선교부의 파송으로 1895년 4월, 한국에 처음 왔다. 선교부의 서울 센터였던 '딕시'에 머물며 한국어 수업과 현지에 적응하는 시간을 가졌다. 1896년 2월 선배 선교사 레이놀즈와 함께 처음 전라남도에 찾아와 약 3주간 정탐활동을 했다. 이때 목포에서 약 2에이커(약 2,900평)의 땅을 51달러에 매입하기도 했다. 이 땅을 후에 어떻게 사용했는지 아쉽게도 어떤 기록도 전해지지 않는다.

그리고 유진 벨은 계속해서 서울에 줄곧 머물면서 사역을 대기하며 준비를 하던 중, 1897년 3월 그의 두 번째 전라남도 정탐활동을 벌인다. 위에서 밝힌 대로 3월 5일 서울을 출발하여 제물포로 가서 다음 날인 6일 배를

해리슨과 유진 벨(1897년 4월 서울 딕시에서)

타고 전라남도를 가려 했다. 앞선 선배들이 주로 군산과 전주 등 전라북도 선교를 이미 시작하고 있던 차이기에 유진 벨에겐 전라남도 선교 임무가 주어졌고, 당시 전라남도에서 가장 큰 도시인 나주를 거점화하는 것이 목표였다.

그런데 그만 배를 놓치고 말았다. 그래서 유진 벨은 다시 서울로 돌아갔다가 7일 주일예배를 드리고, 8일 월요일 말을 타고 육로로 나주를 향해 내려갔다. 약 6주 동안 나주를 방문하고 다시 서울로 왔으며, 5월 13일 동료 해리슨 선교사와 함께 다시 나주를 방문, 11일간 활동을 하였다. 몇 차례 나주를 방문하며 조사 변창연의 도움을 받아 선교 거점을 마련하려 했으나, 나주 향교와 관청의 배타로 인해 나주 선교활동은 어려움과 정체 속에 처해 있었다.

그러던 중 10월 1일 목포가 개항이 되고, 앞으로 나주보다는 목포가 훨씬 더 발달하게 되고 선교하기에 수월하게 되리라 생각되어 10월 말에 열린 선교부 회의에서 목포 선교를 결정하게 되었다. 방해와 거센 반발뿐인 나주를 포기하고 목포에서 새롭게 선교 사역을 시작하기로 한 것이다.

### 목포 첫 공식예배, 1898년 5월 15일

유진 벨은 목포 선교가 결정된 이후 1897년 11월과 다음 해 1898년 3월, 틈틈이 서울과 목포를 오가며 목포에서의 선교부 거점 마련에 힘을 기울였다. 1898년 3월 2일 목포에 다시 왔을 때 임시로 거처할 수 있는 초가집을 매입하고 앞으로 사역할 선교부 부지도 확보하였다. 그리고 임시 초가집을 리모델링하여 예배할 수 있는 공간을 마련하고 마침내 5월 15일 주일에 조사 등과 함께 예배를 드리게 되었다. 목포에서 드리는 첫 공식 예배인 셈이다.

> 오늘 아침 많은 여자들을 포함한 큰 회중이 모여 저는 대단히 고무되었습니다. (유진 벨, 1898년 5월 15일)

목포교회 설립일자에 관한 역사적 사실은 어느 것보다 설립자의 증언이나 기록이 타당하고 정확할 것이다. 유진 벨이 편지로 남긴 기록이야말로 목포교회 설립의 역사적 사실을 규명하는 데 가장 중요한 자료이다. 유진 벨은 초기 선교사역 기간 동안 다른 어떤 선교사보다 훨씬 방대한 양의 선교 편지를 남겼다. 그의 편지 가운데서 목포에서 처음 예배드린 기록이 나오는 1898년 5월 15일을 중요하게 여겨, 목포교회의 창립일을 이날로 정해야 할 것이다.

**주일밤 예배와 수요예배도**

목포교회는 주일 아침예배뿐만 아니라 얼마 안 되어 곧바로 저녁예배도 수요예배도 시작하였다.

너무 심하게 비가 오기 때문에 아무도 저녁예배에 올 수가 없었습니다. (유진 벨, 1898년 7월 3일 주일 저녁)

수요일 밤에는 기도회와 두 개의 세례 준비 교육반을 인도합니다. (유진 벨, 1900년 12월 10일)

주일 아침예배를 드린 지 두 달이 안 되어서 이미 저녁예배도 드리고 있었음을 엿보게 한다. 다소 3년이라는 시간이 지난 1900년도 편지에야 나오지만 수요일 저녁예배 역시 목포교회 시작 초기에 이미 드리기 시작했으리라.

**이를 뒷받침하는 추가 자료들**

1898년 5월 15일을 목포교회 첫 예배일로, 창립일로 여겨야 하는 추가 증거 자료들이 유진 벨의 편지에서 나타난다.

이곳(목포)에서 선교사역을 시작한 지 2년도 채 되지 않았다. ('더 미셔너리' 1900년 8월호, 유진 벨, 목포에서의 처음 열매들)

(목포) 교회의 가장 주목할 만한 진전은 봄에(6월 28일 헌당) 준공한 위더스푼기념예배당의 건립이다. 이 예배당을 건축하기까지 교인들은 지난 5년 전 두세 명이 모여 시작된 작은 기도 모임이 열린 베리 홈의 사랑방이나 접대실에서 지속적으로 예배를 쉬지 않았다. (유진 벨 개인보고서, 1903년)

1900년 8월호에 실린 글이라면 그 직전에 쓴 것이리라. 2년이 채 되지 않았다니 1898년 봄쯤일테고, 1903년의 5년 전이라면 역시 1898년이다.

### 조선예수교장로회사기

유진 벨의 편지와 함께 또한 중요한 사료로서 조선예수교장로회사기의 기록을 중요하게 여겨야 할 것이다.

1898년 목포부 양동교회가 성립하다. 선시에 선교사 배유지와 매서 변창연이 당지에 와서 양동에 장막을 포진하고 선교를 시작하여 열심 전도하므로 노학규, 김만실, 김현수, 임성옥, 지원근, 마서규, 김치도 등 20여 명이 신종(信從)하여 교회가 수성(遂成)되고 의사 오기원이 적래하여 의약과 복음으로 예수의 자애를 현실하니 신도가 날로 증가하더라. (차재명, 조선예수교장로회사기, 55쪽)

1928년에 나온 '조선예수교장로회사기'는 조선예수교장로회 총회에서 발행한 것이다. 당시의 조선 장로교회의 역사와 교회 현황을 기록한 것인데, 이 책에는 목포(양동)교회가 1898년에 시작되었다고 말한다. 더 정확한 월 일까지 기록하지 않은 것은 아쉽다. 또한 초창기 주요 신도 이름과 함께 20여 명이 시작한 것처럼 보이나, 실상 처음부터 그렇게 많은 사람들이 시작하진 않았으리라. 조사 변창연과 요리사 등 유진 벨이 고용한 몇 사람이 시작했을 것이다. 차츰 전도하게 되어 사람들이 늘어나게 되고 후에 위 사람들이 목포교회의 중심 인물들로 형성되어 간 것이다.

## 3. 마치면서

목포교회는 이제 지금까지 잘못 알려진 역사적 사실을 고쳐야 한다. 그동안 별 검증 없이 '목포부사'의 기록에 따라 1897년 3월 5일을 창립일로 여겨왔다. 그러나 이 사실이 잘못된 바, 교회에 대한 이해가 부족하고 피식민지 조선과 조선 교회에 대한 낮은 시각을 지닌 일제의 오류이며, 우리의 잘못된 독해 탓도 있음을 지적하였다. 훨씬 더 신빙성 있고 충분한 근거가 되는 설립자 유진 벨의 편지 등의 자료를 통해 1898년 5월 15일이 더 정확한 사실임을 밝혔다.

### 2018년, 화해와 섬김을 함께하는 목포교회 120주년을

목포의 첫 교회임을 자부하는 곳이 최소한 3개다. 기장의 양동교회, 예장통합의 양동제일교회, 예장합동의 새한교회. 모두 목포 교회라는 한 뿌리에서 시작하였는데, 해방 이후 한국 교회 분열의 아픔과 함께 목포교회도 서로 반목하고 분열하고야 말았다. 1950년대 초, 기장과 예장이 갈라설 때, 양동교회에서 기장 양동교회와 예장 양동제일교회로, 또 1960년대 초에는 통합과 합동으로 갈라질 때 양동제일교회와 새한교회로 분열하였다.

참으로 오랜 세월이 흘렀다. 이젠 분열의 상처와 반목을 극복하고 화해와 평화, 섬김의 공동체로 회복되어야 할 때다. 양동, 양동제일, 새한교회가 한 뿌리 형제 교회인 것을 고백하고 서로 마음을 낮춰 하나 되기에 힘써야 할 것이다. 장자되었던 교회들이 서로 하나 될 때 목포의 400여 모든 교회들이 또한 유기적으로 하나 된 공동체를 이룰 것이다.

먼저는 함께 교회 역사부터 올바로 재정립하고, 미국 선교사들이 건네주었던 아름다운 신앙과 십자가의 본질을 회복하는 일이 중요할 것이다. 세 교회가 여전히 1897년 3월 5일을 생각하며 120주년 행사를 준비하는 것으로 안다. 이것부터 바꿀 수 있어야 한다. 아직 시간이 남아 있다. 지금부터라도 세 교회를 중심으로 한 목포교회가 바른 역사 찾는 일에 마음을 쏟아 함께 논의하고 토론하며 진정 우리 목포교회의 생일이 언제인지 제대로 규명하고 함께 재정립하기를 기대해 본다.

그리고 2018년 5월 15일에 120주년을 기념하는 여러 일들을 목포 온 교회가 함께 준비하길 기대한다. 우리가 복음의 은혜를 거저 받았은즉, 이제 우리도 복음의 빚을 갚는 일에 선한 뜻과 의지를 모아 나가는 것이야말로 진정 120주년을 아름답게 기념하는 일일터이다.

## 부록 2

# 목포 사역 선교사 명부

> **보 기**
> - 영문 이름(우리말 이름, 내한 연도-이한(사망)) 연도
> - 출생 연월일/출생 장소 - 사망 연월일/사망 장소, 사망 원인
> - 배우자: 이름(결혼 연도, 자녀: 이름 또는 명수)
> - 학력
> - 목포 주요 경력
> - 목포 외 지역 경력
> - 특징

**Adams, Darrell**(1982-?)

**Anderson, Neil**(1968-1975)
캐나다연합교회 소속

**Bain, Mary Rachel**(배마리아, 1921-1928)

**Bell, Eugene**(배유지, 1895-1925)
1868.4.11./Scotts, KY - 1925.9.28./광주, 병사
아내: Lottie Witherspoon(1894, 자녀: Henry, Charotte)
　　Magaret Whitake Bull(1904, 자녀: William Eugene, Holland Scott, William Ford)
　　Julia Dysart(1921)

센트럴대(1891), 켄터키UTS(1893), 루이빌신대(1894)
1897년-1904년 목포 선교부 개척, 목포교회 1,3대 담임목사
1904년 12월-1925년 광주 선교부 개척과 사역
평양신학교 교수, 1911년 전라노회 초대 부회장, 1914년 조선장로회 3대 총회장

**Bell, Lottie Witherspoon**(로티, 1895-1901)
1867/KY - 1901.4.12/목포, 심장마비
남편: Bell Eugene(1894, 자녀: Henry, Charlotte)
아우구스투스여자신대(1889)
1898-1901 목포교회 1대 담임사모

**Bell, Magaret Whitake Bull**(배주량, 1904-1919)
1873.11.26/Norfolk, VA - 1919.3.26/병점, 교통사고
남편: Bell Eugene(1904, 자녀: William Eugene, Holland Scott, William Ford)
1904 목포교회 3대 담임사모
광주

**Birdman, Ferdinand Henry**(1908-1909)
1872/독일 비텐베르그
1908년 목포 의사
1909년 전주

**Boyer, Kenneth Elmer**(보계선, 1957-1979)
1930/전주(보이열 아들)
아내: Sylvia Elizabeth Haley(1961, 자녀: 3명)
데이비슨대(1953), 컬럼비아신대(1956), PSCE(박사, 1969)
1960-1966 목포 전도, 목포성경학교장(1966)
대전, 제주 사역

**Burton, Suzanne Marion**(박선희, 1964-1975)
1935/Milwaukee, WI
남편: Leonard Johnston Abbo(1984, 자녀: 없음)
마빌대(1957), 장로기독교육대학(석사, 1964)
1966-1967년 목포
광주 기독교육, 서울 장신대학교

**Codington, Mary Littlepage Lancaster**(고베지, 1949-1974)
1922/중국 남경
남편: Herbert A. Codington(1949, 자녀: 6명)
아그네스스콧대(1948), 컬럼비아신대(1948)
1949-1950년 목포 간호사
광주와 방글라데시 사역

**Codington, Herbert Augustus**(고허번, 1947-1974)
1920/NC
아내: Mary Littlepage Lancaster(1949, 자녀: 6명)
데이비슨대(1941), 고넬의대(1944), UTS(1948), 예일어학원(1949)
1949-1950 목포 의사
1951-1973 광주 의사, 1974년 방글라데시 사역

**Crane Katherine Whitehead Rowland**(1916-1919)
1896/Athens, GA
남편: Paul Sackett Crane(1915.5.12, 자녀: 에피 햄튼, 폴 에드거 크레인)
  William Earl Crane(1922, 자녀: 1명)
목포 전도 사역

**Crane, Paul Sackett**(구보라, 1916-1919)
1899.2.6/Yazoo, MS - 1919.3.26/병점, 교통사고

부록 | **247**

아내: Katherine Whitehead Rowland(1915.5.12, 자녀: 에피 햄튼, 폴 에드거 크레인)
사우스이스트장로대(1910), UTS(1913)
목포 선교부 행정

**Cumming, Annie Shannon Preston**(변애례, 1934-1966)
1907/Salisbury, NC(프레스톤 3녀)
남편: Cumming, Daniel James(1934, 자녀: 6명)
아그네스스콧대(1930)
1934-1940 목포병원 회계, 전도 사역, 1963-1965 정명학교교사

**Cumming, Bruce Alexander**(김아열, 1927-1958)
1899/Baltimore, MD -1988(김아각 동생)
아내: Laura Virginia Wright Kerr(1927, 자녀: 2명)
웨슬리언대(1917), 프린스턴대(1924), 루이스빌신대(박사, 1952)
1927-1938 목포 복음 사역
1949년이후 광주 서울에서 사역

**Cumming, Daniel James**(김아각, 1918-1966)
1892/Statton, VA - 1971(김아열 형)
아내: Annie Shannon Preston(1934, 자녀: 6명)
웨일리언대(1912), 루이빌신대(1916), 뉴욕성서신학교(박사, 1939)
목포 남녀학교 교장
광주 선교부 교육 행정

**Cumming, Laura Virginia Wright Kerr**(1927-1958)
1899/Baltimore, MD
남편: James Kerr(1920, 자녀: 1명)
　　　Bruce Alexander(1927, 자녀: 2명)
괴테대(1918), 유니언 기념병원(간호학, 1926)

목포병원 간호사
광주기독병원

**Forsythe, Jean Miller**(1910-1913)
1878/Harrodsburg, KY(포사이드 누이)
목포 여성과 어린이 사역

**Forsythe, Wille Hamilton**(보위렴, 1904-1911)
1873.12.25/Harrodsburg, KY - 1918.5.9/Louisville, KY
웨스트민스터대(1894), 루이빌의대(석사, 1898)
1909-1911 목포 의사, 전도자
1904-1906 전주병원
"선한 사마리아인"

**Gilmer, William Painter**(길마, 1923-1927)
1890/VA - 1978
아내: Kathryn Newman(1925, 자녀: 1명)
　　　Helen Newman(1927)
햄턴시드니대(1910), 버지니아의대(1916)
1923-1926 목포 의사, '최섭'을 의사로 키움
1927 광주 의사

**Gilmer, Kathryn Newman**(1923-1926)
1897/Baldwin, MS - 1926/목포
남편: Gilmer, William Painter(1925, 자녀: 1명)
목포 선교사 자녀 교육

**Harding, Gertrude Fisher**(1911-1913)
1879/Montgomery, MO - ?
남편: Harding, Maynard C.(1908, 자녀: 2명)
1911-1913 목포 간호사

**Harding, Maynard C.**(하진, 1911-1913)
1878/IA - ?
아내: Harding, Gertrude Fisher(1908, 자녀: 2명)
덴버그로스의대(1906)
1911-1913 목포 의사

**Harrison, Margaret Jane Edmunds**(1903-1928)
1871/Ontario, Canada - 1945.10.12/NC
남편: Harrison, William Butler(1908, 자녀: Selina, Charles)
미시간대
1908-1912 목포교회 담임사모, 병원 간호사
1913-1928 군산
1903년 북감리회 소속으로 서울 보구여관 간호사

**Harrison, William Butler**(하위렴, 1894-1928)
1866.9.13./Lebanon, KY - 1928.9.22./Louisville, KY
아내: Linnie F. Davis(1898.6/서울)
　　　Margaret Jane Edmunds(1908, 자녀: Selina, Charles)
켄터키중앙대(1888), 루이빌신대(1894), 루이빌의대(1895)
1908-1912 목포교회 5대 담임
군산 사역

**Hewson, Georgiana Florine**(허우선, 1920-1946)
1896/Orange, TX - 1946.12.4
아그네스스콧대, 펜실바니아대간호학(1920)
1920-1925 광주 간호사
1926-1930 목포 간호사
1931-1940 순천 간호사

**Hill, Ella Lee Thraves**(1912-1918)

버지니아 주 포와탄 출생 - ?

남편: Hill, Pierre Bernard(1905, 자녀 4명)

1912-1913 목포 교육(정명학교), 전도

1914-1916 광주 교육, 전도

**Hill, Pierre Bernard**(길변하, 힐요한, 1912-1918)

1877/Richmond, VA - 1958

아내: Ella Lee Thraves(1905, 자녀 4명)

햄프턴대(1905), 루이빌신대(1906), 리치몬드루이빌신대(박사, 1919), 햄든시드니(문학박사, 1935)

1912-1913 목포 목사(함평, 무안 순회 전도)

1914-1916 광주 사역

**Hoffman, Marilyn Jane Veith**(1955-1976)

1927/Philadelphia, PA

남편: Hoffman, Robert Edwin(1953, 자녀: 4명)

아빙턴병원간호학(1948), 펜실바니아대간호교육(1954)

1955-1960 목포 간호사

전주, 서울

**Hoffman, Robert Edwin**(함부만, 1955-1976)

1829/한국 선천

우스터대(1950), 프린스턴신대(1953), 루이빌신대(1967), 프린스턴신대(박사, 1972)

1955-1960 목포 목사

전주, 서울

**Hollister, Myrtle Morris**(1928-1936)

1901/MD

남편: Hollister, William(1925, 자녀: 4명)

고우처대(1923)

1928-1931 목포 전도, 교육

군산

**Hollister, William**(하리사, 1928-1936)

1893/Newborn, NC

아내: Myrtle Morris(1925, 자녀: 4명)

데이비슨대(1916), 존스홉킨스의대(1922)

1928-1931 목포 의사

군산

**Hopper, Annis Barron**(1920-1954)

1893.7.19/RockHill, SC - 1979.4.14/High Point, NC

남편: Hopper, Joseph(1919, 자녀: 3명)

윈드롭공대(1914), 뉴욕성서신학교(1919)

1920-1952 목포 복음사역, 성경학교 교사

서울

**Hopper, Joseph**(조하파, 1920-1954)

1892.6.1/Stanford, KY - 1971.2.20/Guildford, NC(조마구례 동생)

아내: Annis Barron(1919, 자녀: 3명)

센트럴대(1914), 루이빌신대(1917), 루이빌신대(석사, 1928), 뉴욕성서신학교(박사, 1939)

1920-1952 목포 목사, 영암, 강진, 장흥 순회 전도, 평양신학교 교수

1953-1954 서울 신학교교수

**Hopper, Margaret**(조마구례, 1923-1957)

1886.5.27/Stanford, KY - 1976.11.2/High Point, NC(조하파 누나)

스탠포드여대(1904), 테네시대(1915), 화이트성서학교
목포 정명학교교장, 성경학교, 목포 동남부 전도

**Hughes, Florence Pauline**(이부인, 1921-1927)
1892/New York
뉴욕주립대, 무디성서학원
1921-1923 목포 순회 전도
순천

**Knox, Maie Phila Borden**(1908-1952)
1885/Galveston, TX -1959
남편: Knox, Robert(1907.9.11, 자녀: 1명)
텍사스대학
1908-1911 목포 여성과 어린이 사역
광주

**Knox, Robert**(노라복/로라복, 1907-1952)
1880.3.3/Giddings, TX
아내: Maie Phila Borden(1907.9.11, 자녀: 1명)
텍사스대(1903), 프린스턴신대(1907), 다니엘바커대(박사, 1925)
1907-1911 목포 목사, 나주, 함평, 무안 순회 전도
광주, 화순, 보성, 평양신학교 교수

**Lathrop, Lillie Ora**(라두리/라두롭, 1912-1930)
1879/VA - 1963
아그네스스콧대, 기독병원
1912-1916 목포 간호사
군산

**Leadingham, Harriet Ida Pearce**(1912-1923)
1883/LA
남편: Leadingham, Roy Samuel(1912, 자녀: 2명)
1912-1918 목포 전도
서울


**Leadingham, Roy Samuel**(한삼열, 1912-1923)
1879/IA -1963
아내: Harriet Ida Pearce(1912, 자녀: 2명)
1912-1918 목포 의사, 프렌치병원 신축
서울 세브란스


**Lee, Kay Antoinette Caillet**(이계숙, 1966-1982)
1936/Dallas, TX - 1997
남편: Lee, Timothy Woo Tag(1960, 자녀: 3명)
필립스대(1958), 텍사스대(1988)
1966-1967 목포 교육
대전


**Lee, Timothy Woo Tag**(이디모데/이우락, 1966-1994)
1930/한국 한천
아내: Kay Antoinette Caillet(1960, 자녀: 3명)
필립스대(1958), 프린스턴신대(1961), PSCE(1971), 필립스대(박사, 1974)
1966-1967 목포 목사, 목포성서신학원
대전


**Linton, Charlotte Witherspoon Bell**(인사례, 1922-1964)
1899.1.6/목포 - 1974(배유지 장녀)
남편: Linton, William Aldrman(1922, 자녀:4명)

아그네스스콧대
1961-1964 목포 교사, 성경고등학교
군산멜볼딘학교, 전주기전학교, 대전외국인학교
* 목포에서 출생한 첫 외국인

**Linton, Thomas Dwight**(인도아, 1953-1978)
1927/전주 - (인사례 아들)
아내: Majory A. Potter(1950, 자녀:5명)
리치몬드대(1949), 컬럼비아신대(1952), 컬럼비아신대(석사, 1970), 풀러신대(박사, 1987)
목포 성경학교 이사장
광주호남신학교 이사장, 광주기독병원 원목

**Martin, Julia A.**(마율리, 1908-1940)
1869.10.23/Highland, KS - 1944.9.1/Los Angeles, CA
캐벨사범대, 엣치슨경영대, 무디성경학교
목포 교사, 지역순회 전도, 정명여학교 사역

**Mattews, Esther Rosewell**(마에스더, 1916-1930)
1881/NC - 1960
로인병원 간호학
1920-1922 목포 간호사
광주, 전주

**McCallie, Emily Cordell**(1907-1930)
1873/MO - 1931
남편: McCallie, Henry Douglas(1909, 자녀: 1명)
살레이대, 시애틀성경학교
목포 간호사, 교사, 지역 전도, 정명학교

**McCallie, Henry Douglas**(맹현리, 1907-1930)

1881/TN - 1946

아내: Emily Cordell(1909, 자녀: 1명)

버지니아대, 프린스턴신대(1904), UTS(신학석사, 1907), 프린스턴대(문학석사)

1910-1928 목포 목사, 섬 전도, 지역 순회, 영흥학교

**McCutchen, Luther Oliver**(마로덕, 1903-1946)

1875/NC - 1960.11/SC

아내: Josephine Cordelia Hounshell(1908, 자녀: 없음)

데이비슨대(1895), UTS(1900), 컬럼비아신대(1901), 데이비슨신대(박사)

1902-1903 목포 목사

전주, 평양신학교 교수

**McMurphy, Ada Marietta**(명애다, 1912-1958)

1883.12.26/IA - 1970

시카고대, 컬럼비아신대

목포 교사, 지역 전도, 정명학교

목포 최장기 사역(46년)

**Murphy, Anna Christine**(1921-1927)

1890/AR

남편: Murphy, Thomas Davidson

알칸사스대(1912)

목포 순회 전도

**Murphy, Thomas Davidson**(민도마, 1921-1927)

1884/LA - 1970

아내: Anna Christine(1914, 자녀: 3명)

알칸사스대(1910), 오스틴신대(1913), UTS(박사, 1927)

목포 목사, 순회 전도

**Newland, Sarah Louise Andrews**(1911-1942)

1891/NC - 1981

남편: Newland, LeRoy Tate(1911.5.5, 자녀: 2남5녀)

퀸스대(1909), ATS(1926)

1914-1918 목포 전도

광주

**Newland, LeRoy Tate**(남대리, 1911-1942)

1885.3.7/Galva, IA - 1969

아내: Sarah Louise Andrews(1911.5.5, 자녀: 2남5녀)

데이비슨대(1908), 루이빌신대(1911), 프린스턴신대(1918), UTS(1926), 데이비슨대(박사, 1933)

1914-1918 목포 목사, 순회 전도

광주

**Nisbet, Annabel Lee Major**(유애나, 1907-1920)

1869.1.19/Claksville, TN - 1920.2.21/목포

남편: Nisbet, John Samuel(1899, 자녀:없음)

찰리스여대(1885)

1911-1920 목포 교사, 정명학교 교장

1907-1910 전주

**Nisbet, Elizabeth Rachel Walker**(유부인, 1921-1939)

1886/Little Rock, AR - 1958

남편: Nisbet, John Samuel(1921, 자녀: 2명)

메리언여대(1907)

목포 전도, 행정, 성경학교

**Nisbet, John Samuel**(유서백, 1907-1939)
1869.4.11/SC – 1949/NC
아내: Annabel Lee Major(1899, 자녀:없음)
　　　Elizabeth Rachel Walker(1921, 자녀: 2명)
알칸사스대(1894), SWPU(신학석사, 1898)
1911-1939 목포 목사, 순회 전도, 영흥학교장, 1917 전남노회창립노회장
1907-1910 전주

**Nolan, Joseph Wynne**(놀란, 1904-1907)
1880/KY
센트럴의과대(1904)
목포 의사
광주

**Owen, Clement Carrington**(오(기)원, 1898-1909)
1867.7.19/Black Walnut, VA – 1909.4.13/광주
아내: Georgiana Emma Whiting(1900.12.12, 자녀: 메리, 로스, 도로시, 프란시스)
햄든시드니대(1886), UTS(1894), 버지니아의대(석사, 1896)
1898-1904 목포 의사, 전도
광주 전남 전도

**Owen, Georgiana Emma Whiting**(1900-1923)
1869.9.12/Monson, MA – 1952.1.24/Denver, CO
남편: Owen, Clement Carrington(1900.12.12, 자녀: 메리, 로스, 도로시, 프란시스)
노스필드신대(1890), 필라델피아의대(석사, 1894)
1900-1904 목포 의사, 전도
광주 의사, 수피아학교

**Preston, Annie Shannon Wiley**(변부인, 1903-1946)

1879.1.15/Salisbury, NC - 1983

남편: Preston, John Fairman(1903, 자녀 7명)

스테이스빌대(1894), 아그네스스콧대(1897)

1903-1907 목포교회 4대 담임사모

광주, 순천

**Preston, John Fairman**(변요한, 1903-1946)

1875.4.30/Fernandina, FL - 1975.4.30/GA

아내: Annie Shannon Wiley(1903, 자녀 7명)

퍼먼대(1898), 프린스턴신대(1902), UTS(1920), 킹대학(박사, 1926)

1903-1907 목포교회 4대 담임

광주, 순천, 평양신학교 교수

**Reynolds, Patsy Bolling**(1892-1937)

1868/Richmond, VA - 1962

남편: Reynolds, William Davis(1892.5.5, 자녀: 4명-레이놀즈 주니어, 존 볼링, 캐리 미베인, 엘라 틴슬리)

매도비아대(1887)

1902 목포교회 2대 담임 사모

군산, 전주, 평양

**Reynolds, William Davis**(이눌서, 1892-1937)

1867.12.11/Norfolk, VA - 1951/Montreat, NC

아내: Patsy Bolling(1892.5.5, 자녀: 4명-레이놀즈 주니어, 존 볼링, 캐리 미베인, 엘라 틴슬리)

햄든시드니대(1887), 존스홉킨스의대(1888), UTS(1892)

1902 목포교회 2대 담임

군산, 전주, 평양신학교 교수, 성경 번역

* 목포 최초 방문 선교사

**Robinson, Elizabeth Eleanor Rhumann**(토티, 1948-1981)
1917/Waco, TX -
남편: Robinson, Robert Kitchen(1945, 자녀: 3명)
텍사스공대(1939), ATS기독교교육(1943)
1948-1959 목포 교사, 지역 전도
대전


**Robinson, Robert Kitchen**(라빈선, 1948-1981)
1919/VA - 1988
아내: Elizabeth Eleanor Rhumann(1945, 자녀: 3명)
햄든시드니대(1942), 유니언신대(1945), PSCE(박사, 1966)
1948-1959 목포 목사, 성경학교장
대전


**Root, Florence Elizabeth**(유화례, 1927-1963)
1893.12.21/NY - 1995.5.26/Harrisonburg, VA
스미스대(1914), ATS(1926), 컬럼비아대(1932)
1960-1963 목포 교사, 고등성경학교장
광주


**Smith, Robert Lee**(심득인, 1955-1973)
1924/AR
휘튼대(1949), 컬럼비아신대(1952)
1960-1970 목포 목사, 성서신학원장
전주


**Somerville, John Nottingham**(서의필, 1954-1994)
1926/SC
아내: Virginia Bell(1953, 자녀: 5명)

장로대(1949), 컬럼비아신대(1953), 성균관대(1963), 하버드대(박사, 1974)
1954-1959 목포 교사, 전도 사역
서울신학교, 대전한남대학교 교수

**Somerville, Virginia Bell**(서진주, 1954-1994)

1927/VA - 2006

남편: Somerville, John Nottingham(1953, 자녀: 5명)

휘튼대(1947), 존스홉킨스대 간호학(1952)

1954-1959 목포 간호사, 지역 전도

대전

**Straeffer, Fredrica Elizabeth**(서여사/서부인, 1899-1908)

1868.6.24/Cincinnati, OH - ?

1899-1905 목포 교사, 정명학교, 순회 전도

광주

* 목포 최초 여선교사

**Talmage, Janet Crane**(타자애, 1948-1976)

1917/목포(타마자 딸)

남편: Keller, Frank Goulding(1956, 자녀: 1명)

메리빌대(1938), 리치몬드유니언신대(1940), 워싱턴간호대(1953)

목포 간호사

전주

**Talmage, John Edward**(타요한, 1937-1977)

1912/광주(타마자 아들)

아내: Roslyn Throne Arnold(1937, 자녀: 3명)

메리빌대(1934), 컬럼비아신대(1936, 1960), 벨하운신대(박사, 1965)

1948-1955 목포 목사, 성경학교

군산, 대전한남대학교

**Talmage, Roslyn Throne Arnold**(로키, 1938-1977)
1912/GA - 1979
남편: Talmage, John Edward(1937, 자녀: 3명)
그리니치토니스대, 아그네스스콧대
1948-1955 목포 교사
군산, 대전

**Venable, Virginia Flournoy Jones**(1909-1917)
1884/TX - 1970
남편: Venable, William Anderson(1909, 자녀: 3명)
화이트성경학교(1909)
1909 목포 전도
군산

**Venable, William Anderson**(위위럼, 1909-1917)
1886/Victoria, TX - 1947
아내: Virginia Flournoy Jones(1909, 자녀: 3명)
오스틴대(1906), 오스틴대(석사, 1929)
1909 목포 교사, 영흥학교
군산

**Wayland, Cora Antrim**(고인애/고아라, 1954-1980)
1920/중국 길림 - 2007
퀸스대(1942), 뉴욕성서신학교(1959), 컬럼비아신대(1964), 조지아대(박사, 1972)
1954-1958 목포 교사, 전도
전주한일신학교장

## 참고문헌

■ 단행본

강민수, "호남지역 장로교회사 – 1938-1954년의 전남노회 사역 중심으로", 한국학술정보, 2009.
고무송, "나의 달려갈 길을 마치고", 쿰란출판사, 2007.
고석규, "근대 도시 목포의 역사 공간 문화", 서울대학교 출판부, 2009.
고토 분지로, "조선기행록", 푸른길, 2010.
기성역사편찬위원회, "간추린 한국성결교회사", 기성출판부, 1994.
김수진, "광주 전남지방의 기독교 역사", 한국장로교출판사, 2013.
김수진, "목포지방기독교 100년사", 목포노회, 1997.
김수진, "한국장로교 총회창립 100년사 1912-2012", 홍성사, 2012.
김수진, "초기 한국 교회 100선", 한국장로교출판사, 2008.
김수진, "호남선교 100년과 그 사역자들", 고려글방, 1992.
김수진 외, "장로교 최초 목사 7인 리더십", 쿰란출판사, 2010.
김승태, "한말 일제강점기 선교사 연구", 한국기독교역사연구소, 2006.
김승태, "식민권력과 종교", 한국기독교역사연구소, 2012.
김영재, "한국 교회사", 합신대학원 출판부, 2014.
김재석, "목포", 문학들, 2012.
노형석, "한국 근대사의 풍경", 생각의나무, 2006.
로이스 스와인하트, "조선의 아이 사랑이", 살림, 2010.
마르다 헌트리, "새로운 시작을 위하여", 쿰란출판사, 2009.
매티 윌콕스 노블, "노블일지", 이마고, 2010.
모리야마 사토시, "진주의 노래, '한국 고아의 어머니' 윤학자의 생애", 홍성사, 2012.
목포노회사편찬위원회, "한국남장로교선교회 목포선교부 보고서", 노회사편찬위, 1997.
목포노회사편찬위원회, "한국남장로교선교회 목포선교부 보고서 2집", 노회사편찬위, 1997.

목포문화원, "완역 목포부사", 목포문화원, 2011.
목포백년회, "목포개항 100년사", 목포개항백년사편찬위원회, 1997.
미네르바 구타펠, "조선의 소녀 옥분이", 살림, 2009.
민경배, "한국 교회의 사회사", 연세대학교 출판부, 2008.
박명수, "한국 교회사의 감동적인 이야기", 국민일보, 2006.
박은배, "하나님의 호흡", 새로운사람들, 2009.
박은배, "하나님의 거처", 새로운사람들, 2009.
박화성연구회, "제6회 소영 박화성 문학페스티벌", 박화성연구회, 2012.
백춘성, "천국에서 만납시다", 대한간호협회 출판부, 1996.
백춘성, "시온의 빛고을 광주", 교음사, 1999.
소재열, "호남선교이야기 1892-2005", 말씀사역, 2004.
소피 몽고메리 크레인, "기억해야 할 유산", CTS기독교TV, 2010.
소향숙 외, "서서평 선교사의 섬김과 삶", 케노시스, 2014.
송현강, "대전 충남지역 교회사 연구", 한국기독교역사연구소, 2004.
안기창, "순천지역 선교100주년 기념시집 선교이야기", 쿰란출판사, 2006.
안종철, "미국 선교사와 한미관계", 한국기독교역사연구소, 2010.
양국주, 제임스 리, "선교학개론", 서빙더피플, 2012.
양국주, "바보야, 성공이 아니라 섬김이야", 서빙더피플, 2012.
양참삼, "조선을 섬긴 행복", 서빙더피플, 2012.
애너벨 매이저 니스벳, "미국남장로교 선교회의 호남선교 초기 역사", 경건, 2011.
엘라수 와그너, "한국의 어제와 오늘" 살림, 2009.
올리버 에버슨, "근대 한국 42년 1893-1935" 상.하, 청년의사, 2010.
유승준, "천국의 섬, 증도", 홍성사, 2012.
유화례, "한국 선교와 전라도 선교의 어머니, 유화례", 쿰란출판사, 2013.
윤기.윤문지, "어머니는 바보야", 홍성사, 2006.
윤춘병, "한국감리교수난백년사", 기독교대한감리회본부교육국, 1988.
이기갑, "전라도의 말과 문화", 지식과교양, 2013.
이덕주, "한국 교회 처음 이야기", 홍성사, 2013.
이덕주, "광주 선교와 남도 영성 이야기", 진흥, 2008.

이덕주, "예수 사랑을 실천한 목포 순천 이야기", 진흥, 2008.
이종화 외, "목포 목포사람들", 경인문화사, 2004.
이종화 외, "목포 목포사람들 2", 경인문화사, 2006.
이해준, "역사 속의 전라도", 다지리, 2006.
인요한, "내 고향은 전라도, 내 영혼은 한국인", 생각의 나무, 2006.
전택부, "양화진 선교사 열전", 홍성사, 2011.
정병준, "호주 장로회 선교사들의 신학사상과 한국선교 1889-1942", 한국기독교역사연구소, 2007.
제이콥 로버트 무스, "1900, 조선에 살다", 푸른역사, 2008.
정연희, "양화진", 홍성사, 1997.
정해송, "새로 쓴 한국 교회사", 미문, 2010.
정훈, "아름다운 유산, 복지순교자 윤치호 이야기", HWB, 2003.
조지 톰슨 브라운, "한국 선교 이야기", 동연, 2010.
조현범, "조선의 선교사, 선교사의 조선", 한국교회사연구소, 2008.
존 탈미지, "그리스도를 위해 갇힌 자", 경건, 2003.
차신정, "한국 개신교 초기 그리스도를 나눈 의료선교사 1884-1924", 캄인, 2013.
차종순, "교회사", 대한예수교장로회출판국, 1992.
차종순, "호남교회사 연구", 글벗, 1995.
차종순, "양림동에 묻힌 22명의 미국인", 호남신학대학교 45주년 사료편찬위원회,
찰스 스톡스, "미국 감리교회의 한국선교역사 1885-1930", 한국기독교역사연구소, 2010.
최성환, "천사섬 신안 섬사람 이야기", CREFUN, 2014.
한국기독교역사연구소, "믿음의 흔적을 찾아", 한국기독교역사연구소, 2013.
한국기독교역사연구소, "조선예수교장로회사기 상권/하권", 한국기독교역사연구소, 2005
한국 교회백주년사료분과위원회, "대한예수교장로회 100년사", 대한예수교장로회총회, 1984.
한국기독교역사연구소, "한국기독교의 역사 1", 기독교문사, 2011.
한국기독교역사연구소, "한국기독교의 역사 2", 기독교문사, 2010.
한국기독교역사학회, "한국기독교의 역사 3", 한국기독교역사연구소, 2013.
한남대학교교목실, "미국 남장로교 선교사 열전", 동연, 2016.
한영제, "한국 기독교성장 100년", 기독교문사, 1986.

한인수 편저, "한국 초대 교회 성도들의 영성", 경건, 2006.
한인수, "호남교회 형성인물", 경건, 2008.
한인수, "호남교회 형성인물 2", 경건, 2005.
한인수, "호남교회 형성인물 3", 경건, 2010.
한인수, "제주선교 백년사", 경건, 2009.
해리 로즈, "미국 북장로교 한국 선교회사 1884-1934", 연세대학교 출판부, 2010.
현대기독교역사연구소, "한국 근대화와 기독교의 역할", 두란노아카데미, 2011.
G. H. 존스, "한국 교회 형성사, 홍성사, 2013.

■ 교회(노회)사 자료집

광주서현교회 90년사, 1998
광주제일교회 100년사, 2006.
남평교회 103년사, 2014.
목포그리스도의교회 50년사, 2006.
목포남부교회 역사, 1996.
목포복음교회 40년사, 1996.
목포양동교회 100년사, 1997.
목포양동제일교회 100년사, 1997
목포죽동교회 사료, 1992.
목포중앙교회 75년사, 1999.
목포제일교회 창립60년사, 2013.
목포노회 회의록 제1집(1-40회), 대한예수교장로회목포노회, 1993.
목포노회 회의록 제2집(41-60회), 대한예수교장로회목포노회, 1995.
목포노회 회의록 제3집(61-77회), 대한예수교장로회목포노회, 2005.
목포노회 회의록 제4집(78-92회), 대한예수교장로회목포노회, 2005.
전남노회 75년사, 대한예수교장로회전남노회, 1993.
전남노회 노회록 제1집(1947-1980년), 한국기독교장로회전남노회, 1986.

정명 100년사, 2003.
제주기독교100년사, 2016.
제주선교100주년 제주노회 연혁, 2008.
제주성내교회 100년사, 2008.
제주성안교회 100년사, 2010.


■ 학위 논문

이남식, "남장로교 선교사 윌리엄 전킨의 한국선교활동 연구", 전주대학교 박사, 2012.
이아브라함병옥, "선교문화방법론으로 본 이기풍의 선교 평가", 서울기독대학교대학원 박사, 2008.
이양재, "순천 지역 초기 선교역사 연구: 광양 신황리교회를 중심으로", 호남신학대학교대학원 석사, 2001.
송현숙, "호남지방 미국 남장로교의 확산, 1892-1942", 고려대학교대학원 박사, 2011.
조선혜, "노블 부인의 선교생활 연구", 감리교신학대학교대학원 박사, 2012.
최종환, "이성봉 목사의 생애와 부흥사역", 연세대학교연합신학대학원 석사, 2001.


■ 일반 논문

김경완, "한국 기독교소설에 나타난 성경적 상상력",
김은정, "전주 신흥학교와 서로득 선교사의 건축활동", [한국교육시설학회지] 83호(2011년 7월), pp.21-25.
도선봉·한규영, "순천 선교촌의 형성과 건축특성에 대한 조사연구", [한국농촌건축학회논문집] 2002.
박보경, "기독교 선교사 초기 한국 여성의 삶에 미친 영향", [선교와 신학] 13집, pp.85-113.
박용규, "한국장로교총회 100년, 역사적 개관",
박정환, "초기 제주도 개신교 형성사", [한국기독교와 역사] 39호(2013년 9월), pp.181-208.

류대영, "윌리엄 레이놀즈의 남장로교 배경과 성경번역 사업", [한국기독교와 역사] 33호 (2010년 9월).

류대영, "미국 남장로교 선교사 테이트 가족의 한국 선교", [한국기독교와 역사] 37호(2012년 9월), pp.5-34.

박종현, "한국 근대 기독교 여성의 탄생", [한국 교회사학회지] 20집(2007), pp.95-122.

송인동, "서서평 선교사의 언어와 사역",

송현강, "미국 남장로교 한국선교부의 목포스테이션 설치와 운영(1898-1940)", [종교연구] 53집.

송현강, "한말.일제강점기 목포 영흥, 정명학교의 설립과 발전", [역사학연구] 35집(2009년), pp.113-139.

송현강, "마로덕 선교사",

송현강, "윌리엄 클라크의 호남선교와 문서 사역", [한국기독교와 역사] 39호(2013년 9월).

송현강, "레이놀즈의 목회 사역", [한국기독교와 역사] 33호(2010년 9월)

송현강, "윌리엄 해리슨의 한국선교",

신응주.한충한.박강철, "광주지역 초기 개신교교회 건축의 평면형태와 변화에 관한 연구", [대한건축학회논문집] 215호(2006년 9월), pp.167-178.

신응주.성대철, "광주 구수피아여학교 윈스브로우홀의 변화와 원형추정 연구", [한국농촌건축학논문집 47호(2012년 11월), pp.97-105.

양국주, "조선의 의사 길러낸 알렉산더", [월간조선] 2014년 9월호, pp.518-530.

양국주, "간호선교사 엘리자베스 쉐핑" [월간조선] 2014년 7월호,

양국주, "한센인의 아버지 포사이드" [월간조선] 2014년 8월호, pp.520-531.

안미영, "김말봉의 전후 소설에서 선악의 구현 양상과 구원 모티프", [현대소설연구] 23집.

윤선자, "독립운동과 태극기", [역사학연구] 35집(2009), pp.85-111.

윤정란, "전남 순천지역 기독교의 수용과 확산", [숭실사학] 26집

이기훈, "일제강점기 섬과 섬사람들에 대한 인식", 목포대학교

이숙진, "초기 기독교의 혼인 담론", [한국기독교와 역사] 32호(2010년 3월), pp.35-58.

이재근, "고립에서 협력으로: 미국 남장로교 해외선교 정책 변화(1837-1940)", [교회사학]

이재근, "매코믹 신학교 출신선교사와 한국",

이진구, "남장로회 선교사 루터 매커첸의 한국 선교", [한국기독교와 역사] 37호(2012년 9

월), pp.65-92.
임희국, "초기 내한 선교사들의 한국문화 이해", [선교와신학] 13집(2004), pp.53-83.
장성진, "여성의 역사적 관점 - 초기 한국 교회의 여성리더십을 근거로 한 교회사 쓰기", [한국 교회사학회지] 20집(2007), pp.221-242.
정준기, "미국 남장로회 신학연구(로버트 답네 저작을 중심으로)", [광신논단]
조웅, "한말 목포지역 미국 선교사들의 활동, [배종무총장퇴임기념논총]
주명준, "유진 벨 선교사의 목포선교, [전북사학] 21-22집,
주명준, "오웬 선교사의 전라도선교", [호남교회춘추]
주명준, "프레스톤 선교사의 목포선교 활동", [호남교회춘추]
차종순, "개신교 선교와 한국 여성의 사회적 지위 향상", [신학이해]
차종순, "배유지 목사(서울에서의 활동을 중심으로)", [신학이해]
차종순, "오방 최흥종 목사 연구", [신학이해]
차종순, "광주 지역 최초의 교회에 관한 연구", [신학이해]
차종순, "미국 남장로교 한국선교사 연구", [신학이해]
차종순, "광주의 초기 의료선교 사역에 관한 연구 - 놀란을 중심으로", [신학이해] 21집,
차종순, "호남기독교 영성의 원류를 찾아서(1) - 포사이드의 생애를 중심으로", [신학이해]
차종순, "호남기독교 영성의 원류를 찾아서(2) - 카딩톤 선교사", [신학이해]
차종순, "호남기독교 영성의 원류를 찾아서(3) - 세핑의 삶과 헌신", [신학이해]
차종순, "양림동 선교부 건설과 건축이야기", [신학이해]
차종순, "광주남학교(숭일)의 초기 역사에 관한 연구", [신학이해].
차종순, "전라도에서 신앙의 뿌리를 내린 사람들: 삶과 신앙유형을 중심으로",
차종순, "양림동 선교사촌의 건축과 관련된 이야기들",
차종순, "1903-1910년 성령대부흥운동: 선교사들의 이해를 중심으로", [신학이해]
차종순, "1903-1910년 성령대부흥운동: 호남지방을 중심으로", [신학이해]
차종순, "전남 선교의 선구자 배유지 목사", [한국기독교역사연구소소식], 1996
차종순, "이기풍 목사의 생애와 사역", [신학이해]
차종순, "이현필의 생애와 한국적 영성", [신학이해]
차종순, "레이놀즈 목사의 전라도 여행", [신학이해]
차종순, "오기원, 광주의 첫 순교자", [신학이해]

천사무엘, "레이놀즈의 신학: 칼뱅주의와 성서관을 중심으로", [한국기독교와 역사] 33호 (2010년 9월).

최병택, "한센병 요양소를 통한 의료선교 활동의 전개", [한국기독교역사연구소소식] 90호 (2010년 1월).

최성환, "개항 초기 목포항의 일본인과 해상 네트워크".

최영근, "미국 남장로교 여선교사 엘리자베스 쉐핑의 통전적 선교 연구", [한국기독교신학 논총] 82집(2012년), pp.231-260.

톰슨 브라운, "미국 남장로교의 전남권 초기 선교", [신학이해] 10집(1992), pp.305-318.

한규무, "일제 말기 호남지방 개신교계의 친일활동", [한국기독교역사연구소소식] 80호 (2007년).

한덕선, "기독교".

힌미영, 손수경, "한말·일제강점기 내한 간호선교사의 사역 연구", [신앙과학문] 19권 3호 (2014. 9).

한숭홍, "남궁 혁의 신학사상", [교회와 신학].

한인수, "김웅규", [호남교회춘추]

한인수, "이기풍", [호남교회춘추]

한인수, "윤식명", [호남교회춘추]

한인수, "오긍선", [호남교회춘추]

한인수, "이경필", [호남교회춘추]

한인수, "남궁혁", [호남교회춘추]

_____, "박연세"

_____, "전라도선교 25년사(1917년)", [호남춘추]

_____, "전라도선교 40주년 약력", [호남춘추]

■ 잡지

"호남교회춘추"